JN014043

Contents 目次

新版完全征服　頻出

桐原書店編集部 編

入試漢字

コア

2800

改訂版

桐原書店

繰り返し学習が
できるページには
🔁
くりかえし
が付いて
います。

本書の構成・特長

★ 本書は全5章で構成しています。

1章 入試に出題された最頻出の漢字を125題選び、頻度順に並べています。最頻出漢字が確実に身につくよう、1章の語はその後の章で再度出題しています。

2章 入試頻出漢字から、標準レベルの常用漢字を掲載しています。

3章 入試頻出漢字から、発展レベルの常用漢字を掲載しています。

4章 入試で出題された、常用漢字表にない漢字や読み方をするものを掲載しています。

5章 「同音・同訓漢字」や「四字熟語」など、さまざまな視点で漢字を捉えます。漢字を使って表現する際にも役立つ漢字がそろっています。

付録 入試で出題される文章を意識した熟語を掲載しています。

● 現在、常用漢字は全部で二一三六字となっています。国公立大学入試や大学入学共通テストの漢字問題は、すべて常用漢字から出題されます。私立大学入試では常用漢字表にないものからも出題されるため、章ごとに意識して学習していきましょう。

★ 本書の特長

① 「繰り返し学習が可能」

→ 1章の最頻出漢字は2章以降で再度出題され、この1冊を通して自然と繰り返し学習ができるような構成にしています。1章の語が再度出題されている箇所には、♛を付けています。また、繰り返し学習ができる1章や「意味から考えるテスト」などのページのタイトル下には ↻ を付けています。

② 「分かる」コーナーで漢字の「意味」を把握

→ ♛ だけでなく、語の意味もしっかり学習できます。「書く」「読む」「分かる」では意味を把握しづらい熟語を集め、実際どのように使われるかを、その後の長文問題で確認できます。

③ 「学習した漢字は入試問題ですぐにチェック」

→ 学んだ漢字は各章末の実際の入試問題を通して確認できます。

〈本書で使用しているマーク〉

↻ …… 繰り返し学習ができるページに付けています。

♛ …… 1章の語が再度出題されている箇所に付けています。

▼ …… 1章では常用漢字表にない漢字や読みを含むものに、4章では常用漢字表にない読みを含むものにマークを付けています。

下段解説のマーク

音 …… 音読み（片仮名で表記）

訓 …… 訓読み（平仮名で表記）

類 …… 類義語

対 …… 対義語

1章

入試最頻出漢字

1章では入試に出題された最頻出漢字を頻度順に並べています。入試で狙われやすい漢字ばかりですので、確実に身につくよう、1章の語はその後の章で再度出題しています。最頻出漢字を繰り返し学習し、着実に漢字の知識を定着させていきましょう。

入試最頻出漢字　書く　1–25

番号	問題	意味	答え	出典
1	客が**ヒンパン**に訪れる。	たびたび繰り返されるさま	頻繁	P.136 問5
2	師の話に生き方の**シサ**を与えられる。	それとなく教えしめすこと	示唆	124/6
3	計画が**ハタン**することを恐れる。	物事がうまくいかなくなること	破綻	144/12
4	転職することになった**ケイイ**を話す。	いきさつ	経緯	47/18
5	世間に**シントウ**した考え。	考えなどがゆきわたること	浸透	103/13
6	失敗こそが成功の**ケイキ**となる。	きっかけ	契機	61/20
7	視線を気にして窓をカーテンで**オオ**う。	かぶせて見えないようにする	覆	111/22
8	獲得した自由を**キョウジュ**する。	うけいれて楽しむこと	享受	116/8
9	暗闇に**ヒソ**み、待ち伏せる。	ひそかにかくれる	潜	61/23
10	**ボウダイ**な赤字を抱える。	非常におおきいさま	膨大	145/15
11	温暖化の傾向が**ケンチョ**である。	際立って目につくさま	顕著	50/1
12	衛生管理を**テッテイ**し食中毒を防ぐ。	つらぬきとおすこと	徹底	66/12

くりかえし
1章の語は本書の中で再度出題されます。

※枠の中はページ数・問題番号を示しています。

👑25 □
👑24 □
👑23 □
👑22 □
👑21 □
👑20 □
👑19 □
👑18 □
👑17 □
👑16 □
👑15 □
👑14 □
👑13 □

運命に**ホンロウ**される。
　思うままにもてあそぶこと

チクセキした知識を活用する。
たくわえたまること

実力を十分に**ハッキ**する。
　持っている能力や実力をしめすこと

社会の**チツジョ**を重んじる。
正しい筋道

思い切った改革を**ホウキ**する。
　すてて行使しないこと

遺産相続の権利を**テイショウ**する。
　意見などを他人に説きしめすこと

反対するだけでなく**ダイタイ**案を用意する。
ほかのものでかえること

幸福な**ショウガイ**を送る。
この世にいきている間

子どもが持つべき権利を**ヨウゴ**する。
　かばい守ること

兵役につくことを**キヒ**する。
嫌いさけること

最先端の技術を**クシ**する。
自由につかいこなすこと

自由は国民の**フダン**の努力により保たれる。
　絶えることのない

今回の処分は極めて**ダトウ**だ。
適切であること

妥当

不断

駆使

忌避

擁護

生涯

代替

提唱

放棄

秩序

発揮

蓄積

翻弄

112	2
87	23
106	1
131	13
138	3
223	19
127	16
102	1
64	9
55	18
62	2
61	21
150	2

① 入試最頻出漢字　書く　26-50

🔄 くりかえし
1章の語は本書の中で再度出題されます。

26　遺族の生活を**ホショウ**する。
ある状態が損なわれないように守ること

27　全員の参加を**ウナガ**す。
せきたてる

28　世代間の**ヘダ**たりを埋める。
距離

29　情が**カラ**むと適切な判断ができない。
関係する

30　世論を**カンキ**する発言。
よびおこすこと

31　文化の継承には**モホウ**が大きな役割を持つ。
まねること

32　不正の発覚で**ケンイ**が失墜する。
人をおさえつけて従わせる力

33　敵の情勢を**ハアク**する。
しっかり理解すること

34　字を**テイネイ**に書く。
注意深くゆきとどいているさま

35　**ジョウキ**を逸した態度。
ふつうのやり方

36　科学に**イキョ**する現代の技術。
よりどころとすること

37　兄は優等生の**テンケイ**だ。
同類の中で最もよくその特徴を表すもの

解答	くりかえし
保障	227/22
促	99/22
隔	123/22
絡	59/23
喚起	217/20
模倣	58/10
権威	123/13
把握	68/1
丁寧	56/1
常軌	123/17
依拠	62/3
典型	23/20

※枠の中はページ数・問題番号を示しています。

38 □ 確かな**キハン**を失った現代社会。
守るべき手本
　規範
59 / 17

39 □ 新年にあたって一層の**ヒヤク**を誓う。
大きく発展し、かつやくすること
　飛躍
26 / 11

40 □ **ネラ**った獲物は逃さない。
手に入れようとして機会をうかがう
　狙
71 / 25

41 □ 図書館の活用を**スイショウ**する。
優れた点をほめて人にすすめること
　推奨
134 / 12

42 □ 主人公の内面の**カットウ**が描かれた小説。
心がもつれ迷うこと
　葛藤
176 / 4

43 □ メディアは情報を**バイカイ**する。
間をとりもつこと
　媒介
132 / 8

44 □ 作物の育成に適した**ドジョウ**。
作物を育てるつち
　土壌
115 / 19

45 □ **カンヨウ**な態度をとる。
心が広く人の考えをよく受け入れること
　寛容
218 / 7

46 □ 悪事が**ロテイ**する。
さらけだすこと
　露呈
125 / 15

47 □ 戦いに備えて高台に大砲を**ス**える。
ある場所にうごかないように置く
　据
125 / 24

48 □ 長年の善行を**ケンショウ**し、感謝状を贈る。
功績などを世間に知らせること
　顕彰
153 / 14

49 □ 会いたいという**ショウドウ**にかられる。
発作的なこうどうを引きおこす心のうごき
　衝動
26 / 5

50 □ 生命の**コンセキ**が残る惑星が発見された。
あとかた
　痕跡
154 / 7

入試最頻出漢字　書く　51〜75

番号	問題文	意味
51 □	平和な生活を**オビヤ**かす戦争の影。	状態などを危うくする
52 □	**ヤッカイ**な問題が次々と起こる。	めんどうで手間のかかるさま
53 □	文明から**カクゼツ**した地域を調査する。	かけはなれていること
54 □	競技会で新しい技を**ヒロウ**する。	広く発表すること
55 □	つい話が**イツダツ**してしまった。	本筋からはずれること
56 □	両者の違いが**タンテキ**に表れる。	はっきりしたさま
57 □	オーロラの**ミリョク**にとりつかれる。	人の心をひきつけるちから
58 □	自意識**カジョウ**だと言われる。	多すぎるさま
59 □	**リンカク**を丁寧になぞる。	物の外形を表す線
60 □	未知なる異文化と**ソウグウ**する。	不意に出会うこと
61 □	**チミツ**に練り上げられた報告書。	念入りで不備がないさま
62 □	人類の進歩に**コウケン**する。	ちからを尽くし役立つこと

漢字	枠内
脅	71 P.問 / 24
厄介	102 / 3
隔絶	134 / 8
披露	151 / 18
逸脱	115 / 20
端的	175 / 23
魅力	28 / 5
過剰	136 / 7
輪郭	116 / 1
遭遇	137 / 18
緻密	151 / 20
貢献	66 / 1

↩ くりかえし
1章の語は本書の中で再度出題されます。

※枠の中はページ数・問題番号を示しています。

①

番号	問題文	意味	解答	参照
👑63 ☐	**ケンキョ**な態度に好感をもつ。 ひかえめで素直なさま		謙虚	↩ 115 16
👑64 ☐	弟子の**イチジル**しい成長を喜ぶ。 はっきりとわかるさま		著	↩ 57 24
👑65 ☐	障害となる物を**ハイジョ**する。 取りのぞくこと		排除	↩ 23 16
👑66 ☐	**センサイ**な性格ゆえに傷つく。 感性がこまやかで鋭いさま		繊細	↩ 71 21
👑67 ☐	不祥事を起こした大臣が**コウテツ**される。 ある役職の者を代えること		更送	↩ 178 1
👑68 ☐	自然に対して**イケイ**の念を持つ。 おそれうやまうこと		畏敬	↩ 150 4
👑69 ☐	放物線の**キドウ**を描く。 物体がいどうする際の一定の経路		軌道	↩ 67 13
👑70 ☐	前言を**ヒルガエ**す。 態度や説を急に変える		翻	↩ 131 24
👑71 ☐	正岡子規は万葉集に**ケイトウ**した。 まさおか し き ある人や物事に熱中すること		傾倒	↩ 178 24
👑72 ☐	突然の出来事に**ドウヨウ**する。 落ち着きをうしなうこと		動揺	↩ 70 2
👑73 ☐	資料の返却を**トクソク**する。 せきたてること		督促	↩ 247 21
👑74 ☐	窓からの**ナガ**めに心を奪われる。 見渡すこと、またはその景色		眺	↩ 43 22
👑75 ☐	**フヘン**は特殊と対をなす概念だ。 すべてに広く当てはまること		普遍	↩ 174 1

入試最頻出漢字　書く　76−100

くりかえし
1章の語は本書の中で再度出題されます。

76	87

お香の魅力は**コクウ**に消えるところにある。
何もないくうかん

体力の**イジ**に努める。
そのままの状態を保つこと

自らの**ゴウマン**な言動を改める。
おごり高ぶって人をみくだすこと

敵の勢いに**アットウ**される。
段違いの力で他をおさえつけること

トホウもなく遠い道のり。
とるべき手だて

サンプルを**チュウシュツ**する。
抜きだすこと

時間に**ソクバク**される。
制限を加えること

アイマイな返事をする。
はっきりしないこと

地域を**ジュンカン**するバスに乗る。
ひと回りしてもとに戻ることを繰り返すこと

尊い人命を**ギセイ**にしてはならない。
ある目的のためにそんしつをかえりみないこと

携帯電話が世代を超えて**フキュウ**する。
広く行きわたること

力の**キンコウ**を保つ。
つり合いがとれていること

語	ページ/問番号
虚空	121 / P.問
維持	58 / 1
傲慢	147 / 17
圧倒	34 / 7
途方	99 / 20
抽出	115 / 18
束縛	69 / 13
曖昧	245 / 26
循環	70 / 8
犠牲	61 / 14
普及	226 / 10
均衡	103 / 16

※枠の中はページ数・問題番号を示しています。

12

88	89	90	91	92	93	94	95	96	97	98	99	100
□	□	□	□	□	□	□	□	□	□	□	□	□

ジレンマに**オチイ**る。
悪い状態になる

ツムいだ糸を染める。
繭や綿などからせんいを引きだし糸にする

ジンソクに事を進める。
きわめてはやいさま

イゼンとして態度を改める気配がない。
あいかわらずであるさま

動物は生物に**ホウセツ**される概念だ。
ある概念がより一般的な概念に含まれること

騒音を**シャダン**する。
さえぎりとめること

利益を社会に**カンゲン**する。
もとに戻すこと

記憶を**ソウシツ**する。
なくすこと

カクシンをつく発言。
物事のちゅうしんとなる大切なところ

経済的な**キバン**となる。
物事を支えるよりどころ

家庭の**ホウカイ**が問題となる。
くずれこわれること

かつては外国の製品が**スウハイ**された。
あがめうやまうこと

むやみに他人に**カンショウ**する。
強いてかかわり、自分の考えに従わせようとすること

陥	紡	迅速	依然	包摂	遮断	還元	喪失	核心	基盤	崩壊	崇拝	干渉
↰ 153 25	↰ 149 21	↰ 126 3	↰ 129 15	↰ 138 7	↰ 127 23	↰ 217 23	↰ 66 11	↰ 216 9	↰ 70 10	↰ 62 9	↰ 67 19	↰ 218 1

2800問 100問

※常用漢字表にない漢字や読みを含むものには▼を付けています。

冠	番号	問題	読み	P.問
1		ようやくその日の糧にありつく。 食べ物	かて	167 / 23
2		徳川幕府の瓦解を描いた歴史小説。 一部の崩れから全体が崩れること	がかい	181 / 21
3		法律を遵守することは国民の義務だ。 きまりなどをよく守ること	じゅんしゅ	168 / 2
4		このままでは敗北は必定だ。 必ずそうなると決まっていること	ひつじょう	78 / 2
5		悪いイメージを払拭する。 すっかり払いのけること	ふっしょく	181 / 18
6		虚偽の情報が流布する。 世に広まること	るふ	80 / 3
7		結果に拘泥する。 こだわること	こうでい	181 / 20
8		神仏に帰依する。 神仏を信じ、その力にすがること	きえ	168 / 1
9		逃げようとする敵を威嚇する。 おどかすこと	いかく	164 / 11
10		両者の意見に齟齬をきたす。 ▼食い違い	そご	201 / 22
11		俄に空が暗くなり雷鳴がとどろいた。 ▼突然	にわか	197 / 29
12		一抹の懸念を抱く。 気にかかって不安に思うこと	けねん	76 / 6

くりかえし

※1章の語は本書の中で再度出題されます。枠の中はページ数・問題番号を示しています。

14

番号	問題文	読み	参照
👑25 ☐	▼派手な身なりで気障なセリフを口にする。 服装や言動が気取っていて嫌味なさま	きざ	192⟵14
👑24 ☐	富士山は聖なる山として崇められた。 尊び敬う	あが	195⟵28
👑23 ☐	美しいハーモニーが醸し出される。 ある状態や雰囲気を作り出す	かも	169⟵22
👑22 ☐	▼現代の繁栄は脆弱な基盤の上にある。 もろくて弱いさま	ぜいじゃく	196⟵14
👑21 ☐	▼年齢を重ねて食の嗜好が変わった。 人それぞれの好み	しこう	194⟵4
👑20 ☐	▼国会議員が地方を遊説する。 自分の意見や主張を各地を回って説くこと	ゆうぜい	80⟵5
👑19 ☐	▼相手の言葉を遮る。 妨げる	さえぎ	79⟵14
👑18 ☐	▼両国の間に軋轢が生じる。 仲たがいすること	あつれき	204⟵7
👑17 ☐	▼難解な概念を巧みに敷衍する。 意味を押し広げて説明すること	ふえん	200⟵6
👑16 ☐	▼原点に遡って検証する。 過去・根本に立ち返る	さかのぼ	165⟵24
👑15 ☐	▼安穏と生きることが許されない時代。 安らかで穏やかなさま	あんのん	166⟵6
👑14 ☐	▼屹立する高層ビルを眺める。 高くそびえ立つこと	きつりつ	198⟵2
👑13 ☐	▼人心の乖離に苦しむ政治家。 そむき離れること	かいり	192⟵3

くりかえし
1章で学習した漢字を、実際の入試問題で確認します。

傍線部の漢字と同じ漢字を含むものを、次の各群の①〜④もしくは①〜⑤のうちから、それぞれ一つずつ選べ。

共通テスト

□時間を**ヘダ**てることで大きく変貌してしまう　　③・隔

□小説などにこの種の注が**ヒンシュツ**する
① **ヒンシツ**を管理する
② **カイヒン**公園で水遊びをする
③ **ヒンパン**に訪れる
④ **ライヒン**を迎える
⑤ 根拠が**ヒンジャク**である
③・頻出　品質　海浜　頻繁　来賓　貧弱

□敵を**イカク**する
① 施設の**カクジュウ**をはかる
② 外界と**カクゼツ**する
③ 海底の**チカク**が変動する
威嚇　拡充　隔絶　地殻

□文章や単語を**タンネン**に検討して
① **イッタン**休止する
② **タンレン**を積む
③ **タンセイ**を込める
④ **タンカ**で運ぶ
⑤ 計画が**ハタン**する
③・丹念　一旦　鍛錬　丹精　担架　破綻

□思考のための**ジュンタク**な資産がある
① 水を**ジュンカン**させる装置
② 温暖で**シツジュン**な気候
③ **ジュンキョウシャ**の碑
④ 夜間に**ジュンカイ**する警備員
⑤ **ジュンド**の高い金属
②・潤沢　循環　湿潤　殉教者　巡回　純度

□意識が生まれる**ケイキ**にもなります
① **ケイコウ**となるも牛後となるなかれ
② リサイクル活動を**ケイハツ**する
③ これまでの**ケイヤク**を見直す
④ 豊かな自然の**オンケイ**を受ける
⑤ 経済の動向に**ケイショウ**を鳴らす
③・契機　鶏口　啓発　契約　恩恵　警鐘

□説明し**ツ**くせない不思議な場所
① **ジンソク**に対処する
② **テキジン**に攻め入る
③ 損害は**ジンダイ**だ
④ **ジンジョウ**な方法では解決しない
⑤ 地域の発展に**ジンリョク**する
⑤・尽　迅速　敵陣　甚大　尋常　尽力

1

入試問題② 国公立大

傍線部のカタカナを漢字に改めよ。

□わざわざ自分に注意を**ウナガ**して見させたもの。 東北大
［　］ 促

□ここ一〇年ほどのスマートフォンの**シントウ**。 山梨大
［　］ 浸透

□近年、医学の世界で**テイショウ**されている… 北海道大
［　］ 提唱

□「何か」の力に**ホンロウ**されたり、それを用いよ 京都府立大
うとしたりする。［　］ 翻弄

□二〇世紀のメディア環境において**ケンチョ**になっ 愛知県立大
た。［　］ 顕著

□リオタールは次のようなエピソードを**ヒロウ**して 新潟大
いる。［　］ 披露

□**DTP**が**フキュウ**しだしたころ、フランクフルト 三重大
のブックフェアに行って驚いた体験がある。
［　］ 普及

↺ くりかえし
1章で学習した漢字を、実際の入試問題で確認します。

□ホモ・サピエンスが出現し、言語と世界観が**ヒヤ**
ク的に発達した。［　］ 高知大 飛躍

□写真が**ホウセツ**する「かつて＝あった」という過 お茶の水女子大
去性を帯びた被写体の姿。［　］ 包摂

□なんらかの意味づけあるいは秩序づけを**フダン**に 大分大
しながら生きているのです。［　］ 不断

□**ボウダイ**な困難の表面的な帰結である。 愛知教育大
［　］ 膨大

□身体的な運動がしるしたもの（**コンセキ**）にほか 尾道市立大
ならず… ［　］ 痕跡

□日本人の**センサイ**な感性。 信州大
［　］ 繊細

□「より健康であること」を**カジョウ**なほどに求め 広島大
る社会。［　］ 過剰

17

くりかえし 1章で学習した漢字を、実際の入試問題で確認します。

傍線部の漢字の読みを平仮名で記せ。

□傍線部の言葉というものが本来持っている性質、それが**発揮**する力は、やはり人の口から話される言葉にある。[ ]　甲南大

はっき

傍線部を漢字に改めよ。

□歴史学はデータ（資料）を批判的に検討しつつ、データが仮説に対してもつ証拠としての価値を**ヨウゴ**し続けます。[ ]　関西大

擁護

傍線部のカタカナの部分を漢字で書いたとき、傍線部に同一の漢字を使うものを一つ選べ。

□かつてはどのような共同体にも見られた、**カン**婚葬祭での隣近所との助け合いを考えればよい。　関西学院大

イ　雑誌の**カン**頭言
ロ　弱**カン**二十歳
ハ　**カン**古鳥が鳴く
ニ　**カン**容な精神
ホ　**カン**胆相照らす

ロ・冠

肝　寛　閑　冠　巻・冠

傍線部を漢字に改めた場合、これと同じ漢字を用いるものを、一つ選べ。

□フランス語で『ⓘ（われ）として**ケンザイ**しているものを、ラテン語にすることによって打ち消そうとしたのではないか、と。[ ]　東洋大

① **ケンコウ**診断
② **ホウケン**的社会
③ **ケンジツ**な生き方
④ 一所**ケンメイ**に働く
⑤ 偉人の**ケンショウ**碑

⑤・顕在　健康　封建　堅実　懸命　顕彰

傍線部の片仮名を、漢字（楷書）で記せ。

□たとえば、あるインディアンが平原を見張るようなスピードで疾走している光景に**ソウグウ**し、このインディアンの疾走する姿を、感動的な言葉で表現する状況を考えてみよう。[ ]　早稲田大

遭遇

傍線のカタカナを漢字に改めなさい。（楷書で正確に書くこと）

□「個性の尊重」「自然への**イケイ**の念」「生命の尊さ」…[ ]　中央大

畏敬

18

2章

入試頻出　常用漢字

標準

2・3章では入試頻出の漢字のうち、常用漢字を集めて掲載しています。国公立大学入試や大学入学共通テストの出題範囲は常用漢字からとなるため、常用漢字と常用漢字表にない漢字を意識して学習しましょう。

1章の語が再度出題されている箇所には♡がついており、最頻出漢字は自然と繰り返し学習することが可能です。まずは2章の標準レベルから学習していきましょう。

2 書く①

□ 1	**チョメイ**な学者の講演を聴く。 なまえがよく知られていること	著名	類「有名」
□ 2	**チアン**の悪化を心配する。 国家や社会がよくおさまっていること	治安	「治」—訓 おさ(まる) なお(す)
□ 3	論文の**ボウトウ**から難解な言葉を用いる。 文章や談話のはじめ	冒頭	「冒」の右上に「ー」をつけないように。「曰」と混同しないように
□ 4	**センモン**的な知識を身につける。 一つの事柄にもっぱら従事すること	専門	「専」—物事のはじめでも使われる
□ 5	互いをたたえ、エールを**コウカン**する。 互いにやりとりすること	交換	「換」—訓 か(える)
□ 6	夏はうなぎの**ジュヨウ**が増大する。 商品に対する購買意欲	需要	対「供給」
□ 7	**シンコク**な環境破壊が起こる。 せっぱつまって重大なこと	深刻	「刻」—訓 きざ(む)
□ 8	家と学校を**オウフク**する。 行ってまた戻ること	往復	「往」には「行く」、「復」には「帰る」という意味がある
□ 9	**シャメン**を勢いよく水が流れる。 ななめに傾いためん	斜面	「斜」—訓 なな(め)
□ 10	軍備の縮小を**イッカン**して主張する。 方針などをひとすじにつらぬき通すこと	一貫	「貫」—訓 つらぬ(く)
□ 11	レンズで光を**ハンシャ**させる。 はねかえること	反射	「射」—訓 い(る)
□ 12	**フトウ**な判決に憤りを覚える。 道理に合わないさま	不当	類「不法」「無法」 対「正当」

□ 13 異文化の**シュウカン**に溶けこむ努力をする。
日常の決まりきった行い

□ 14 雪の**ケッショウ**を拡大する。
原子がきそく正しく配列して作られる固体

□ 15 **シッソ**だが心豊かな生活。
つつましいさま

□ 16 イベントに**ショウタイ**される。
客をまねくこと

□ 17 **ジュウジツ**した学生生活を送る。
内容が豊かなこと

□ 18 神が世界を**ソウゾウ**したという教え。
新たにつくること

□ 19 **ケンゼン**な娯楽を求める。
活動や状態が正常で偏りがないさま

□ 20 **キョウチョウ**性に欠ける自己中心的な人。
互いに譲り合ってやっていくこと

□ 21 どうしていいか**シアン**に暮れる。
おもいめぐらすこと

□ 22 文庫本のサイズには一定の**キカク**がある。
製品などに定められた基準

□ 23 生きるうえでの指針となるものを**サガ**す。
見つけ出す

□ 24 七月に入って**ム**すような陽気になった。
湿度が高く暑さがこもる

□ 25 日々の**イソガ**しさに追われる。
あわただしく落ち着かないこと

習慣
【類】「慣習」「風習」
努力の結果などのように用いられる場合もある

結晶

質素
「素足」は「すあし」と読む

招待
「紹介」の「紹」と混同しないように

充実
【充】―訓 あ(てる)
【実】―訓 み・みの(る)

創造
【対】「模倣」

健全
【健】―訓 すこ(やか)

協調
【調】―訓 しら(べる) ととの(える)

思案
「思案顔」は「考え込んでいる顔」

規格
【規】には「物事の基準」という意味がある

探
【訓】さぐ(る)

蒸
【音】ジョウ 「蒸気」など

忙
「心を亡くす」を漢字のなりたちとする

2800問　150問

2 書く②

1 みんなが納得できる方法を**テイジ**する。
差し出してしめすこと
〔 提示 〕
「提」―訓 さ（げる）

2 権力者に**フクジュウ**することをこばむ。
他の命令や意思にしたがうこと
〔 服従 〕
「服する」は「受け入れて従う」

3 犬が**ココチ**よさそうに眠る。
気持ちや気分
〔 心地 〕
「夢心地」「住み心地」などの形でも使う

4 作家の**ショメイ**の入った本。
じぶんのなまえを書き記すこと
〔 署名 〕
「署」には「書き記す」「役所」という意味がある

5 パリを**キョテン**に活躍するピアニスト。
活動のよりどころになるところ
〔 拠点 〕
類「本拠地」

6 最後まで立ち退きを**キョヒ**する。
要求などをはねつけること
〔 拒否 〕
類「拒絶」

7 交渉相手からよい**カンショク**を得る。
それとなくかんじること
〔 感触 〕
「触」―訓 さわ（る）／ふ（れる）

8 **ソシキ**の一員としての自覚を持つ。
共通の目標をもつ集合体
〔 組織 〕
「祖先」の「祖」や「知識」の「識」と混同しないように

9 機会は**キントウ**に与えられるべきだ。
ひとしいさま
〔 均等 〕
類「平等」

10 人に**キガイ**を加えてはならない。
生命または身体を損なうこと
〔 危害 〕
「危」―訓 あぶ（ない）／あや（うい）

11 試合の途中**ケイカ**をラジオで聞く。
物事のなりゆき
〔 経過 〕
「経」―訓 へ（る）

12 陣頭で**シキ**を執る。
さしずすること
〔 指揮 〕
「揮」には「ふるう」「ふりまわす」という意味がある

22

□ 13 兄弟であっても性格は**タイショウ**的だ。
二つのものの違いが際立つこと

□ 14 大学では英文学を**センコウ**した。
ある学問分野をせんもんに研究すること

□ 15 君と出会ったのはまったくの**グウゼン**だ。
予期しない出来事

👑 16 社会は異分子を**ハイジョ**する傾向を有す。
取りのぞくこと

□ 17 病院で**シンサツ**を受ける。
医師が患者の身体をしらべること

□ 18 国家の独立を**センゲン**する。
主張や方針をはっきり公表すること

□ 19 父親に似て**ガンコ**な性格だ。
かたくなでいじっぱりなさま

👑 20 ヘレニズム様式の**テンケイ**といえる彫刻。
同類の中で最もよくその特徴を表すもの

□ 21 **ジョウキョウ**が一変する。
そのときそのときのようす

□ 22 **ソッチョク**な気持ちを伝える。
かざりけがなくありのままであるさま

□ 23 **ワケ**のわからないことをいう。
物の道理

□ 24 タックルを**タク**みにかわす。
てぎわのよいさま

□ 25 胸を大きく**ソ**らし、深呼吸をする。
弓なりに曲げる

対照
「原文と対照する」は「原文とくらべる」

専攻
「専」—訓 もっぱ(ら)

偶然
「偶」対「必然」

排除
「除」—訓 のぞ(く)

診察
「診」—訓 み(る)

宣言
「宣」には「のべる」という意味がある

頑固
「頑固な汚れ」は、「しつこい汚れ」

典型
「形式」の「形」と混同しないように

状況
「情況」とも書く

率直
「卒業」の「卒」と混同しないように

訳
「言い訳」は「弁解」のこと

巧
ここでは「巧妙」に似た意味

反
「反物」は「タンもの」と読む

2

書く③

1 やってみると**アンガイ**うまくいった。
思いのほか

2 社会には暗黙の**リョウカイ**が存在する。
承知すること

3 **フイ**の出来事にうろたえる。
突然

4 努力の末にすばらしい**セイカ**を上げる。
なし得たよいけっか

5 学問に**シンケン**に取り組む。
まじめなさま

6 **ジョウダン**を言い合う仲。
ふざけて言う話・ふざけてすること

7 電気**ケイトウ**のトラブルに見舞われる。
ある原理によってつながっているもの

8 地下水の**ゲンセン**が枯れる。
水のわき出るみなもと

9 とっさに**セイゴ**を判別することは難しい。
ただしいこととあやまっていること

10 奇妙な**ゲンショウ**が次々に起こる。
形をとってあらわれたもの

11 経験の**ウム**は問わない。
あることとないこと

12 新しい環境にうまく**ジュンノウ**する。
てきおうすること

[案外]
「案ずる」は「心配する」

[了解]
「暗黙の了解」は「不文律」と同じ意味

[不意]
「不意を食う」は「思いがけ ないことをしかけられる」

[成果]
「果」は「たす」

[真剣]
もともと木刀・竹刀にたいして本物の刀剣をさす

[冗談]
「冗長」は「むだが多く長いさま」

[系統]
「統」―訓 す(べる)

[源泉]
「源」―訓 みなもと

[正誤]
「誤」―訓 あやま(る)

[現象]
「映像」の「像」と混同しないように

[有無]
「有無をいわせず」は「いやおうなしに」と同じ意味

[順応]
「ジュンオウ」とも読む

24

		問題		解答・語義
□ 13	美しい**チョウド**で部屋を飾る。 <small>身の回りの道具</small>		調度	「調度品」という形でよく使う
□ 14	忠告を**スナオ**に聞く。 <small>穏やかで逆らわないさま</small>		素直	「直」—訓 ただ(ちに)
□ 15	**ルイジ**した商品が出回る。 <small>にかよっていること</small>		類似	「似」—訓 に(る)
□ 16	悪路には四輪**クドウ**の車が適している。 <small>どうりょくを与えてうごかすこと</small>		駆動	「駆」—訓 か(ける)
□ 17	ダヴィンチは**バンノウ**の天才である。 <small>すべてに優れていること</small>		万能	「能」には「よく…できる」という意味がある
□ 18	**メイジョウ**しがたい思いにとられる。 <small>ひょうげんすること</small>		名状	
□ 19	フロイトは人間心理の**シンソウ**に着目した。 <small>奥ふかく隠されたぶぶん</small>		深層	対「表層」
□ 20	君の発言は**キジョウ**の空論にすぎない。 <small>つくえのうえ</small>		机上	「机上の空論」は、「実際には役立たない意見」
□ 21	友人から欠点を**シテキ**される。 <small>問題点などを取り出して示すこと</small>		指摘	「摘」—訓 つ(む)
□ 22	困っている人を放っておけない**ショウブン**。 <small>生まれつきのせいしつ</small>		性分	「生まれつきの性格」を「さが」という
□ 23	ハープを**カナ**でる。 <small>かきなでてならす</small>		奏	ここでは「演奏」に似た意味
□ 24	お世話になった人を結婚式に**マネ**く。 <small>呼びよせる</small>		招	「紹介」の「紹」と混同しないように
□ 25	**キ**するところがあって職を辞した。 <small>前もって決心する</small>		期	「期せずして」は「思いがけず」

2800問 200問

2

書く④

- □ 1 勉強しやすい**カンキョウ**を整える。
  あるものをとりまく外界のようす
- □ 2 古い洋館で**キカイ**な出来事が起きる。
  不思議なさま
- □ 3 初孫の**タンジョウ**を祝う。
  うまれること
- □ 4 新しいメディア産業に**サンニュウ**する。
  加わること
- ♛ 5 旅に出たいという**ショウドウ**にかられる。
  発作的なこうどうを引き起こす心のうごき
- □ 6 控え室で**タイキ**する。
  準備を整えてきかいが来るのをまつこと
- □ 7 **ダンペン**的な記憶をつなぐ。
  きれぎれであること
- □ 8 平和の大事さを**セツジツ**に感じる。
  身にしみて感じること
- □ 9 屋上から美しい**チョウボウ**を楽しむ。
  見渡したながめ
- □ 10 聞かれたことに**ソクザ**に答える。
  すぐその場
- ♛ 11 科学技術は**ヒヤク**的な発展を遂げた。
  大きく発展し、かつやくすること
- □ 12 「**ソシナ**ですが」と言って贈り物を渡す。
  人に物を贈るときにへりくだっていう語

- 環境
  「環」には「ぐるりとめぐらす」という意味がある
- 奇怪
  「怪」―訓 あや（しい）
- 誕生
  「新しく物事が成立する」という意味でも使う
- 参入
  「高貴な所に参る」という意味もある
- 衝動
  「動じる」は「動揺する」
- 待機
  「待」―訓 ま（つ）
- 断片
  「片」には「きれはし」という意味がある
- 切実
  「切に」は「しきりに」「心を込めて」
- 眺望
  「眺」―訓 なが（める）
- 即座
  類 即時＝即刻
- 飛躍
  「論理の飛躍」は、「論理が正しい段階を経ずに進む」という意味
- 粗品
  「粗」―訓 あら（い）

26

□ 13　小野小町（おのこまち）は**ヨウシ**の衰えを嘆いた。
　　　すがた

□ 14　能率至上の**フウチョウ**に異を唱える。
　　　時代とともに変わる世の中の傾向

□ 15　**ゲンカク**な規律で知られる応援団。
　　　規則などをきびしく守るさま

□ 16　**ケンジョウ**の美徳を重んじる。
　　　へりくだりゆずること

□ 17　過去の記憶が**センレツ**によみがえる。
　　　はっきりしているさま

□ 18　新しい法律を**テキヨウ**する。
　　　法律や規則などをあてはめてもちいること

□ 19　悪貨は良貨を**クチク**する。
　　　追い払うこと

□ 20　夏休みの宿題に朝顔の**カンサツ**をする。
　　　物事の現象を注意深く見ること

□ 21　ガンジーの思想に**キョウメイ**する。
　　　他人の考えや思想に同感すること

□ 22　問題解決の**シシン**を得る。
　　　物事を進めるうえでの手引き

□ 23　他人を**セ**める前にまず自らを省みる。
　　　非難する

□ 24　部屋を美しく**カザ**る。
　　　美しく見えるように手を加える

□ 25　**オサ**えることのできない怒りを感じる。
　　　おしとどめる

容姿
「容姿端麗（ヨウシタンレイ）」は「すがたが整って美しいさま」

風潮
「思潮（シチョウ）」は「ある時代の人々がいだく思想の傾向」

厳格
「荘厳」は「ソウゴン」と読む

謙譲
[類]「謙遜（ケンソン）」

鮮烈
「鮮」─[訓]あざ（やか）

適用
「摘出（テキシュツ）」の「摘」や「無敵（ムテキ）」の「敵」と混同しないように

駆逐
「駆」─[訓]か（ける）

観察
「察する」は「おしはかって考える」「おもいやる」

共鳴
「鳴」─[訓]な（る）

指針
「指」─[訓]ゆび・さ（す）

責
「自責（ジセキ）」は「自分で自分を責めること」

飾
「うわべを飾る」は「表面をつくろう」

抑
[音]ヨク　「抑制（ヨクセイ）」など

書く⑤

□ 1 国内**クッシ**の強豪チームと対戦する。
　特に優れていること

□ 2 子どもには詩人としての**シシツ**がある。
　生まれつきの才能

□ 3 腕前に**カクダン**の違いがある。
　だん違い

□ 4 **タイコ**の昔に思いをはせる。
　おおむかし

♔ 5 現代アートの**ミリョク**について熱く語る。
　人の心をひきつけるちから

□ 6 五年の**サイゲツ**を費やして完成した教会。
　としつき

□ 7 **シュウシ**落ち着いて行動する。
　はじめからおわりまで

□ 8 自分が**ミジュク**であることを痛感する。
　経験が浅いこと

□ 9 車どうしが**セッショク**する。
　近づきふれること

□ 10 高層ビルが**リンリツ**する副都心。
　多くのものが並びたつこと

□ 11 いつまでも親に依存する気は**モウトウ**ない。
　少しも

□ 12 父の考えには自分と**コオウ**するものがある。
　通じ合うこと

1	屈指	類「指折り」
2	資質	類「素質」「天性」
3	格段	類「格別」
4	太古	「太」には「はなはだ」「ひどく」という意味もある
5	魅力	「魅惑」は「魅力で人をひきつけまどわすこと」
6	歳月	「歳月人を待たず」は漢詩に由来する表現
7	終始	「終始一貫」は「はじめからおわりまでかわらないこと」
8	未熟	「熟」―訓う（れる）
9	接触	「触」―訓さわ（る）ふ（れる）
10	林立	「林のように立つ」と覚えよう
11	毛頭	下に打ち消しの語を伴うことが多い
12	呼応	「決して…ない」や「もし…なら」などを「呼応表現」という

□13 **キョウキュウ**過多で物価が下落する。
販売などのために市場に商品を出すこと

□14 出題の**シュシ**を理解する。
ある事をする目的や理由

□15 図書館で本を**エツラン**する。
書物を調べながら読むこと

□16 人は**オウオウ**にして過ちを犯す存在だ。
しばしば

□17 茶道を広く世界に**ショウカイ**する。
広く知らせること、ひきあわせること

□18 **キュウシン**的な改革に人心が離れる。
理想などをいきおいで実現しようとすること

□19 事件に**カンヨ**した疑いをかけられる。
かかわること

□20 **カイテキ**な住環境を求める。
心地よいこと

□21 **キンチョウ**のあまり言葉を失う。
はりつめてゆるみのないこと

□22 円周率を**キオク**する。
覚えること

□23 敵の勢いに押されてじりじりと**シリゾ**く。
後ろへ下がる

□24 **ナツ**かしい顔ぶれに再会する。
思い出されて慕わしい

□25 山登りで足腰を**キタ**える。
心身を強固にする

供給
[対]「需要」（ジュヨウ）

趣旨
「文章や話で言おうとしていること」という意味もある

閲覧
「閲」には「調べる」「読む」という意味もある

往往
「往往にして」という形でよく使う

紹介
「招待」の「招」と混同しないように

急進
[対]「漸進」（ゼンシン）

関与
「与」には「かかわる」「たずさわる」という意味がある

快適
「敵」「摘」「滴」と混同しないように

緊張
[緊]には「ひきしまったさま」という意味がある

記憶
「一億人」の「億」（イチオクニン）と混同しないように

退
ここでは「退却」（タイキャク）に似た意味

懐
音カイ 「述懐」（ジュッカイ）など

鍛
ここでは「鍛錬（練）」（タンレン）に似た意味

2 書く⑥

□ 1 人名辞典の**サクイン**を利用する。
書物の中の語句や事項をさがし出すための目録

□ 2 目標に**トウタツ**できた喜びに浸る。
いきつくこと

□ 3 アールデコ様式で**ソウショク**された部屋。
美しく見えるようにかざること

□ 4 **ナットク**のいく説明を相手に求める。
なるほどと認めること

□ 5 小型マイクが**ナイゾウ**されたカメラ。
ないぶに持っていること

□ 6 道路の**カクチョウ**工事を行う。
範囲や規模を広げること

□ 7 事と**シダイ**によっては君を許さない。
なりゆき、事情

□ 8 自分の意見を**ダンコ**として曲げない。
きっぱりとしたさま

□ 9 地震を**ソウテイ**した避難訓練を行う。
ある状況を仮に思いえがくこと

□ 10 細かい心理**ビョウシャ**で知られる作家。
情景やじょうたいをえがきだすこと

□ 11 **イダイ**な業績を成し遂げる。
優れていて立派なさま

□ 12 試験の結果、**ショウカク**が決まる。
地位などがあがること

索引
「索」には「中のものをひき出す」という意味がある

到達

装飾
「装」─訓よそお（う）
「飾」─訓かざ（る）

納得
「納」─訓おさ（める）

内蔵
胃や腸などは「内臓」ナイゾウ

拡張
「張」─訓は（る）

次第
「次第に」は「だんだんと」として

断固
「断じて」は「決して」「断固として」

想定
「定」─訓さだ（める）

偉大
「偉」─訓えら（い）

描写
「描」─訓えが（く）
か（く）

昇格
対「降格」コウカク

30

13 **ホウテイ**を舞台とした演劇。
裁判がおこなわれる場

14 自分がやったことの**シマツ**をつける。

15 古い体制を**ヘンカク**する。
社会や制度を改めること

16 失敗しないように**シンチョウ**に構える。
注意深くおもおもしいさま

17 わだかまりの**イッサイ**を水に流す。
すべて

18 人から**サシズ**されることをきらう。
言いつけて仕事などをさせること

19 **トツジョ**として風が起こった。
急に思わぬ事態が起こるさま

20 平均**ジュミョウ**が伸びる。
いのちのながさ

21 花壇に球根を**イショク**する。
他の場所にうえかえること

22 人の**オウライ**が絶えない商店街。
行ったりきたりすること

23 新しい会社の立ち上げに**タズサ**わる。
かかわる

24 体操選手が難易度の高い技を**キソ**い合う。
はり合う

25 初日の出を**オガ**む。
手のひらを合わせて祈る

［ 法廷 ］
「廷」には「庭」という意味が
ある

［ 始末 ］
「始末屋」は「倹約家」のこと

［ 変革 ］
類「改変」

［ 慎重 ］
対「軽率」

［ 一切 ］
下に打ち消しの語を伴うと
「まったく」という意味になる

［ 指図 ］
「屈指」「指折り」は「特に優
れていること」

［ 突如 ］
類「突然」

［ 寿命 ］
音 ケイ「寿」――訓 ことぶき

［ 移植 ］
「文化を移植する」などとも
使う

［ 往来 ］
「道路」という意味もある

［ 携 ］
音 ケイ 「連携」など

［ 競 ］
「ゴール前で競る」は「せ
（る）と読む

［ 拝 ］
「見る」の謙譲語でもある

2　書く⑦

□ 1　医療体制の**ジュウソク**を図る。
満たすこと

□ 2　**アンイ**な考えを改める。
いい加減なさま

□ 3　**フモウ**な議論を続けても意味がない。
成果が得られないさま

□ 4　仕事を**イライ**する。
ようけんなどを人にたのむこと

□ 5　各地に伝わる民話を**サイシュウ**する。
特定の目的のためにあつめること

□ 6　**フクセイ**はオリジナルには及ばない。
元のものと同じものを作ること

□ 7　この薬は植物の生長を**ソクシン**する。
物事がはかどるようにしむけること

□ 8　気分**テンカン**には散歩が有効だ。
傾向や方針などが変わること

□ 9　新しい知識を**キュウシュウ**する。
取り入れること

□ 10　お手玉を**キヨウ**に操る。
細かなことを巧みに処理するさま

□ 11　要求をかたくなに**キョゼツ**する。
こばむこと

□ 12　**キフク**に富んだ山道を歩く。
高くなったり低くなったりすること

充足

安易

不毛

依頼

採集

複製

促進

転換

吸収

器用

拒絶

起伏

[充]―訓あ(てる)

[易]―音エキとも読む　「貿易」(ボウエキ)など

対[肥沃](ヒヨク)

「依頼心」は「他人にたよる気持ち」

[採]―訓と(る)

[複]―「修復」(シュウフク)の「復」や「制度」(セイド)の「制」と混同しないように

[促]―訓うなが(す)

[換]―訓か(える)

[吸]―訓す(う)
[収]―訓おさ(める)

[器]―訓うつわ

[拒]―訓こば(む)
[絶]―訓た(える)

「起伏の多い人生」「感情の起伏が激しい」などとも使う

□ 13	長期の滞在に**カッコウ**のホテル。 ちょうど適しているさま	格好	「姿や身なり」という意味も ある
□ 14	決議には各国の**ダサン**が働いている。 損得を勘定すること	打算	「打」―訓う（つ）
□ 15	月は地球の**エイセイ**である。 わくせいの周りを回る天体	衛星	「衛生」は「清潔さや健康に 努めること」
□ 16	社会から**ヒンコン**をなくす。 まずしく生活が苦しいこと	貧困	「貧」―訓まず（しい） 「困」―訓こま（る）
□ 17	**ホンゴシ**を入れて家業に取り組む。 ほんかくてきに取り組む姿勢	本腰	「腰を据える」は「どっしり 構える」
□ 18	両者は**タイキョク**の立場にある。 まったく逆のきわみにあること	対極	「極」―訓きわ（める）
□ 19	部長に権限を**フヨ**する。 さずけること	付与	「附与」とも書く
□ 20	別れた人にいつまでも**ミレン**が残る。 思いきることができないこと	未練	「練」―訓ね（る）
□ 21	患者に対して献身的な**カンゴシ**。 病人の療養上の世話や診療の補助に従事する人	看護師	「看」には「見る」「見守る」と いう意味がある
□ 22	**ボクチク**が盛んな地方。 牛や馬などを飼育繁殖させること	牧畜	「蓄積の「蓄」と混同しない ように
□ 23	毎日を**ホガ**らかに笑って過ごす。 心が晴れやかで快活なさま	朗	「明朗」は「明るくほがらかな さま」「うそやごまかしがな いさま」
□ 24	習うより**ナ**れるほうがよい。 たびたび経験してなじむ	慣	音カン　「慣習」など
□ 25	**アザ**やかな色づかいのドレスを着る。 はっきりしていて目立つさま	鮮	「鮮やかな腕前」などとも使 う

書く⑧

□ 12	文章の**シュビ**を整える。 始めと終わり	首尾	「不首尾」は「うまくいかず 悪い結果が出ること」
□ 11	政治家は金銭に**ケッペキ**であるべきだ。 ふけつや不正を極度に嫌うこと	潔癖	「潔」─訓 いさぎよ(い)
□ 10	大都市の風景はどこであれ**キンジ**している。 よくにていること	近似	類 「類似」
□ 9	**シリョ**に欠けた行動で迷惑をかける。 深く考えをめぐらすこと	思慮	「思慮に欠ける」の反対は「思 慮深い」
□ 8	与えられた仕事を**ブナン**にこなす。 あたりさわりがないこと	無難	「無事」の「無」と同じ読みを する
♛ 7	西洋は科学技術の力で他を**アットウ**した。 段違いの力で他をおさえつけること	圧倒	「到達」の「到」と混同しない ように
□ 6	権威に対して**ジュウジュン**であることを拒む。 ものやわらかで素直なさま	柔順	類 「温順」 「従順」
□ 5	荒れ地を**カイタク**し農地にする。 切りひらくこと	開拓	「拓」には「未開の地をひら く」という意味がある
□ 4	青春とは**モサク**の時期である。 手さぐりで探すこと	模索	「暗中 模索」は「手がかりの ないものを探し求めること」 という
□ 3	科学の**オンケイ**を受ける。 めぐみ	恩恵	「神からの恩恵」を「恩寵」 という
□ 2	**テキカク**なアドバイスを受ける。 たしかでまちがいのないさま	的確	「適確」とも書く
□ 1	会社の**ドウリョウ**と親しくつきあう。 職場または地位などがおなじ人	同僚	「明瞭」の「瞭」や「医療」の 「療」と混同しないように

2章 書く⑧

□ 13 試合の出場を**ジタイ**する。
断ること

□ 14 過去の事例に**ゲンキュウ**する。
話がその事柄に触れること

□ 15 **ユイイツ**の真実を求める。
ただひとつ

□ 16 **キョウフ**におののく人々。
おそろしく感じること

□ 17 優勝できるとは**ムソウ**だにしなかった。
ゆめに見ること

□ 18 植物**ズカン**を全冊そろえる。
写真や絵を系統的に配列して、解説を加えた書物

□ 19 日本の文化に**コユウ**な現象。
そのものだけにあること

□ 20 友からの**ショウソク**が絶えて久しい。
連絡、たより

□ 21 人類の**キゲン**についての新説。
物事のおこり

□ 22 **シバイ**の練習に励む。
演劇

□ 23 夕日が**シズ**む。
地平線の下に隠れる

□ 24 **アタタ**かな日差しの中でまどろむ。
寒くなくちょうどよいさま

□ 25 暗がりでたいまつを**カカ**げる。
高くあげる

辞退
「辞する」は「職をやめる」
「退出する」

言及
「及」――訓およ(ぶ)

唯一
「唯」には「ただ…だけ」という意味がある

恐怖
「恐」――訓おそ(れる)
「怖」――訓こわ(い)

夢想
類「空想」

図鑑
「鑑」には「手本」という意味がある

固有
「個人」の「個」と混同しないように

消息
「消息を絶つ」は「行方不明になる」

起源
「起原」とも書く

芝居
「人をだますためのつくりごと」という意味でも使う

沈
音チン 「沈下」など

暖
音ダン 「暖衣飽食」は「何の不足もない生活のこと」

掲
音ケイ 「掲揚」など

2800問 325問

書く⑨

- □ 1 政治の**ダラク**を鋭く非難する。
  不健全になること

- □ 2 人員の**サクゲン**が必要だ。
  けずってへらすこと

- □ 3 豊かな**カンジュセイ**の持ち主。
  物事をかんじとること

- □ 4 インターネットで**ケンサク**する。
  調べさがすこと

- □ 5 独裁者の**ムザン**な最期。
  いたわしくふびんなさま

- □ 6 **タイクツ**をまぎらすすべがない。
  ひまであきあきすること

- □ 7 **アンモク**の了解のうちに事が運ぶ。
  意思を表に出さないこと

- □ 8 開発計画への**ガンキョウ**な反対運動。
  てごわいさま

- □ 9 **ボウケン**を避けて安全策をとる。
  きけんをおかすこと

- □ 10 **ヒガイ**を最小限に抑える。
  そんがいをうけること

- □ 11 コンテストに**オウボ**する。
  求めつのっていることに申し込むこと

- □ 12 民主主義の**コンカン**を揺るがす事件。
  物事の主要な部分、おおもと

[堕落]　「堕」には「おちる」という意味がある

[削減]　「削」—訓けず(る)　「減」—訓へ(らす)

[感受性]　**類**「感性」

[検索]　「捜索」など。「索」には「さがす」という意味がある

[無残]　「無惨」とも書く

[退屈]　「退屈しのぎ」は「退屈をまぎらすこと」

[暗黙]　「暗」には「それとなく」という意味

[頑強]　「頑」には「かたくな」という意味がある

[冒険]　「危険」の「険」と同じ

[被害]　**対**「加害」

[応募]　「募」—訓つの(る)

[根幹]　「主要でない部分」が「枝葉」である

36

13 成田空港を**ケイユ**してハワイに行く。
目的地の途中にある地点を通ること

14 長雨のために**ジョジョ**に水位が上がる。
ゆっくりと変化するさま

15 会議に一時間**テイド**遅れる。
ほど

16 祖父の**イサン**を相続する。
死後にのこしたざいさん

17 歌舞伎の**ショサ**は独特である。
振る舞い、身のこなし

18 周囲に**メイワク**をかけないようにする。
ある行為がもとで他人が不快をかんじること

19 **メンドウ**な仕事を押しつけられる。
手数がかかるさま

20 薪にする**ゾウキ**を集める。
良材にならないき

21 大任を前にいっそうの**ジチョウ**を求める。
軽々しく振る舞わないこと

22 論理を**コウチク**する力を養う。
組み立ててつくりあげること

23 道で会った知人と会話を**カ**わす。
やりとりする

24 荷物に注意事項を書いた**フダ**をつける。
文字を書き記した紙など

25 小さな子どもがおもちゃを**コワ**す。
ものをくだくなどしてだめにする

---

13 経由
[経]―[訓] へ(る)
[由]―[訓] よし

14 徐徐
[ジョコウ][徐行]は「ゆっくり行くこと」

15 程度
[程]―[訓] ほど

16 遺産
「前代の人がのこした「業績」
という意味でも使う

17 所作
[類] [動作]

18 迷惑
[迷]―[訓] まよ(う)
[惑]―[訓] まど(う)

19 面倒
「面倒をかける」は「世話を
かける」

20 雑木
[雑木林]ばやしは「種々の樹木が
混じっている林」

21 自重
[シンチョウ][慎重]の[重]と同じ読み
をする

22 構築
[構]―[訓] かま(える)
[築]―[訓] きず(く)

23 交
[交]―[訓] まじ(る)、まじ(わる)
とも読む

24 札
「札つき」は「悪評が世の中
に知れわたっていること」

25 壊
「懐中」の「懐」と混同しな
いように

2 書く⑩

□ 1 固定**カンネン**にとらわれない。
物事に対するかんがえ

□ 2 講演会のための**ゲンコウ**を書く。
前もって書いた文章

□ 3 君主の横暴な態度を**ヒナン**する。
欠点や過失を責めとがめる

□ 4 民間に**デンショウ**された話を集める。
つたえ受け継ぐこと

□ 5 人生の**テンキ**となった出来事。
ある状態から別の状態に移るきっかけ

□ 6 核兵器の**カクサン**を防ぐ。
広がりちること

□ 7 **コウフン**のあまり我を忘れる。
感情が高ぶること

□ 8 世間に**ショウゲキ**を与えた事件。
ショック

□ 9 研究論文を**シッピツ**する。
文章などを書くこと

□ 10 『源氏物語（げんじものがたり）』に描かれた朝廷の**ギシキ**。
一定の規則に従って行う作法

□ 11 諸外国と**コウエキ**する。
品物をこうかんし、商いをすること

□ 12 **チンモク**は金、雄弁は銀。
だまって口をきかないこと

[観念]
「観念する」は「あきらめる」

[原稿]
「草稿」は「下書き」という意味

[非難]
「難」―訓 かた（い）
むずか（しい）

[伝承]
「承」―訓 うけたまわ（る）

[転機]
「機会」の「機」と同じ意味

[拡散]
「散」―訓 ち（る）

[興奮]
「奮」―訓 ふる（う）

[衝撃]
「衝」には「つく」「つきあたる」という意味がある

[執筆]
「執」―訓 と（る）

[儀式]
「儀」には「手本とすべき規準」という意味がある

[交易]
「易」には「かえる」「やさしい」という意味がある

[沈黙]
「沈」―訓 しず（む）

38

□ 13 **ジュンスイ**な言語という考えは幻想だ。
まじりけがないさま

□ 14 組織の改革に**シュワン**を振るう。
うでまえ

□ 15 両者の意見が**ガッチ**する。
ぴったりあうこと

□ 16 吹く風に秋の**ケハイ**を感じる。
なんとなく感じられるようす

□ 17 人権を**シンガイ**される。
他人の権利などをおかすこと

□ 18 地形を**セイミツ**に測定する。
詳しく細かいこと

□ 19 師から**セイトウ**な教えを受け継ぐ。
同じもとから分かれたものの中で一番中心となるもの

□ 20 年齢を**コウリョ**した食事を用意する。
判断する際、いろいろな要素をかんがえに入れること

□ 21 勝利を喜ぶ**カンセイ**が上がった。
よろこびのこえ

□ 22 混乱のあまり**シュウシュウ**がつかない。
とりまとめること

□ 23 **アワ**ただしい日々の中で心のゆとりを失う。
急いでいて落ち着かないさま

□ 24 内輪の話があるので席を**ハズ**してもらった。
その場からしりぞく

□ 25 **キビ**しい訓練に耐える。
激しく容赦ないさま

純粋
「粋」には「いき」「気がきいて風流」という意味もある
類「一致」

手腕
類「技量」

合致
類「一致」

気配
「配」―訓くば（る）

侵害
「侵」―訓おか（す）　「浸（ひた）す」と混同しないように

精密
「清潔」の「清」と混同しないように

正統
対「異端」

考慮
「慮」には「思いめぐらす」という意味がある

歓声
「喚声」は「喜びを抑えきれずに出す大きな叫びごえ」

収拾
「収集」は「いろいろとり集めること」
「収」は

慌
音コウ　「恐慌」など

外
訓ほか　とも読む

厳
音ゲン

2800問　375問

1 新しい環境に**イワカン**を覚える。

2 **カゲキ**な発言を慎む。
度をこえてはげしいこと

3 大雨に対する**ケイカイ**を怠る。
万一に備え用心すること

4 たんぽぽの綿毛が空中に**フユウ**する。
水面や空中に漂うこと

5 **ヒョウリ**のある人は信用できない。
外面と内心が一致しないこと

6 **コンキョ**のない意見は説得力に欠ける。
よりどころとなるもの

7 事業の提携に関して**ケイヤク**を交わす。
売買などに関するやくそく

8 任務を**スイコウ**する。
なしとげること

9 ひよこの雌雄を**シキベツ**する。
見わけること

10 図書館の机を**センリョウ**する。
一定の場所をひとりじめすること

11 本社への**エイテン**が決まる。
いままでよりもよい地位にうつること

12 たとえ**ホウフク**してもむなしいだけだ。
仕返し

[違和感] 「異様」の「異」と混同しないように

[過激] 「過」—訓 す(ぎる) あやま(つ)

[警戒] 「戒」—訓 いまし(める)

[浮遊] 「浮」—訓 う(く)

[表裏] 「表裏一体」は「密接で切り離せない二つの関係」

[根拠] 「拠」には「よりどころ」という意味がある

[契約] 「契」—訓 ちぎ(る)

[遂行] 「遂」—訓 と(げる)「逐一」の「逐」と混同しないように

[識別] 「織(お)る」と混同しないように

[占領] 「占」—訓 し(める) うらな(う)

[栄転] 対「左遷」

[報復] 「抱腹」は「大笑いをすること」

□ 25 自らの不運を**ナゲ**く。
ひどく悲しむ

□ 24 友人をドライブに**サソ**う。
あることをするようにすすめる

□ 23 子どもの気持ちを**サッ**し、静かに見守る。
気持ちや状況を推し量り思いやる

□ 22 お見舞いの品に手紙を**ソ**える。
つけ加える

□ 21 **テツヤ**で試験勉強をする。
一晩中寝ないでいること

□ 20 トマトを**サイバイ**する。
植物を育てること

□ 19 優れた小説は個々の**ソウワ**が印象的だ。
本筋に直接かかわらない短いはなし

□ 18 目撃した犯人の**トクチョウ**を伝える。
目立つしるし

□ 17 前近代では社会的な**カイソウ**が明確だった。
序列化されているさま

□ 16 研究に**ボットウ**する。
一つのことに熱中すること

□ 15 前回の調査では大きな**シュウカク**があった。
成果

□ 14 古い因習から**ダッキャク**する。
抜け出ること

□ 13 **タクエツ**した技能を持つ名工。
他より抜きん出て優れていること

嘆

誘

察

添

徹夜

栽培

挿話

特徴

階層

没頭

収穫

脱却

卓越

「嘆息」は「なげいてため息
をもらすこと」

音 ユウ 「勧誘」など
クンユウ

「察」には「細かくよく見る」
という意味がある

音 テン 「添付」など
テンプ

「徹」——「訓 さ(す)

「裁培」の「裁」と混同しない
サイバイ　　　サイ
ように

「挿」——「訓 さ(す)

「特長」は「優れた点」
トクチョウ

「階段」や「地層」から連想し
カイダン　　　チソウ
よう

類 「没入」
ボツニュウ

「収獲」と書
シュウカク
くことが多い

「却」には「しりぞく」という
キャク
意味がある

「卓見」は「優れた意見」
タッケン

狩りや釣りでは「収穫」と書

41　2800問　400問

1 □ **シレン**に耐えて栄光をつかむ。
決心や実力などをためすための苦難

2 □ 遠方から訪れた友人を**カンゲイ**する。

3 □ 鳩は平和の**ショウチョウ**である。
観念的なことを具体的な事例で表すこと

4 □ 春の**トウライ**を喜ぶ。
こちらへやってくること

5 □ トラックが通るたびに**シンドウ**を感じる。
ゆれうごくこと

6 □ 自分の体験を**コチョウ**して話す。
おおげさに表現すること

7 □ 事態の**スイイ**を見守る。
うつり変わること

8 □ 新政権を**ジュリツ**する。
しっかりたてること

9 □ 考え方の**ソウイ**があらわになる。
互いにちがっていること

10 □ 全体の持つ気品
カクチョウの高い文章で知られる作家。

11 □ 領海**シンパン**が問題となる。
他の領土や権利などをおかすこと

12 □ **サイボウ**が分裂する様子を観察する。
生物体を構成する構造的単位

[試練] 「試」―訓こころ(みる)
ため(す)

[歓迎] 「勧誘」の「勧」と混同しない
ように

[象徴] 「象」には「かたち」という意
味がある

[到来] 「到」には「いたる」という意
味がある

[振動] 「振」―訓ふ(る)

[誇張] 「誇」―訓ほこ(る)

[推移] 「推」―訓お(す)

[樹立] 類 確立

[格調] 「調」―訓しら(べる)
ととの(える)

[相違] 「相違ない」は「かくじつで
ある」

[侵犯] 「侵」―訓おか(す)
「犯」―訓おか(す)

[細胞] 「同胞」は「兄弟姉妹」「同国
人」のこと

□ 13 剣の**ゴクイ**を伝授される。（武芸や学問の深い境地）
［極意］ 類「奥義（オウギ）」

□ 14 理想的な**ハイグウシャ**を得る。（夫から見た妻、妻から見た夫）
［配偶者］ 類「伴侶（ハンリョ）」

□ 15 **キンベン**であることは美徳の一つだ。（まじめに努力するさま）
［勤勉］ 対「怠惰（タイダ）」

□ 16 生物の中で人間は**トクシュ**である。（普通と異なること）
［特殊］ 対「一般（イッパン）」「普遍（フヘン）」

□ 17 気に入った絵を**ガクブチ**に入れる。（書画などをはめて飾るための枠）
［額縁］ 「縁」には「物のへり」という意味がある

□ 18 青春の日々は**ボウキャク**の彼方だ。（すっかりわすれること）
［忘却］ 「忘」―訓わす（れる）

□ 19 **ショウコ**がなければ罰せない。（あかし）
［証拠］ 「拠」の他の音読みは「キョ」である

□ 20 **ユウワク**に負け、禁断の果実を口にする。（心をまよわせてさそいこむこと）
［誘惑］ 「誘」―訓さそ（う）

□ 21 外国の資源に**イソン**せざるをえない。（たよりにすること）
［依存］ 「イゾン」とも読む

□ 22 東京タワーからの**ナガ**めに見入る。（見渡すこと、またはその景色）
［眺］ 音チョウ 「眺望（チョウボウ）」など

□ 23 行く春を**オ**しむ気持ちが表現された俳句。（残念に思う）
［惜］ 音セキ 「愛惜（アイセキ）」など

□ 24 親の言いつけに**ソム**く。（逆らう）
［背］ 「背信（ハイシン）」は「信頼を裏切ること」

□ 25 美しい風景を豊かな色彩で**エガ**く。（絵や文章などで表現する）
［描］ 音ビョウ 「描写（ビョウシャ）」など

2 意味から考えるテスト①

くりかえし ※20〜43ページから出題しています。

1 優れていて立派なさま 　「いだい」

2 一つの事柄にもっぱら従事すること 　「せんもん」

3 おもいめぐらすこと 　「しあん」

4 かざりけがなくありのままであるさま 　「そっちょく」

5 社会や制度を改めること 　「へんかく」

6 さしずすること 　「しき」

7 予期しない出来事 　「ぐうぜん」

8 共通の目標をもつ集合体 　「そしき」

9 まじめなさま 　「しんけん」

10 どうりょくを与えてうごかすこと 　「くどう」

11 文章や談話のはじめ 　「ぼうとう」

12 問題点などを取り出して示すこと 　「してき」

13 経験が浅いこと 　「みじゅく」

14 細かなことを巧みに処理するさま 　「きよう」

15 発作的なこうどうを引き起こす心のうごき 　「しょうどう」

16 追い払うこと 　「くちく」

17 特に優れていること 　「くっし」

18 ひょうげんすること 　「めいじょう」

19 少しも 　「もうとう」

20 思い出されて慕わしい 　「なつ[　]かしい」

21 なるほどと認めること 　「なっとく」

22 大きく発展し、かつやくすること 　「ひやく」

23 はっきりしていて目立つさま 　「あざ[　]やか」

24 急に思わぬ事態が起こるさま 　「とつじょ」

25 ようけんなどを人にたのむこと 　「いらい」

26 ひどく悲しむ 　「なげ[　]く」

27 損得を勘定すること 　「ださん」

28 おしとどめる 　「おさ[　]える」

29 段違いの力で他をおさえつけること 　「あっとう」

30 ふけつや不正を極度に嫌うこと 　「けっぺき」

31　仕返し　［ほうふく］

32　はっきりしているさま　［せんれつ］

33　見わけること　［しきべつ］

34　高くあげる　［かかげる］

35　武芸や学問の深い境地　［ごくい］

36　まじめに努力するさま　［きんべん］

37　ショック　［しょうげき］

38　よろこびのこえ　［かんせい］

39　ものをくだくなどしてだめにする　［こわす］

40　度をこえてはげしいこと　［かげき］

41　求めつのっていることに申し込むこと　［おうぼ］

42　目的地の途中にある地点を通ること　［けいゆ］

43　とりまとめること　［しゅうしゅう］

44　一晩中寝ないでいること　［てつや］

45　逆らう　［そむく］

46　おおげさに表現すること　［こちょう］

47　しっかりたてること　［じゅりつ］

48　一つのことに熱中すること　［ぼっとう］

49　そのものだけにあること　［こゆう］

50　調べさがすこと　［けんさく］

［解答］

1	2	3	4	5	6	7	8	9	10	11	12	13	14	15	16
偉大	専門	思案	率直	変革	指揮	偶然	組織	真剣	駆動	冒頭	指摘	未熟	器用	衝動	駆逐

17	18	19	20	21	22	23	24	25	26	27	28	29	30	31	32	33
屈指	名状	毛頭	懐	納得	飛躍	鮮	突如	依頼	嘆	打算	抑	圧倒	潔癖	報復	鮮烈	識別

34	35	36	37	38	39	40	41	42	43	44	45	46	47	48	49	50
掲	極意	勤勉	衝撃	歓声	壊	過激	応募	経由	収拾	徹夜	背	誇張	樹立	没頭	固有	検索

2 書く⑬

□ 1　言語は一つの**タイケイ**をなしている。
個々のものが統一された組織

□ 2　物事を**ソウタイテキ**にとらえる。
物事が他との比較において成り立つさま

□ 3　事件の要因を**ブンセキ**する。
物事の成り立ちを明らかにすること

□ 4　緊張のあまり**ヨユウ**をなくす。
ゆとり

□ 5　婚約者の**ソボク**な人柄に引かれる。
かざりけがなくありのままなさま

□ 6　楽譜に書かれた**フゴウ**を正確に理解する。
しるし

□ 7　考古学ですばらしい**ギョウセキ**をあげる。
仕事やそのできばえ

□ 8　単純な人には**ヒニク**は通じない。
遠回しの非難

□ 9　火はけがれを**ジョウカ**するとみなされた。
きよめること

□ 10　過去の事例から**ルイスイ**する。
似た点に基づき他のことをおしはかること

□ 11　リゾートホテルに**タイザイ**する。
よそにいってそこにとどまること

□ 12　病人を**カイゴ**する仕事に情熱を注ぐ。
病人や高齢者などの世話をすること

[　体系　]
〔系〕には「つなぐ」という意味がある

[　相対的　]
対〔絶対的〕
ゼッタイテキ

[　分析　]
対〔総合〕
ソウゴウ

[　余裕　]
〔余〕──訓あま(る)

[　素朴　]
〔素朴な疑問〕は「単純な疑問」

[　符号　]
〔符合〕は「ぴったりと合うこと」
フゴウ

[　業績　]
〔面積〕の「積」と混同しないように
メンセキ

[　皮肉　]
〔皮肉な運命〕は「予想に反した運命」

[　浄化　]
〔浄土〕は「きよらかなあの世」
ジョウド

[　類推　]
類〔滞留〕〔逗留〕
タイリュウ　トウリュウ

[　滞在　]

[　介護　]
〔介〕には「助け守る」という意味がある

13	倫理観が**ケツジョ**した人間は信用できない。 かけていること	欠如	「如実」は「ニョジツ」と読む
14	会期を**エンチョウ**する。 ながくのばすこと	延長	「延」─訓 の(ばす)
15	朝焼けの中に**ソウゴン**な寺院が浮かび上がる。 尊くおごそかなこと	荘厳	「厳」─訓 おごそ(か) きび(しい)
16	絹には独特の**コウタク**がある。 つや	光沢	「沢」─訓 さわ
17	事件の**ケイイ**を説明する。 いきさつ	経緯	「経」には「縦糸」、「緯」には 「横糸」という意味がある
18	優勝の可能性が**ノウコウ**である。 可能性が顕著であるさま	濃厚	「濃厚な味」は「こってりし た味」
19	景気回復のための新しい政策を**シコウ**する。 実際におこなうこと	施行	法律用語では「セコウ」とも いう
20	金銭に**シュウチャク**する。 強く心ひかれ、それにとらわれること	執着	「シュウジャク」とも読む
21	彼女は**オンケン**な思想の持ち主だ。 おだやかでしっかりしているさま	穏健	対「過激」
22	突然の出来事に心が**ユ**れる。 安定しない	揺	音ヨウ 「童謡」の「謡」と 混同しないように
23	遠くに聞こえる潮騒に耳を**ス**ます。 注意を一点に集中する	澄	音チョウ 「清澄」など
24	子どもの笑顔が場の雰囲気を**ヤワ**らげた。 なごませる	和	音ワ 「和解」など オ 「和尚」
25	星が**マタタ**く夜にプロポーズをする。 星などがちかちかする	瞬	「瞬く間」は「まばたきをす るほどの短い間」

書く⑭

1 憧れていた会社に**シュウショク**する。
　しごとにつくこと

2 **リンリ**が欠落した無軌道な人物。
　道徳

3 フランスの**コクセキ**を取得する。
　くにに所属する人間であるという資格

4 弱点を**コクフク**するために練習を続ける。
　努力して困難に打ち勝つこと

5 排気ガスは大気汚染の**ゲンキョウ**とされた。
　悪事の張本人

6 すぐれた**ギリョウ**の持ち主。
　うでまえ

7 体内では**セイセイ**されない栄養素がある。
　物ができること

8 必死の**ギョウソウ**で犯人を追いかける。
　激しい感情が表れた顔つき

9 危険を**カイヒ**する知恵を育む。
　さけること

10 一つの**メイダイ**の真偽をめぐる討論。
　判断を言葉で表したもの

11 休日を**ユウイギ**に過ごす。
　価値があるさま

12 他人よりも**ユウエツ**していると錯覚する。
　他よりすぐれていること

[就職]
「就」―訓 つ(く)

[倫理]
「倫」には「人間どうしのきちんとした関係」という意味がある

[国籍]
「書籍」は「本」

[克服]
「克明」は「細かく丹念なさま」

[元凶]
「諸悪の根源」という意味でも使う

[技量]
類 「手腕」

[生成]
「生」―音 ショウ・セイ
「成」―音 ジョウ・セイ

[形相]
この場合の「相」は「人相」という意味

[回避]
「避」―訓 さ(ける)

[命題]
「人命が最も尊い」などが「命題」の例

[有意義]
「会議」の「議」と混同しないように

[優越]
「優」―訓 すぐ(れる) やさ(しい)
「越」―訓 こ(える)

48

□25	□24	□23	□22	□21	□20	□19	□18	□17	□16	□15	□14	□13

13 言いたいことを**カンケツ**に述べる。
むだがなく要点をとらえているさま

14 **チョウハツ**に乗ってはならない。
わざとそそのかすこと

15 新しい万年筆を**コウニュウ**する。
買い入れること

16 新しいシステムが**カドウ**する。
機械をうごかすこと

17 塩分を**カゲン**することで味をととのえる。
ほどよく調節すること

18 家柄を**ジマン**する軽薄な人物。
じぶんのことを誇ること

19 **カッコ**たる信念を持つ。
たしかなさま

20 ジェットコースターで**ゼッキョウ**する。
声の限りにさけぶこと

21 種も**シカ**けもありません。
装置

22 隠していたことが**オオヤケ**になる。
広く知れわたること

23 雁が**ツラ**なって飛ぶ。
かり　一列に並び続く

24 美しい歌声が遠くまで**ヒビ**く。
音が広がって聞こえる

25 駅まで父を**ムカ**えに行く。
人が来るのを待つ

簡潔
「潔」─訓 いさぎよ(い)

挑発
「挑」─訓 いど(む)

購入
「購入」の「構造」の「構」や「講釈」の「講」と混同しないように

稼働
「稼動」とも書く

加減
「さじ加減」は「状況に応じた手加減のくわえ方」

自慢
類「自画自賛」「手前味噌」

確固
「確固不抜」は「意志がしっかりして動揺しないさま」

絶叫
「絶句」は「言葉がつかえて出ないこと」

仕掛
「仕掛ける」という動詞の形でも使う

公
対「私(わたくし)」

連
音レン 「連続」など

響
「心に響く」「胸に響く」などとも使う

迎
音ゲイ 「送迎」など

書く⑮

□ 1 農村における人口の減少が**ケンチョ**である。
際立って目に立つさま
［顕著］
「著」─訓 あらわ（す）
いちじる（しい）

□ 2 事件の**ホッタン**となった出来事。
始まり
［発端］
対 [結末][終局]

□ 3 戦後日本の目覚ましい**フッコウ**。
もとどおり盛んになること
［復興］
「興」─訓 おこ（る）

□ 4 誠実な人ほど**クノウ**しやすい。
なやみくるしむこと
［苦悩］
「脳」─訓 なやむ
「頭脳」の「脳」と混同しない
ように

□ 5 博覧会が**カイサイ**される。
会や行事をひらき行うこと
［開催］
「催」─訓 もよお（す）

□ 6 人生の経験が**インエイ**に富んだ文章を生む。
深みがあること
［陰影］
「陰」─訓 かげ
「影」─訓 かげ

□ 7 **エタイ**が知れない人物。
本性
［得体］
「得手」「不得手」の「得」と同
じ読みをする

□ 8 山腹を**カンツウ**するトンネルが完成した。
つらぬきとおす
［貫通］
「貫」─訓 つらぬ（く）

□ 9 食品の安全性に対して**ギネン**を抱く。
うたがう心
［疑念］
類 [疑心]

□ 10 言葉の意味を**ゲンミツ**に定義する。
すみずみまできびしく行うさま
［厳密］
「厳」─訓 きび（しい）
おごそ（か）

□ 11 **ヘイオン**無事な生活。
何事もなくおだやかなこと
［平穏］
「穏」─訓 おだ（やか）
隠（かく）す」と混同しない
ように

□ 12 成功するために大きな**ダイショウ**を払う。
ある目標を達成するために払う犠牲
［代償］
「償」─訓 つぐな（う）

13 栄えた文明もいつかは**スイタイ**する。
おとろえくずれること

14 隣人が犯人だという**カクショウ**を得る。
たしかなしょうこ

15 薬を**ショホウ**する。
医師が病気に応じて薬の使用法を指示すること

16 突然の出来事に**コンワク**する。
どうしていいかわからないこと

17 社会に**ホウシ**することを喜びとする。
献身的につくすこと

18 おしゃれな人は**ボウシ**にこだわる。
頭にかぶるもの

19 難民を**キュウサイ**する。
すくい助けること

20 あまりのことに**ギョウテン**する。
ひどく驚くこと

21 **シゲキ**のない生活を変えようとする。
気持ちをこうふんさせること

22 人目を**サけ**て会う。
のがれる

23 平和の大切さを人々に**ウッタ**える。
共感を得ようとして主張などを他人に告げる

24 孫の**スコ**やかな成長を願う。
じょうぶで元気なさま

25 本心を**イツワ**る。
事実をゆがめる

衰退 「衰」―訓 おとろ（える）
[類]「実証」＝「明証」

確証 ジッショウ メイショウ

処方 [処]には「刑罰を与える」という意味もある

困惑 [困]―訓 こま（る）
[惑]―訓 まど（う）

奉仕 [仕]―訓 つか（える）

帽子 ボウシ 「脱帽」は「敬意を表すること

救済 [済]―訓 す（ます）

仰天 「驚いて天を仰ぐ」ということから

刺激 [刺]―訓 さ（す）
[激]―訓 はげ（しい）

避 [避]―訓 ヒ 「回避」など

訴 [訴]―訓 ケン 「回避」など

健 音 ケン ケンゼン 「健全」など

偽 音 ギ
訓 にせ

2 書く⑯

□ 1 **コウゲキ**は最大の防御である。
相手をせめること

□ 2 新年の**ホウフ**を述べる。
こころの中にもっている計画や決意

□ 3 戦時下では物資が**ケツボウ**していた。
不足すること

□ 4 科学は自然を**ハカイ**する側面がある。
うちこわすこと

□ 5 自分の部屋を**セイケツ**に保つ。
よごれがなくきれいなこと

□ 6 **カンレイ**になっていることの妥当性を問う。
ならわし

□ 7 データを**カイセキ**する。
事物の構成要素をこまかく理論的に調べること

□ 8 開発計画に**サンヨ**する。
あることにかかわること

□ 9 物事を**ヒハン**的にとらえる。
よしあしや正当性などを評価すること

□ 10 幼児はしばしば自然を**ギジン**化する。
ひとではないものをひとに見立てること

□ 11 **シャテイ**圏内に敵はいない。
弾丸の届く距離

□ 12 名匠の**ジュクレン**した腕前。
よくなれていて上手なこと

攻撃	「攻」—訓せ(める)
抱負	「抱」—訓 な(える) 「包装」「包囲」の「包」と混同しないように
欠乏	「乏」—訓とぼ(しい) 「之」と混同しないように
破壊	「壊」—訓こわ(す)
清潔	対「不潔」
慣例	「慣」—訓な(れる)
解析	「析」を「屈折」の「折」と混同しないように
参与	「相談役」という役職を指す場合もある
批判	「非難」の「非」と混同しないように
擬人	「擬する」は「見立てる」「なぞらえる」
射程	「力の及ぶ範囲」という意味もある
熟練	「熟」—訓う(れる) 「練」—訓ね(る)

13 近代社会は**コウリツ**を追求する。
えられた成果に対して費やした労力や時間の割合

14 クラスメイトの長所を**レッキョ**する。
一つ一つ並べてあげること

15 成功するために**シュウトウ**な準備をする。
よく行き届き、手抜かりのないこと

16 友に言われたことに**トクシン**がいった。
十分に承知すること

17 **コドク**に負けない強さを養う。
ひとりぼっち

18 **フクシ**の充実を訴える。
こうふくで安定した生活環境

19 事件の真相を**キュウメイ**する。
道理や真理を深くさぐってあきらかにすること

20 相手の身勝手な振る舞いに**ケンオ**を感じる。
憎みきらうこと

21 チェロの**エンソウ**を聴きに行く。
音楽をかなでること

22 迫害に**タ**えて信仰を守る。
こらえる、我慢する

23 雲が十五夜の月を**カク**す。
人目に触れないようにする

24 食卓を季節の花で**イロド**る。
かざる

25 毎食同じものばかりで**ア**きる。
いやけがさす

---

13 効率
[類]「能率」
コウリツ

14 列挙
[挙]―[訓]あ(げる)

15 周到
[類]「綿密」「丹念」
メンミツ タンネン

16 得心
[類]「納得」
ナットク

17 孤独
[孤]には「ひとりぼっち」という意味がある

18 福祉
[社]には「さいわい」という意味がある

19 究明
[究]―[訓]きわ(める)

20 嫌悪
[嫌]―[訓]いや・きら(う)

21 演奏
[奏]―[訓]かな(でる)

22 耐（堪）
[耐]「感に堪えない」は「深く感動する」

23 隠
[音]イン 「隠居」など
インキョ

24 彩
[音]サイ 「色彩」など
シキサイ

25 飽
[音]ホウ 「飽和」など
ホウワ

書く⑰

□1 英語には日本語には**ない**ガイネンが存在する。
物事の共通した特徴や性質をまとめた考え
 　概念 　「概(ガイ)」「感慨にふける」の「慨」と混同しないように

□2 業務拡大に伴い、新しい人をコヨウする。
 　雇用 　対「解雇」

□3 面接で志望のドウキを尋ねられる。
きっかけ
 　動機 　「機」―訓はた

□4 西洋からのエイキョウを強く受ける。
他からのさようによってへんかが生じること
 　影響 　「響」―訓ひび(く)

□5 特定の集団にキゾクしない自由人。
つき従うこと
 　帰属 　「帰す」は「…という結果になる」という意味

□6 老政治家のキョシュウが注目される。
どう身を処するかという態度
 　去就 　類「進退」

□7 敵のヒョウテキになる。
ねらいとする相手や物
 　標的 　「的」―訓まと

□8 我が身のフグウをかこつ。
才能にふさわしい地位を得ていないこと
 　不遇 　「遇」には「出会う」という意味がある

□9 チャンピオンがタイトルをボウエイする。
ふせぎ守ること
 　防衛 　「衛」には「守る」という意味がある

□10 福祉は削減の対象とならぬセイイキだった。
ふれてはならないとされる事柄
 　聖域 　「聖」には「徳の優れた人」という意味もある

□11 ギコウをこらした工芸品に見入る。
テクニック
 　技巧 　「巧」―訓たく(み)

□12 大統領コウホにインタビューする。
ある地位に将来つく見込みのある人
 　候補 　「立候補」は「選挙の候補者に名乗り出ること」

□ 25	□ 24	□ 23	□ 22	□ 21	□ 20	♔ 18	□ 17	□ 16	□ 15	□ 14	□ 13

□ 25 大きな問題を**カカ**える。
持つ

□ 24 **オダ**やかな人柄に引かれる。
厚みが少ないさま

□ 23 **ウス**い雲の晴れ間から光がさす。
頭の働きや判断力が優れているさま

□ 22 相手の**スルド**い指摘にたじろぐ。
最も適した時期に達すること

□ 21 モナリザは美術史上の**ケッサク**である。
優れたできばえのさくひん

□ 20 画家として**セイジュク**のときを迎える。
物事の筋道

□ 19 **リクツ**を並べるだけでは説得はできない。
正しい筋道

□ 18 大人は子どもとは異なり**チツジョ**を好む。
ほまれ

□ 17 先駆者の**エイヨ**を広くたたえる。
かわくこと

□ 16 空気が**カンソウ**する。
ささえ助けること

□ 15 開発途上国に対する**シエン**。
こころを奪われてぼんやりすること

□ 14 突然の事に**ホウシン**して立ち尽くす。
いちように整えること

□ 13 **カクイツカ**されることで多様性を失う。

[画一化]
「一線を画す」は「境界を
はっきりつける」

[放心]
「どうぞご放心ください」は
「気になさらないでくださ
い」という意味

[支援]
[支]─訓 ささ(える)

[乾燥]
「無味乾燥」は「味わいや
るおいのないこと」
[乾]─訓 かわ(く)

[栄誉]
[栄]─訓 さか(える)
[誉]─訓 ほま(れ)

[秩序]
[秩]には「順序」という意
味がある

[理屈]
「理屈抜き」とは「理屈を述
べ立てる必要のないこと」

[成熟]
[熟]─訓 う(れる)

[傑作]
「傑物」は「特別に優れた人
物」

[鋭]
[鋭]─音 エイ
「鋭利な刃物」は「するどく
切れる刃物」

[薄]
[薄]─音 ハク
「薄弱」など

[穏]
[穏]─音 オン
「穏健」など

[抱]
[抱]─音 ホウ
訓 いだ(く)・だ(く)

2800問 550問

書く⑱

□	□	□	□	□	□	□	□	□	□	□	👑
12	11	10	9	8	7	6	5	4	3	2	1

1 **テイネイ**な言葉遣いを心がける。
注意深くゆきとどいているさま

2 罪を犯した者に**セイサイ**を加える。
罰を与えこらしめること

3 申し込みが**サットウ**する。
どっと一時に押し寄せること

4 **ダッカイ**した領地を再び失う。
うばいかえすこと

5 あの日のことは**センメイ**に覚えている。
はっきりしているさま

6 事業の**キボ**を縮小する。
物事の仕組みやこうぞうなどの大きさ

7 つらい現実から**トウヒ**する。
さけてのがれようとすること

8 互いの意見が**ショウトツ**する。
主張や意見が対立し争うこと

9 店の**フンイキ**を壊す騒がしい客。
その場がつくり出しているきぶん

10 飛行機を**ソウジュウ**する。
思いのままにあやつり動かすこと

11 **ジンイ**は自然と対立する概念である。
にんげんの手を加えること

12 最後の試合で**ユウシュウ**の美を飾った。
おわりをまっとうすること

[丁寧] —類「丁重」

[制裁] サイバイ「栽培」の「栽」と混同しないように

[殺到] ケイトウ「傾倒」の「倒」と混同しないように

[奪回] 類「奪還」 ダッカン

[鮮明] 「鮮」—訓 あざ(やか)

[規模] 「規」—訓 のり

[逃避] 「逃」—訓 に(げる) 「避」—訓 さ(ける)

[衝突] 「突」—訓 つ(く)

[雰囲気] 「雰」には「霧」「もや」という意味がある 「曖昧模糊」は「ぼんやりしてはっきりしないさま」 アイマイモコ

[操縦] 「操」—訓 あやつ(る)・みさ お 「縦」—訓 たて

[人為] 類「人工」 ジンコウ

[有終] 「有終の美」は「最後までやり通し成果を上げること」

□ 25	♔ 24	□ 23	□ 22	□ 21	□ 20	□ 19	□ 18	□ 17	□ 16	□ 15	□ 14	□ 13

13 **テキギ**、休憩をとるように言われる。
各自の判断でおこなうさま

14 **ムゾウサ**に髪をまとめる。
手軽なさま

15 美しい夕焼けに**エイタン**の声をもらす。
声に出して感動の思いを表すこと

16 **キョウレツ**な個性の持ち主。
つよくはげしいさま

17 **エイチ**を結集させて火星探査を行う。
深く優れたちえ

18 『**大鏡**』と『**栄花物語**』とを**ヒカク**する。
おおかがみ えいがものがたり くらべること

19 徹夜続きで**ヒロウ**の色が濃い。
くたびれること

20 チームの**ジク**となって活躍する。
中心、かなめ

21 交通事故を**モクゲキ**する。
じっさいに見ること

22 押しても反応が**ニブ**いスイッチ。
どうさなどが遅い

23 荒れた畑を**タガヤ**す。
田畑を掘り返し土を柔らかくする

24 今日における科学の進歩は**イチジル**しい。
はっきりとわかるさま

25 古い時計が正確に時を**キザ**む。
細かく区切る

刻	著	耕	鈍	目撃	軸	疲労	比較	英知	強烈	詠嘆	無造作	適宜

刻 音コク 「時刻」など
コク ジコク

著 ここでは「顕著」に似た意味
ケンチョ

耕 「田返す」が語源

鈍 音ドン 「鈍器」など
ドン ドンキ

目撃 「撃」―訓う(つ)

軸 「掛け軸」は「床の間などにかけるように表装したもの」

疲労 「疲労困憊」は「つかれはてること」
コンパイ

比較 「比」―訓くら(べる)

英知 「英」には「優れている」という意味がある 「英雄」など
エイユウ

強烈 「烈」には「火がはげしく燃えさかるさま」という意味がある

詠嘆 「詠」―訓よ(む) 「嘆」―訓なげ(く)

無造作 「造作ない」は「たやすい」

適宜 「宜」には「適当」という意味
テキトウ がある

2800問 575問

2

書く ⑲

☐ 1 現状を**イジ**するだけでは向上は望めない。
そのままの状態を保つこと

☐ 2 **タンパク**な味を好む。
あっさりしているさま

☐ 3 **ソウシキ**がしめやかに行われる。
死者をとむらうぎしき

☐ 4 **キョクタン**な考えは皆の賛同を得られない。
ひどくかたよっているさま

☐ 5 **センレン**された趣味をもつ。
みがきをかけてあかぬけたものにすること

☐ 6 敵に対して**カンダイ**に振る舞う。
心が広く思いやりがあるさま

☐ 7 希望がかなえられず**ラクタン**する。
がっかりすること

☐ 8 恩人の**リンジュウ**に立ち会う。
死に際

☐ 9 卑怯な態度を**ツウレツ**に非難する。
非常にはげしいさま

☐ 10 **ケンイ**におもねることで保身を図る。
人をおさえつけて従わせる力

☐ 11 **イヒョウ**をつく行動。
思いもつかないこと

☐ 12 秘密を打ち明けられて**トウワク**する。
とまどうこと

---

1 維持 「身を持する」は「生活態度を厳しく守り続ける」

2 淡泊 「淡白」とも書く

3 葬式 「葬」—[訓]ほうむ(る)

4 極端 「極」—[訓]きわ(める) 「端」—[訓]はし

5 洗練 「洗」—[訓]あら(う)

6 寛大 「寛容」は「ゆるし受けいれること」 「寛」—[訓]くつろ(ぐ)

7 落胆 「胆」には「きも」という意味がある

8 臨終 [類]「末期」—[マッゴ]

9 痛烈 「烈」には「はげしい」という意味がある

10 権威 「法学の権威」は「法学という分野の第一人者」

11 意表 [類]「意外」—[イガイ] 「予想外」

12 当惑 「惑」—[訓]まど(う)

58

13 **スジョウ**を隠して活躍する謎の剣士。 生まれや育ち

14 考えていたことを**ジッセン**に移す。 自分でじっさいに行動すること

15 細菌に**カンセン**し高熱が出る。 病原体が体内に入ること

16 理由のない**ゾウオ**を向けられる。 ひどくにくむこと

17 芸術家は社会の**キハン**にあらがう存在だ。 守るべき手本

18 西欧の文化を**セッシュ**する。 とりいれて自分のものとすること

19 海底に**マイボツ**した古代都市。 うもれること

20 幼い子どももやがて**ガマン**することを学ぶ。 耐え忍ぶこと

21 **サイヤク**によって滅亡した都市。 わざわい

22 **ノガ**れようのない運命。 まぬかれる

23 金銭が**カラ**むと問題がこじれやすくなる。 関係する

24 「恋、知り**ソ**めしころ」という題名の日記。 はじめて…する

25 往生を願い、善行を**ホドコ**す。 恵みを広く与える

素性　「素姓」「素生」とも書く意味がある

実践　「践」には「踏み行う」という

感染　「染」―訓 そ(まる)

憎悪　「悪寒」や「嫌悪」も「悪」を「オ」と読む

規範　「範」には「はみ出ないようにおさえる枠」という意味がある

摂取　「摂」には「とる」という意味がある

埋没　「埋」―訓 う(まる)

災厄　類「災難」

我慢　「慢心」は「思い上がった心」

逃　訓 に(げる)

絡　「まといつく」という意味もある

初　「書き初め」から連想しよう

施　「面目を施す」は「名誉を高める」

□1　何があっても動じない**カクゴ**を持つ。
　　　心がまえ
　　　【覚悟】　[悟]─[訓]さと(る)

□2　事故を**ユウハツ**しかねない危険な運転。
　　　さそい起こすこと
　　　【誘発】　[誘]─[訓]さそ(う)

□3　辞任**カンコク**を受ける。
　　　ある事をするように説きすすめること
　　　【勧告】　[勧]─[訓]すす(める)

□4　努力の末に金メダルを**カクトク**する。
　　　手に入れること
　　　【獲得】　[獲]─[訓]え(る)　[獲]の「穫」は「収穫」の「穫」と混同しないように

□5　過ぎ去ったことなどもう**ネントウ**にない。
　　　胸のうち
　　　【念頭】　「念頭に置く」は「おぼえていて心にかける」

□6　危険を**サッチ**する力は重要だ。
　　　おしはかってしること
　　　【察知】　「察」には「細かく見る」という意味がある

□7　**シュッタツ**の時刻が近づいている。
　　　旅だち
　　　【出立】　[類]門出

□8　児童福祉のための**シセツ**をつくる。
　　　建物などをつくること、またつくった建物など
　　　【施設】　[施]─[訓]ほどこ(す)　[設]─[訓]もう(ける)

□9　異民族によって**セイフク**される。
　　　武力などを用いて相手を従わせること
　　　【征服】　「冬山を征服する」などの使い方もある

□10　友人間の金銭の**タイシャク**は慎むべきだ。
　　　かすこととかりること
　　　【貸借】　[貸]─[訓]か(す)　[借]─[訓]か(りる)

□11　**リンジョウカン**あふれる映像。
　　　げんばにのぞんでいるようなかんじ
　　　【臨場感】　[臨]─[訓]のぞ(む)

□12　剣の**オウギ**をきわめた達人。
　　　学術や武芸の最も大事な事柄
　　　【奥義】　[類]極意

□13	交通事故による**ジュウタイ**。 物事がとどこおって進まないこと
□14	**ギセイ**にならない政治を実現する。 ある目的のためにそんしつをかえりみないこと
□15	人間の欲望には**サイゲン**がない。 かぎり、はて
□16	**ムジュン**したことを平気で口にする。 つじつまが合わないこと
□17	卒業論文の**ガイリャク**を説明する。 あらまし
□18	**イッシュン**のすきをついて攻撃する。 きわめてわずかな間
□19	毎日を**ユカイ**に過ごす。 楽しく心地よいこと
□20	人生を変える**ケイキ**となった旅行。 きっかけ
□21	長年にわたる疲労が**チクセキ**する。 たくわえたまること
□22	決断力が**トボ**しい。 少ないさま
□23	物陰に**ヒソ**む敵を見つける。 ひそかにかくれる
□24	むだなことに時間を**ツイ**やす。 使い減らす
□25	海岸に**ソ**って走る汽車に乗る。 長く続いているものに離れないように付き従う

渋滞
「滞」─「訓」とどこお(る)
「携帯」の「帯」と混同しないように

犠牲
「儀式」の「儀」と混同しないように

矛盾
[類]「撞着」

際限
「際」─「訓」きわ

概略
「概」には「おおよそ」という意味がある

一瞬
「瞬」には「またたくほどの短い間」という意味がある

愉快
「輸入」や「教諭」の「輸」や「諭」と混同しないように

契機
「契」─「訓」ちぎ(る)「契る」は「約束する」という意味

蓄積
「蓄」─「訓」たくわ(える)「牧畜」の「畜」と混同しないように

乏
[音]ボウ「窮乏」など

潜
[音]セン　[訓]もぐ(る)

費
[音]ヒ「消費」など

沿
[音]エン「沿岸」など

書く㉑

1 掃除機の実演**ハンバイ**をする。
うること

2 持ち前の明るさを**ハッキ**する。
持っている能力や実力を示すこと

3 科学技術に**イキョ**した現代人の生活。
よりどころとすること

4 行方の知れなくなった人を**ソウサク**する。
さがし求めること

5 **ケイシャ**した地面の上に小屋を建てる。
ななめにかたむくこと

6 絶対的な権力者として**クンリン**する。
強大な力を持って他を支配すること

7 **タンネン**な仕事ぶりが評価される。
細部まで心を込めるさま

8 弱者の切り捨ては**ゼニン**できない。
よいとみとめること

9 封建的な体制が**ホウカイ**する。
くずれこわれること

10 十分な**スイミン**が明日の活力となる。
ねむること

11 記録を**コウシン**する。
あたらしいものにあらためること

12 人間の**ソンゲン**は侵されてはならない。
とうとくおごそかなこと

販売 「販」には「うりかいをする」
という意味がある

発揮 「揮(かがやく」の「輝」と混同しないように

依拠 「依」「拠」ともに「たよりにする」という意味がある

捜索 「捜」―訓 さが(す)

傾斜 「心がある方向にかたむくこと」という意味でも使う

君臨 「臨」―訓 のぞ(む)

丹念 [類]「入念」

是認 「是が非でも」は「ぜひとも」
という意味

崩壊 「崩」―訓 くず(れる)
「壊」―訓 こわ(れる)

睡眠 「眠」―訓 ねむ(る)

更新 「更」―訓 さら
ふ(ける)

尊厳 「尊」―訓 たっと(ぶ)
とうと(ぶ)

62

□13 環境**オセン**の解決が急がれる。
よごれること

□14 権力による強制に**テイコウ**する。
逆らうこと

□15 人類の限界に**チョウセン**する。
たたかいをいどむこと

□16 **コウレイ**により花束が贈呈される。
しきたりの行事や儀式

□17 街頭演説を**ボウガイ**される。
邪魔をすること

□18 高くそびえ立つ**トウ**を見上げる。
高さのある建造物

□19 **ソザツ**な仕事ぶりが周りの**顰蹙**を買った。
あらくてぞんざいなさま　ひんしゅく

□20 手術で病巣を**テキシュツ**する。
ぬきだすこと

□21 **トウトツ**に話を切りだす。
だしぬけ

□22 長い歴史と文化を**ホコ**る城下町。
自慢する

□23 ベンチの**ハシ**に座る。
へり

□24 **フ**れただけで花びらが散った。
軽くさわる

□25 「感激の**キワ**みだ」と頬を紅潮させて話す。
最高でそれ以上がないこと

汚染
「汚」――**訓**きたな(い)・よご(す)・けが(す)

抵抗
「抵」「抗」ともに**扌**(てへん)
を使うことに留意しよう
「抗」――**訓**いど(む)

挑戦
「挑」――**訓**いど(む)

恒例
「恒」には「いつも変わらない」という意味がある

妨害
「防止」の「防」（ボウシン）と混同しないように

塔
「塔」を「トウ」と読むのは音読み

粗雑
「粗」には「あらい」という意味がある

摘出
「摘」――**訓**つ(む)　「適当」の「適」（テキトウ）と混同しないように

唐突
音コ　「誇示」など

誇
音タン
訓は・はた

端

触
「法に触れる」は「法に反する」

極
「極」――**音**キョク
ゴク

2

書く㉒

1 和平のための使者を**ハケン**する。

2 他人の領分を**シンショク**する。

3 **センタクシ**の内容を吟味する。
えらぶように用意された項目

4 剣の奥義を**エトク**する。
意味を理解し自分のものにすること

5 恵まれた**キョウグウ**に育つ。
かんきょうや立場

6 溶解したものが再び**ギョウコ**する。
液体や気体がこたいになること

7 ふと、昔のことを**ソウキ**する。
過去のことを思いおこすこと

8 古代の人々は**レイコン**の不滅を信じた。
たましい

9 自らの責任を**ホウキ**する。
すてて行使しないこと

10 自分の信念を**カイチン**する。
意見などを申し述べること

11 周囲を**カンシ**する兵士。
見張ること

12 記録的な寒波が**シュウライ**する。
おそいかかってくること

□ 1 派遣
〔遣〕─訓 つか（わす）

□ 2 侵食
〔侵食〕は「水や風が地表面をけずる作用」

□ 3 選択肢
〔肢〕「四肢」は「両手と両足」

□ 4 会得
類 体得

□ 5 境遇
「偶然」の「偶」や「一隅」の「隅」と混同しないように

□ 6 凝固
〔凝〕─訓 こ（る）

□ 7 想起
〔想〕には「イメージをうかべる」という意味がある

□ 8 霊魂
「死霊」は「シリョウ」と読む

□ 9 放棄
〔棄〕には「すてる」という意味がある

□ 10 開陳
〔陳〕には「述べる」という意味や「陳述」など

□ 11 監視
〔監〕には「見る」という意味がある

□ 12 襲来
〔襲〕には「うけつぐ」という意味もある 「襲名」など

64

2章

書く㉒

13　友人の言葉に**ショクハツ**される。
刺激して意欲を引きおこすこと

14　**フンソウ**のない平和な世界をつくる。
もめごと

15　教科書に**ジュンキョ**した出題。
よりどころとしてそれに従うこと

16　器用な人は周りから**チョウホウ**がられる。
使って便利なこと

17　未知の世界に対する**コウキシン**に駆られる。
珍しい物事や未知の事柄に対する興味

18　人の痛みに**ドンカン**な人間になりたくない。
にぶいさま

19　**セイキュウ**に事を運ぶと失敗しやすい。
せっかちなさま

20　萩原朔太郎の詩を**ロウドク**する。
声を出してよみあげること

21　**コウガイ**の住宅を購入する。
市街地に隣接した地域、まちはずれ

22　個人の自由を**ウバ**う権力と闘う。
取りあげる

23　工場の排煙が空気を**ヨゴ**す。
きたなくする

24　不況のあおりを受け、予算を**ケズ**られる。
へらす

25　就任の要請を**コバ**む。
承諾しない

触発
「触」―訓 ふ（れる）さわ（る）

紛争
「紛」―訓 まぎ（らす）

準拠
「準」には「なぞらえる」という意味がある

重宝
「調法」とも書く

好奇心
「奇」には「風変わりなさま」という意味がある

鈍感
対 敏感

性急
「性分」は「ショウブン」と読む

朗読
「新郎」の「郎」と混同しないように

郊外
「効果」の「効」と混同しないように

奪
音 ダツ 「奪回」など

汚
訓 けが（す）・きたな（い）

削
音 サク 「削減」など

拒
音 キョ 「拒絶」など

2800問　675問

2

書く㉓

1 👑 平和な社会の実現に**コウケン**する。
力を尽くし役立つこと

2 👑 **キュウキョク**の真実に迫ろうとする哲学者。
物事の最後の到達点

3 □ **ユウカン**に戦った古代の戦士。
いさましく立ち向かうこと

4 □ 間違った**カイシャク**を施す。
文章や物事をりかいし、説明すること

5 □ 第三者を**カイザイ**させずに直接話す。
両者の間にはさまってあること

6 □ 資料の中から必要なものを**シュシャ**する。
選びとること

7 □ 科学を**セイギョ**する英知を養う。
思うがままに操ること

8 □ 商品の**ケッカン**が明らかになる。
不備

9 □ 人の恋路を**ジャマ**する。
妨害すること

10 □ **レットウカン**を克服する。
自分が他よりおとっているというかんじょう

11 👑 自信を**ソウシツ**する。
なくすこと

12 👑 ごみの分別を**テッテイ**させる。
つらぬきとおすこと

貢献
[類]「寄与」

究極
「窮極」とも書く

勇敢
「敢」には「思いきってやる」という意味がある

解釈
「釈然としない」は「疑いや恨みがとけない」

介在
「介する」は「さしはさむ」

取捨
「取捨選択」という形で使われることが多い

制御
「御する」は「自分の思いどおりに動かす」

欠陥
「陥」—[訓]おちい（る）
おとしい（れる）

邪魔
「邪」には「よこしま」「ねじけている」という意味がある

劣等感
[対]「優越感」

喪失
「喪」も「喪」の下部を「衣」にしないように

徹底
「撤回」の「撤」と混同しないように

66

□ 13 🜲
ロケットの**キドウ**をわずかに修正する。
物体が移動する際の一定の経路

[軌道]
[軌]─訓 のる（乗）「軌道に乗る」は「物事が順調に進む」

□ 14 🜲
長年にわたる**コウセキ**が認められた。

[功績]
[績]─「面積」の「積」と混同しないように

□ 15
食費を**ケンヤク**する。
むだのないように切り詰めること

[倹約]
[倹]─「検査」の「検」や「危険」の「険」と混同しないように

□ 16
災害に備え、食料を**チョゾウ**する。
たくわえておくこと

[貯蔵]
[蔵]─訓 くら

□ 17
エジソンは**カッキテキ**な発明をした。
新時代をひらくほど優れているさま

[画期的]
[画]する」は「区切りをつける」「計画する」

□ 18
国外の企業と業務の**テイケイ**をする。
互いに助け合いともに仕事をすること

[提携]
[携]─訓 たずさ（わる）

□ 19 🜲
英雄として**スウハイ**される。
あがめうやまうこと

[崇拝]
[拝]─訓 おが（む）

□ 20
苦労の中で**シンボウ**することを学ぶ。
がまんすること

[辛抱]
[辛]─訓 から（い）「辛酸」の「辛」は「つらい苦しみ」という意味がある

□ 21
ピアノの美しい**センリツ**。
いろいろな音の組み合わせから生まれる音の流れ

[旋律]
[旋]─訓 めぐる「旋」には「めぐる」という意味がある

□ 22
悪事を行った**ムク**いを受ける。
善行や悪業の結果が返ってくること

[報]
[報]─訓 むく（いる）「因果応報」は「善悪に応じた報い」

□ 23
子どものための本を**アラワ**す。
書物を書く

[著]
[著]─訓 いちじる（しい）

□ 24
大学院に進学することを**スス**める。
そうするように誘う

[勧]
[勧]─音 カン

□ 25
軍勢を**ヒキ**いて戦う。
引き連れていく

[率]
[率]─「卒業」の「卒」と混同しないように

2800問　700問

書く㉔

👑 **1** 状況を正確に**ハアク**する。
しっかり理解すること

　[　把握　] 「ショウアク『掌握』は「手に入れること」と

□ **2** 言論に対する**ヨクアツ**と闘う。
おさえつけること

　[　抑圧　] 「抑」─訓 おさ（える）

□ **3** 古都の**フゼイ**を楽しむ。
趣のある味わい

　[　風情　] 類「情趣ジョウシュ」

□ **4** 小さな音に**エイビン**に反応する。
感覚がするどい

　[　鋭敏　] 「鋭」─訓 するど（い）

□ **5** 乗客を避難口に**ユウドウ**する。
いざないみちびくこと

　[　誘導　] 「導」─訓 みちび（く）

□ **6** 亡き人をしのび、**ツイオク**に浸る。
過ぎ去ったことを思い出すこと

　[　追憶　] 類「追懐ツイカイ」「追想ツイソウ」

□ **7** 野外で映画の**サツエイ**が行われる。
写真や映画をとること

　[　撮影　] 「撮」─訓 と（る）
「影」─訓 かげ

□ **8** 聴衆を**ミリョウ**する美しい音楽。
人のこころをひきつけること

　[　魅了　] 「魅ミ」は「化け物」のこと

□ **9** **ゼツメツ**のおそれのある貴重な昆虫。
生物などがほろびてなくなること

　[　絶滅　] 「絶」─訓 た（える）
「滅」─訓 ほろ（びる）

□ **10** **バクゼン**とした不安をおぼえる。
ぼんやりしたさま

　[　漠然　] 「漠とした」は「漠然とした」と同じような意味

□ **11** **サイシン**の注意を払う。
こまかいところまで注意が行き届くさま

　[　細心　] 「細」─訓 こま（かい）
ほそ（い）

□ **12** 職場での**タイグウ**の改善を求める。
職場などでの地位や給与などの取り扱い

　[　待遇　] 「対遇」と書かないように

♛

13　何者にも**ソクバク**されない自由を夢見る。
制限を加えること

14　長年にわたり研究に**ジュウジ**する。
しごとに携わること

15　問題に対して**ジュウナン**に対処する。
しなやかなこと

16　本を返すように**サイソク**される。
早くするようにとうながすこと

17　**トクメイ**で寄せられた善意の募金。
なまえを隠すこと

18　部長としての**キリョウ**に欠ける。
その地位にふさわしい才能

19　法学を学ぶ友は法律に**セイツウ**している。
くわしくよく知っていること

20　先祖伝来の刀剣を**カンテイ**してもらう。
真偽、良否を見さだめること

21　**カンリョウ**だけに政治を任せてはいけない。
役人、特に行政の執行者

22　頭に血がのぼり、選択を**アヤマ**る。
間違う

23　緊張感を持って試合に**ノゾ**む。
その場に行く

24　未来の社会を**ニナ**う子どもたち。
自らの責任として引き受ける

25　不用意な発言で相手の機嫌を**ソコ**ねる。
傷つける

束縛
［束］─訓 たば
［縛］─訓 しば(る)

従事
［従］─訓 したが(う)

柔軟
［柔・軟］─訓 やわ(らかい)

催促
［催］─訓 もよお(す)
［促］─訓 うなが(す)

匿名
「匿」には「かくす」という意味がある

器量
「顔立ち」という意味もある

精通
「通じる」は「よく知っている」

鑑定
「鑑」には「手本」という意味がある

官僚
「官僚的」は「形式的で力で押さえつけるさま」

誤
音 ゴ　「誤解」など

臨
「望む」は「希望する」という意味

担
音 タン
訓 かつ(ぐ)

損
音 ソン　「破損」など

2

書く㉕

1 **センザイ**的な能力が開花する。
外にはっきり現れず、内面にひそんでいること

2 思いがけない告白に**ドウヨウ**する。
落ち着きを失うこと

3 かすかな不安が**ノウリ**をかすめる。
頭の中

4 難問が**サンセキ**している。
たくさんたまること

5 異文化に対する**ヘンケン**を改める。
公平でないかたよったみかた

6 食物**レンサ**の仕組みを学ぶ。
つながっていること

7 戦争が悪であるのは**ジメイ**の理だ。
おのずとあきらかなこと

8 **ジュンカン**型社会を作る。
ひと回りしてもとに戻ることを繰り返すこと

9 幼い心に**コクイン**された鮮烈な体験。
きざみつけること

10 生活の**キバン**を整える。
物事を支えるよりどころ

11 悲願が**ジョウジュ**した喜びに浸る。
なし遂げること、かなうこと

12 **カクリ**病棟から一般の病棟に移る。
へだてはなすこと

[潜在] [対]「顕在」

[動揺] [揺]―[訓]ゆ(れる)

[脳裏] [裏]には「中」という意味がある

[山積] [積]―[訓]つ(む)

[偏見] [偏]―[訓]かたよ(る)

[連鎖] [鎖]―[訓]くさり

[自明] [自]―[訓]みずか(ら)

[循環] [悪循環]は「際限なく悪化すること」

[刻印] [刻]―[訓]きざ(む)

[基盤] [盤石]は「きわめて堅固なさま」

[成就] [就]―[訓]つ(く)

[隔離] [隔]―[訓]へだ(てる) [離]―[訓]はな(す)

70

□13 海外に**フニン**している同僚が一時帰国する。
仕事などで命じられた土地に行くこと

♛14 幼い子どもの**ムジャキ**な笑顔。
わるぎがなくあどけないさま

□15 **リャクダツ**された美術品が返還される。
力ずくでうばいとること

□16 **ケッタク**して悪事を働く。
互いに心を通じて事を行うこと

□17 異質なものを許容しない**ハイタ**的な人物。
仲間以外を受け入れないこと

□18 ささいなことで**マサツ**が生じる。
不一致や不和

□19 論文が大学の紀要に**ケイサイ**された。
新聞や雑誌などに文章や写真をのせること

♛20 **センクシャ**の功績を称える。
人にさきがけて物事をなす人

♛21 **センサイ**な感受性の持ち主。
感性がこまやかで鋭いさま

□22 運転手を**ヤト**う。
賃金を払って人を使う

□23 不用意な言葉で傷つけたことを**ク**やむ。

♛24 平和を**オビヤ**かすテロ事件。
状態などを危うくする

♛25 甲子園での優勝を**ネラ**う。
めざす

[赴任] [赴]―訓おもむ(く)

[無邪気] ジャキ「邪気」は「悪意」のこと

[略奪] [奪]―訓うば(う)

[結託] [結]―訓むす(ぶ) ゆ(う)

[排他] 「廃棄」の「廃」と混同しないように

[摩擦] 本来は「すれ合うこと」という意味

[掲載] [掲]―訓かか(げる) [載]―訓の(る)

[先駆者] [駆]―訓か(ける)

[繊細] [繊]には「ほっそりしている」「こまかい」という意味がある

[雇] [雇]―音コ「雇用」など

[悔] 音コ「お悔やみ」は「人の死を弔う言葉」

[脅] 音キョウ 訓おど(す)・おど(かす)

[狙] 音ソ「狙撃」など

2800問 750問

🔁 くりかえし
※46〜71ページから出題しています。

1　いきさつ　［　けいい　］

2　おだやかでしっかりしているさま　［　おんけん　］

3　努力して困難に打ち勝つこと　［　こくふく　］

4　激しい感情が表れた顔つき　［　ぎょうそう　］

5　むだがなく要点をとらえているさま　［　かんけつ　］

6　人が来るのを待つ　［　むか｜える　］

7　始まり　［　ほったん　］

8　各自の判断でおこなうさま　［　てきぎ　］

9　かすこととかりること　［　たいしゃく　］

10　音楽をかなでること　［　えんそう　］

11　逆らうこと　［　ていこう　］

12　不足すること　［　けつぼう　］

13　優れたできばえのさくひん　［　けっさく　］

14　やとうこと　［　こよう　］

15　ふせぎ守ること　［　ぼうえい　］

16　よりどころとすること　［　いきょ　］

17　正しい筋道　［　ちつじょ　］

18　じょうぶで元気なさま　［　すこ｜やか　］

19　おとろえくずれること　［　すいたい　］

20　たくわえたまること　［　ちくせき　］

21　さがし求めること　［　そうさく　］

22　うもれること　［　まいぼつ　］

23　恵みを広く与える　［　ほどこ｜す　］

24　手に入れること　［　かくとく　］

25　主張や意見が対立し争うこと　［　しょうとつ　］

26　こまかいところまで注意が行き届くさま　［　さいしん　］

27　あがめうやまうこと　［　すうはい　］

28　きざみつけること　［　こくいん　］

29　力ずくでうばいとること　［　りゃくだつ　］

30　ならわし　［　かんれい　］

31 おさえつけること　［よくあつ］
32 くたびれること　［ひろう］
33 かんきょうや立場　［きょうぐう］
34 過去のことを思いおこすこと　［そうき］
35 そのままの状態を保つこと　［いじ］
36 おそいかかってくること　［しゅうらい］
37 使い減らす　［つい｜やす］
38 すてて行使しないこと　［ほうき］
39 なくすこと　［そうしつ］
40 不備　［けっかん］

41 がまんすること　［しんぼう］
42 しっかり理解すること　［はあく］
43 へだてはなすこと　［かくり］
44 一つ一つならべあげること　［れっきょ］
45 とりいれて自分のものとすること　［せっしゅ］
46 なまえを隠すこと　［とくめい］
47 きわめてわずかな間　［いっしゅん］
48 強大な力を持って他を支配すること　［くんりん］
49 不一致や不和　［まさつ］
50 間違う　［あやま｜る］

［解答］

1	2	3	4	5	6	7	8	9	10	11	12	13	14	15	16
経緯	穏健	克服	形相	簡潔	迎	発端	適宜	貸借	演奏	抵抗	欠乏	傑作	雇用	防衛	依拠

17	18	19	20	21	22	23	24	25	26	27	28	29	30	31	32	33
秩序	健	衰退	蓄積	捜索	埋没	施	獲得	衝突	細心	崇拝	刻印	略奪	慣例	抑圧	疲労	境遇

34	35	36	37	38	39	40	41	42	43	44	45	46	47	48	49	50
想起	維持	襲来	費	放棄	喪失	欠陥	辛抱	把握	隔離	列挙	摂取	匿名	一瞬	君臨	摩擦	誤

読む①

	問題	読み	解説
□ 1	半端な気持ちで取り組んでも成功しない。 どちらともつかないさま	はんぱ	類「中途半端」
□ 2	初対面の挨拶を交わす。 人に会ったときに礼儀として交わす動作や言葉	あいさつ	「挨」には「そばに近寄る」という意味がある
□ 3	オリンピックの発祥の地を訪れる。 起こり始めること	はっしょう	「祥」には「兆し」という意味がある
□ 4	江戸の情緒が残る下町。 味わいある雰囲気や気分	じょうちょ （じょうしょ）	「情緒纏綿」は「情緒がまとわりつくさま」
□ 5	擬人法は比喩の一種だといえる。 たとえ	ひゆ	「比喩」には「直喩（明喩）」「隠喩（暗喩）」などがある
□ 6	ようやく一矢を報いることができた。 一本の矢	いっし	「一矢を報いる」は「わずかであっても反撃を加える」
□ 7	父の言うことはいつも至極まっとうだ。 きわめて	しごく	「至」―訓 いた（る）
□ 8	大企業の傘下に入ることで安定を得る。 大きな勢力のもとに寄り集まること	さんか	類「支配下」
□ 9	休日は不精を決め込んで寝てばかりいる。 めんどうくさがること	ぶしょう	「無精」とも書く
□ 10	景気の急激な変動が社会不安を醸成する。 かもし出すこと	じょうせい	「醸」―訓 かも（す）
□ 11	高原の清澄な空気の中で深呼吸をする。 清くすんでいること	せいちょう	「澄」―訓 す（む）
□ 12	地震にびくともしない頑丈な建物。 しっかりしているさま	がんじょう	「頑固」は「かたくなで意地っ張りなさま」

13 好きな音楽を聴いて憂鬱な気持ちを晴らす。
気がふさいで晴れないさま

ゆううつ

[憂]—訓「うれ（える）」

14 あたりは漆黒の闇に包まれた。
まっ黒でつやのあること

しっこく

[漆]—訓「うるし」

15 恋が人を愚かにすることもある。
考えが足りないさま

おろ

[音]グ 「愚劣」など

16 マッチを擦ってろうそくに火をともす。
こする

す

[音]サツ 「摩擦」など

17 賛成か否かはっきり言ってほしい。
不承知、不同意

いな

[音]ヒ 「否定」など

18 光源氏は紫の上に藤壺の面影を見た。
心に浮かぶ顔つきや姿

おもかげ

[面]—訓 おもて・つら

19 自分と異なる立場の人のことも尊重する。
違う

こと

[異を唱える]は「イ」、「意見
を異にする」は「こと」と読む

20 多くの手続きを経て完了する。
過程をたどる

へ

[音]ケイ 「経過」など

21 老人に席を譲る。
自分のものを人に与える

ゆず

[音]ジョウ 「譲歩」など

22 源 義経は非業の死を遂げた。
最後にそういう結果になる

と

[音]ジョウ
[思いを遂げる]は「思いを
成就させる」

23 矛先を鈍らせることなく攻撃し続ける。
攻撃の鋭い勢い

ほこさき

[矛]—[音]ム 「矛盾」など
[矛]は「剣」のこと

24 ようやく子を授かった。
神仏や目上の人から貴重なものを与えられる

さず

[音]ジュ 「教授」など

25 多くの人が座れるように間隔を狭める。
せまくする

せば

[対「広げる」

2800問　775問

2

読む②

		問題	ヒント・解答
□ 1	武道を通じて克己心を養う。 <small>自身の欲望などに打ち勝つ心</small>	こっきしん	「克」には「打ち勝つ」という意味がある
□ 2	生半可な知識を振りかざす。 <small>中途半端なさま</small>	なまはんか	「生卵」の「生」と同じ読みをする
□ 3	『水滸伝』には百八人の豪傑が登場する。 <small>すいこでん　大胆で力が強く、武勇に優れた人</small>	ごうけつ	「傑物」は「特別に優れた人物」
□ 4	五重塔を建立する人々を描いた小説。 <small>寺院などを建設すること</small>	こんりゅう	「建」―訓 た(てる)
□ 5	神社の境内に多くの屋台が並ぶ。 <small>神社や寺の敷地内</small>	けいだい	「境」―訓 さかい
👑 6	原子力利用の安全性に懸念を抱く。 <small>気にかかって不安に思うこと</small>	けねん	「懸」―訓 か(かる)
□ 7	平生の心がけが重要だ。 <small>普段</small>	へいぜい	類 「平素」「日常」
□ 8	幼子が乳母の姿をさがして泣く。 <small>母に代わって子を養育する女性</small>	うば	「乳母車」は「乳幼児を乗せて運ぶ手押し車」 <small>うば・ぐるま</small>
□ 9	詩歌や管弦を楽しむ平安期の貴族。 <small>詩と歌、または韻文一般</small>	しいか (しか)	「詩歌」以外の普通の文章を「散文」という
□ 10	幼子が乳母の姿をさがして泣く。 チケットを譲ることで借金を相殺した。 <small>帳消しにすること</small>	そうさい	「殺」には「そぐ」「へらす」という意味がある
□ 11	難事業を無事に完遂する。 <small>やり遂げること</small>	かんすい	「未遂」は「まだ成し遂げないこと」 <small>ミ・スイ</small>
□ 12	幼稚で拙劣な文章を添削してもらう。 <small>へたなさま</small>	せつれつ	対 「巧妙」 <small>コウ・ミョウ</small>

76

□ 13 この決定はあくまでも暫定的なものだ。
仮の取り決め

□ 14 ピエロの大仰なしぐさに笑いが起こる。
おおげさなさま

□ 15 暑さ寒さも彼岸まで。
春分・秋分の日を中日とした七日間

□ 16 宮沢賢治はチェロを弾くことを楽しんだ。
楽器をかきならす

□ 17 趣のある宿に泊まる。
しみじみとした味わい

□ 18 是非にと請われて参謀となる。
願い求める

□ 19 志半ばにして突然の病に倒れる。
途中

□ 20 悪事を暴く。
他人の秘密などを発表する

□ 21 懐に小さな金時計をしまう。
着ている衣服と胸の間

□ 22 切れ味の鈍った包丁を研ぐ。
刃先を鋭くする

□ 23 滑らかな肌触りのタオルを使う。
すべすべしているさま

□ 24 ケーキを土産に友人の家を訪問する。
他家を訪問するときなどに持っていく贈り物

□ 25 家業を継ぐ決意を固める。
後を受けて続ける

[ざんてい]
[暫]には「しばらく」という意味がある

[おおぎょう]
「大形」「大業」とも書く

[ひがん]
「あの世」という意味もある

[ひ]
訓はず(む)・たま

[おもむき]
音シュ 「情趣」など

[こ]
訓う(ける)
音シン・セイ 「請求」など

[なか]
「折半」は「二等分」

[あば]
「墓を暴く」は「墓を掘り返す」

[ふところ]
「懐が暖かい」は「所持金が多い」

[と]
「研」には「みがく」という意味がある

[なめ]
訓すべ(る)

[みやげ]
「土産話」は「旅先で見聞きし、持ち帰った話」

[つ]
ここでは「継承」に似た意味

2

読む③

1 寺山 修司の映画に異形の存在は欠かせない。
普通とは違った怪しい姿
　　いぎょう
　　［人形」「形相」などの場合も「形」を「ギョウ」と読む

2 圧政を敷けば国が乱れるのは必定だ。
必ずそうなると決まっていること
　　ひつじょう
　　類「必至」

3 万物は流転するという思想。
移り変わること
　　るてん
　　「流罪」の「流」と同じ読みをする

4 理念を持った政治家の登場を渇望する。
切実に願い望むこと
　　かつぼう
　　類「切望」「熱望」

5 税金の控除を受ける。
差し引くこと
　　こうじょ
　　「控」─訓ひか（える）　「除」─訓のぞ（く）

6 喜劇役者が生来のお調子者だとは限らない。
生まれつき
　　せいらい（しょうらい）
　　「性来」とも書く

7 社会の安寧を願う。
世の中が穏やかなこと
　　あんねい
　　類「安泰」

8 悪の権化と戦う正義の味方。
化身
　　ごんげ
　　本来は「仏が人々を救うために姿を変えて現れること」

9 神仏の加護が顕現する。
はっきりと形に現れること
　　けんげん
　　「顕」には「あきらか」という意味がある

10 祖国を追われ、辛酸をなめる。
つらい苦しみ
　　しんさん
　　「辛」─訓から（い）　「酸」─訓す（い）

11 しばらくの間、活動を自粛する。
自ら行動を慎むこと
　　じしゅく
　　「粛」には「身をひきしめる」という意味がある

12 徹夜続きで体力を消耗する。
体力や気力を使い果たすこと
　　しょうもう（しょうこう）
　　「消耗品」は「使うたびになくなる物」

□ 13 事の本質を喝破する禅僧。
正しい道理を説き明かすこと
[かっぱ]
「一喝する」は「大きな声で
しかりつける」

♛ 14 相手の一方的な話を途中で遮る。
妨げる
[さえぎ]
音 シャ 「遮断」など

□ 15 朽ちたまま放置された橋。
腐って壊れる
[く]
「不朽」は「いつまでも残る
こと」

□ 16 惨めな暮らしから抜け出すことを心に誓う。
あわれなさま
[みじ]
ここでは「悲惨」に似た意味

□ 17 今は亡き人を慕う。
恋しく思う
[した]
ここでは「思慕」と似た意味

□ 18 桐壺帝は更衣の里に使者を遣わした。
行かせる
[おごそ]
訓 きび(しい)

□ 19 厳かな雰囲気の中で式が行われた。
いかめしく近づきがたいさま
[つか]
ここでは「派遣」に似た意味

□ 20 新入生の初初しい姿。
純真で若若しい
[ういうい]
「初陣」も「初」を「うい」と読む

□ 21 死を忌む風習は時代を問わない。
けがれとして避ける
[い]
音 キ 「禁忌」など

□ 22 行楽地では車の流れも滞りがちだ。
順調にいかない
[とどこお]
音 タイ 「渋滞」に似た意味

□ 23 うなぎの肝が好物だ。
肝臓
[きも]
「肝が据わる」など多くの慣用表現がある

□ 24 何度断られても懲りずに申し込む。
ひどい目にあって二度とすまいと思う
[こ]
音 チョウ 「懲罰」など

□ 25 戦争が絶えない世界を憂える。
心を痛め悲しむ
[うれ]
音 ユウ 「憂慮」など

2800問　825問

読む④

1 昔日の面影を残す東京の下町。
むかし
[せきじつ]
「今昔」は「コンジャク」と読む

2 旧習を墨守することを信条とする。
固く守り続けること
[ぼくしゅ]
墨子が城を守り通したという故事からできた語

3 さまざまなうわさが流布する。
世に広まること
[るふ]
「布教」は「宗教を広めること」

4 非業の死を遂げた戦国時代の武将。
思いがけない災難
[ひごう]
「業が深い」の場合も「業」を「ゴウ」と読む

5 党首が全国を遊説する。
自分の意見や主張を各地を回って説くこと
[ゆうぜい]
特に「政治家が各地を演説してまわること」をいう

6 柔和な微笑をたたえた仏像。
性質や態度が優しくおとなしいさま
[にゅうわ]
「柔」―訓やわ(らか)

7 新しい貨幣を鋳造する。
溶かした金属を鋳型に入れて形をつくること
[ちゅうぞう]
「鋳型」は「形をつくるための型」

8 殺伐とした雰囲気のまま会議が進行する。
すさんで荒々しいさま
[さつばつ]
「殺風景」は「趣がなくつまらないさま」

9 怒りに任せて相手を厳しく詰問する。
問いつめること
[きつもん]
「詰」には「責めなじる」という意味がある

10 失敗してもその都度立ち直ればよい。
そのたびごとに
[つど]
「都」―訓みやこ

11 子どものしたことだからと穏便にすます。
かどがたたないように扱う
[おんびん]
「便乗する」の場合も「便」を「ビン」と読む

12 先祖の供養をする。
霊前に物をそなえること
[くよう]
「供」―訓そな(える)とも

80

□ 13	外来語の排斥運動が起こる。 押しのけ退けること	はいせき	「斥」には「しりぞける」とい う意味がある
□ 14	何も知らない人を陥れようとする。 だまして苦しい立場に追い込む	おとしいい	音カン 「陥没」など
□ 15	工事を安値で請け負う。 引き受ける	う・お	請──音セイ・シン 訓こ（う）
□ 16	各地で起こった暴動がようやく鎮まった。 落ち着く	しず	音チン ここでは「鎮静」 に似た意味
□ 17	裕福だが心根が卑しい人物。 下劣である	いや	「身分が低い」「いじきたな い」という意味もある
□ 18	傍らに人がいないかのような振る舞い。 そば	かたわ	「仕事の傍ら」は「仕事をす るその一方で」という意味
□ 19	現金を避けて、為替で送る。 手形や小切手で送金する方法	かわせ	「為替相場」は「自国通貨と 外国通貨との交換比率」
□ 20	熱帯魚を見ていると心が和む。 おだやかになる	なご	訓やわ（らぐ）
□ 21	先輩から得難い人材だと言われる。 手に入れにくい	えがた	「難い」の対義語は「易しい」
□ 22	詳しい説明を省いて大筋だけを話す。 簡略にする	はぶ	「省いて」は「無理をおして」 という意味
□ 23	改革のために大きな犠牲を強いられる。 強制する	し	「強いて」は「無理をおして」 という意味
□ 24	機織りの音が絶えない、紡績で有名な町。 織物を作る手動の機械	はた	音キ 「危機」など
□ 25	時間だけが心の傷を癒してくれる。 病気や傷をなおす	い	音ユ 「治癒」など

2

分かる①

「分かる」では、例文中に熟語の意味を入れています。

□1 友人やしりあいを**チキ**という。

〔知己〕
「己」は「おのれ」と読み、「自分」という意味

□2 仏道に励むことや懸命に努力することを**ショウジン**という。

〔精進〕
「無精」は「ブショウ」と読み、「なまけがち」という意味

□3 気ままで勝手なさまを**ノホウズ**という。

〔野放図〕
「際限がなく、しまりのないさま」という意味もある

□4 世間に対する名誉を**メンボク**という。

〔面目〕
「メンモク」とも読む
「面目を施す」などと用いる

□5 死んだあとの世を**ゴショウ**という。

〔後生〕
[類]「後世（ゴセ・ライセ）」

□6 物事の経過してきた次第、いわれを**ユイショ**という。

〔由緒〕
[類]「来歴（ライレキ）」

□7 物事を求める心が起こることを「**ショクシ**が動く」という。

〔食指〕
「食指」は「ひとさしゆび」のこと。「食指が動く」は故事成語の一つ

□8 少しも欠点のないことを**ジュウゼン**という。

〔十全〕
[類]「万全（バンゼン）」
「十全を期す」などと用いる

□9 ひとかたまりを**イチガン**という。

〔一丸〕
「一丸となる」は「団結する」という意味

□10 非常にさし迫っていることを**カキュウ**という。

〔火急〕
[類]「緊急（キンキュウ）」「火急の用事」などと用いる

□11 くよくよすることを**クッタク**という。

〔屈託〕
「屈託がない」は「悩みなどがなく生き生きしている」という意味

□12 じぶんの才能や仕事に誇りを持つことを**ジフ**という。

〔自負〕
[類]「自恃（ジジ）」

82

□ 13 事実を誇張しおもしろくすることを**ショク**という。

□ 14 わざと手を加えることを**サクイ**という。

□ 15 じぶんの考えを曲げ、相手にあわせることを**ゲイゴウ**という。

□ 16 いい終わってすぐを**ゲンカ**という。

□ 17 人をよく受けいれる性質を**ドリョウ**という。

□ 18 ある事についての考えを**ショケン**という。

□ 19 こころにかない、満足することを**カイシン**という。

□ 20 物事の移り変わりを**エンカク**という。

□ 21 めったにないほど優れていることを**フセイシュツ**という。

□ 22 悪事などが盛んにおこなわれることを**オウコウ**という。

□ 23 ふだんのことを**ヘイソ**という。

□ 24 無駄な骨折りを**トロウ**という。

□ 25 ごくありふれたことを**サハンジ**という。

[脚色]
　[類]「潤色（ジュンショク）」

[作為]
　偶然に任せることを「無作為」という

[迎合]
　「迎合する」ことを「意を迎える」ともいう

[言下]
　「言下に否定する」などと用いる

[度量]
　「度量が大きい」などと用いる

[所見]
　「医師の所見（ショケン）」の場合は「見た結果の判断や考え」という意味

[会心]
　「会心のできばえ」などと用いる

[沿革]
　[類]「変遷（ヘンセン）」「歴史（レキシ）」

[不世出]
　「不世出の天才」などと用いる

[横行]
　「横（オウ）」には「道理に従わない」という意味もある

[平素]
　[類]「平常（ヘイジョウ）」

[徒労]
　「徒（ト）」には「いたずらに」「むだに」といった意味もある

[茶飯事]
　「日常茶飯事（ニチジョウサハンジ）」の形で用いられることが多い

分かる②🔒

1 つまらないものを**イッカイ**という。

2 手順を踏まえずに物事を簡単に結びつけることを**タンラク**という。

3 文案を作ることを**キソウ**という。

4 おだやかで無理のないことを**オントウ**という。

5 思いをのべることを**ジュッカイ**という。

6 ひどくまずしいことを**セキヒン**という。

7 こびへつらうことを**ツイショウ**という。

8 多くの中から探すことを**ブッショク**という。

9 せけんの事情を**セコ**という。

10 こころから信頼できる人を**フクシン**という。

11 多くの人々の注意・ちゅうもくを**ジモク**という。

12 最もすぐれた部分を**アッカン**という。

【 一介 】 「一介の町人を主人公とした時代劇」などと用いる

【 短絡 】 「短絡的な思考」などと用いる

【 起草 】 「草」には「下書き」という意味がある

【 穏当 】 「不適切で理屈にかなっていない」ことを「穏当を欠く」という

【 述懐 】 「陳述(チンジュツ)」は「意見などを口頭で述べること」

【 赤貧 】 「赤恥(あかはじ)」は「人前で受けるひどい恥」という意味

【 追従 】 「ツイジュウ」と読むときは「人のあとにつき従うこと」

【 物色 】 「手ごろな贈り物を物色する」などと用いる

【 世故 】 「世故に長けた」は「世間の事情によく通じている」という意味

【 腹心 】 「腹心の部下」などと用いる

【 耳目 】 「耳目を集める」などと用いる

【 圧巻 】 「圧巻の演技」などと用いる

☐ 13 頭を働かせることを**サイカク**という。

☐ 14 ずるくなまけることを**オウチャク**という。

☐ 15 風流なことをこのむ人を**コウズカ**という。

☐ 16 経験を積み、なれて巧みなことを**ロウレン**という。

☐ 17 優劣のつけにくいことを**ハクチュウ**という。

☐ 18 すぐれたけしきを**ケイショウ**という。

☐ 19 世間の評判を**ガイブン**という。

☐ 20 金銭を集めるための算段を**クメン**という。

☐ 21 物事が移り変わる途中のときを**カトキ**という。

☐ 22 それぞれの道のせんぱいを**センダツ**という。

☐ 23 他からあたえられることを**ショヨ**という。

☐ 24 かたわらを**ザユウ**という。

☐ 25 信念を通し、屈しない性質を**キコツ**という。

[才覚]

[横着] 【類】「機転」

[好事家]

[老練]

[伯仲]

[景勝]

[外聞]

[工面]

[過渡期]

[先達]

[所与]

[座右]

[気骨]

【類】「機転(キテン)」

「横着を決め込む」などと用いる

「好事魔多し」の場合は「コウジ」と読む

「老獪(ロウカイ)」は「経験を積み、悪賢いこと」

「伯」には「長兄」、「仲」には「次兄」という意味がある

【類】「名勝(メイショウ)」

「外聞が悪い」などと用いる

「工」を「ク」と読むものには「工夫(クフウ)」「細工(サイク)」などがある

「黎明期(レイメイキ)」は「新しい文化や時代が始まる時期」という意味

「センダチ」とも読む
「先人(センジン)」は「昔の人」という意味

「所」には受け身の意味を表すという働きもある

「座右の銘(ザユウのメイ)」は「常に身近に備えて戒めとする格言」という意味

【類】「気概(キガイ)」

分かる③ 🔒

□1 みぢかなことを**ヒキン**という。

□2 自分の地位などを守ることを**ホシン**という。

□3 いい加減に扱うことを**トウカンシ**という。

□4 そのじだいの風潮や傾向を**ジリュウ**という。

□5 物好きなことを**スイキョウ**という。

□6 親子などの関係を絶つことを**カンドウ**という。

□7 基本的な部分ができょうつうせいを持つことを**ツウテイ**という。

□8 未来に善悪の報いをもたらす行為を**ゴウ**という。

□9 ある物事の最も重要な点を**ガンモク**という。

□10 表面的であさはかなことを**ヒソウ**という。

□11 こころから尊敬し従うことを**シンプク**という。

□12 心がせまいことを**キョウリョウ**という。

[卑近]
「卑近な例」などと用いる

[保身]
「保身に走る」は「自分の地位などをまっ先に守ろうとする」という意味

[等閑視]
「等閑に付す」は「いいかげんにして放っておく」という意味

[時流]
「時流に乗る」は「時代の風潮を利用して物事をうまく進める」という意味

[酔(粋)狂]
「酔狂にも程がある」などと用いる

[勘当]
類語に「離縁」があるが、一般に「勘当」は夫婦関係については用いない

[通底]
「神道と仏教において通底する人間観に…」などと用いる

[業]
「業を煮やす」は「事が思うように運ばず、腹を立てる」という意味

[眼目]
類「主眼(シュガン)」

[皮相]
類「上辺(うわべ)」「表面(ヒョウメン)」

[心服]
「師に心服する」などと用いる

[狭量]
対「広量(コウリョウ)」

□ 13 からいばりすることを**キョセイ**という。

虚勢 「虚勢を張る」は「弱い部分を隠して威勢のあるふりをする」という意味

□ 14 表面に表れないびみょうな趣を**キビ**という。

機微 「機微に触れる」などと用いる

□ 15 歳月のことを**コウイン**という。

光陰 「光陰矢のごとし」は、「月日の早く過ぎることのたとえ」

□ 16 利害の反する者との話し合いを**セッショウ**という。

折衝 「折衝を重ねる」などと用いる

□ 17 言動が荒々しく下品なことを**ソヤ**という。

粗野 対「優雅」

□ 18 並外れて風変わりなことを**トッピ**という。

突飛 類「奇抜」

□ 19 手なずけてしたがわせることを**カイジュウ**という。

懐柔 対「威圧」 「言葉巧みに懐柔する」などと用いる

□ 20 個々の具体的事例から原理・法則などを導き出すことを**キノウ**という。

帰納 対「演繹」

□ 21 ひとつの役割や任務を**イチヨク**という。

一翼 「一翼を担う」などと用いる

□ 22 物の見え方や解釈の仕方に心の内面が表現されることを**トウエイ**という。

投影 「自己投影」は、自己の中の認めたくない性質や感情を他者にあるかのように感じてしまうこと

□ 23 絶えることのないことを**フダン**という。

不断 「普段」は「つねひごろ」「平生」という意味

□ 24 責任を負うもののたとえを**ソウケン**という。

双肩 「双肩に担う」は「責任を背負う」という意味

□ 25 本質を的確に表したことばを**シゲン**という。

至言 類「名言」

2

分かる④ 🔒

1 □ 正統から外れていることを**イタン**という。

2 □ 互いに意見を譲らず、仲が悪くなることを**クシツ**という。

3 □ むほんを起こし立てるはたを**ハンキ**という。

4 □ 詳しく細かいことを**イキョク**という。

5 □ 優劣を**コウオツ**という。

6 □ 外見やせけんていを**テイサイ**という。

7 □ 将来の活躍のために機会をじっと待つことを**シフク**という。

8 □ 決まりきった形式を**モンキリ**型という。

9 □ ある傾向をより著しくすることを**ジョチョウ**という。

10 □ すぐ近くまでせまることを**ニクハク**という。

11 □ 姿や形を持っていることを**グショウ**という。

12 □ 能力などが同程度であることを**ヒッテキ**という。

解答	解説
異端	対「正統（セイトウ）」「正統」は「正しく受け継いでいること」
確執	類「不和（フワ）」
反旗	「反旗を翻す」は「謀反を起こす」という意味
委曲	「委曲を尽くして説明する」などと用いる
甲乙	「甲乙つけがたい」は「優劣をつけることが難しい」という意味
体裁	類「世間体（セケンテイ）」「体裁を取り繕う」などと用いる
雌伏	対「雄飛（ユウヒ）」「雌伏十年」などと用いる
紋切	「紋切り型」は「ステレオタイプ」と同じような意味
助長	「不安を助長する」などと用いる
肉薄	「首位に肉薄する」などと用いる
具象	対「抽象（チュウショウ）」
匹敵	類「比肩（ヒケン）」

□	問	答	解説
13	洗練されていないことを**ヤボ**という。	野暮	[対]「粋」
14	とどめがたい勢いを**ハチク**の勢いという。	破竹	「破竹の快進撃」などと用いる
15	あやまりや間違いを**サクゴ**という。	錯誤	「時代錯誤」は「時代の流れに逆行していて合わない」という意味
16	よい方法を考え出すことを**サンダン**という。	算段	「金銭を工面する」という意味
17	美しいすぐれたものを**シュギョク**という。	珠玉	「珠玉の名作」のように特に詩や文章に対して用いる
18	ぼんやりしているさまを**マンゼン**という。	漫然	「漫然と日を過ごす」などと用いる
19	はかりごとをめぐらすことを**カクサク**という。	画策	「陰で画策する」など悪い意味で用いることが多い
20	見逃すことを**カシャク**という。	仮借	「仮借なく糾弾する」のように、打ち消しの語を伴って用いられることが多い
21	好き勝手にふるまうことを**センオウ**という。	専横	[類]「横暴」
22	いかにもそのものらしいことを**ハクシン**という。	迫真	「迫真の演技」などと用いる。「真に迫る」と覚えよう
23	非常によい場面を**カキョウ**という。	佳境	「話が佳境に入る」などと用いる
24	ひとつのものに偏ることを**イッペントウ**という。	一辺倒	「英語一辺倒の外国語教育を改革する」などと用いる
25	前後の思慮のないことを**ヤミクモ**という。	闇雲	「闇雲に突っ走る」などと用いる

傍線部のカタカナを漢字にせよ。

● コウズカ¹とは風流なことを好む者である。彼らの浮世離れした生き方は、スイキョウ²だと否定されることもあるが、彼らは世間にゲイゴウ³したり権力者にツイショウ⁴したりすることなく、また、ガイブン⁵を気にしたりテイサイ⁶を取り繕ったりすることもなかった。同好の士たるセンダツ⁷やチキ⁸とともに自らの道を進む彼らの生き方から学ぶことは決して少なくないはずだ。

● 例えば「抜けるような青空」などのような決まりきった表現を「モンキリ型⁹」という。そうした言葉は、型通りで新鮮味に欠けるために人情のキビ¹⁰に触れることなく、奥行きに欠けたヒソウ¹¹な言葉として扱われがちである。しかし、そうした言葉も初めは新鮮な驚きや発見の喜びとともに使われたはずだ。今までにはなかった新しい表現を作り出すためのショウジン¹²も必要だが、日常サハンジ¹³として注目を引くこともなくなったありふれた言葉の歴史やエンカク¹⁴に目を凝らし、それらの言葉の意味を再発見していくことも、新しい言葉の創造にヒッテキ¹⁵する大切な営みであるだろう。

● 我々はただマンゼン¹⁶とオントウ¹⁷な生活を望む生き方から決別しなければならない。世間では不条理なことがオウコウ¹⁸している。力ある者はノホウズ¹⁹に振る舞い、巧みな言葉で相手をカイジュウ²⁰しようと姑息（こそく）な知恵を巡らせている。しかしだからと

[解答]

1 好事家
2 酔(粋)狂
3 迎合
4 追従
5 外聞
6 体裁
7 先達
8 知己
9 紋切
10 機微
11 皮相
12 精進
13 茶飯事
14 沿革
15 匹敵
16 漫然
17 穏当
18 横行

いって生きることはトロウ²¹にすぎないとうそぶいたり、ただホシン²²を図ったりするだけの生はむなしい。自らの正義を信じ、それを実践するというキコツ²³ある生き方を貫くことができた者だけが、自らの生を閉じるときカイシン²⁴の笑みをもらすことができるのだ。

●　幼い子どもは、現実に体験したことと聞いただけのことを明確に区別できない。しかし、そうした子どものあり方を愚かさがもたらすサクゴ²⁵だと決めつけてしまうのは、トウカンシ²⁶できないタンラク²⁷的な思考である。子どもはサクイ²⁸的に話をキャクショク²⁹しているわけではない。大人に比べ自我が希薄な子どもは、自己と外界とが明確に分けられていないのだ。そうした子どもに比べ、大人こそ「私」という牢獄（ろうごく）に閉じ込められ、合理という鎖に縛られた存在だと言えるかもしれない。大人が子どものクッタク³⁰のなさに引かれるのはむしろ当然なのである。

●　本人は目利きであることをジフ³¹していたものの、周囲からは、さほどユイショ³²があるとも見えない書画骨董をゴショウ³³大事にしている変わり者だと見なされていた。しかし、当人はそうした周囲の目を気にすることなく、金をクメン³⁴し、ショクシ³⁵の動いた物を貪欲に購入し続けた。それは自らの目を信じていたからだ。やがてそうした態度は家人の目に余るようになり、カクシツ³⁶が生じたが、事態が変わることはなかった。ゴウ³⁷を煮やした家人は書画骨董をひそかに道具屋に持って行き処分しようとした。しかし、それがきっかけで集めた物の中にすばらしい文化財が含まれていることが明らかになり、大いにメンボク³⁸を施した。

19	野放図
20	懐柔
21	徒労
22	保身
23	気骨
24	会心
25	錯誤
26	等閑視
27	短絡
28	作為
29	脚色
30	屈託
31	自負
32	由緒
33	後生
34	工面
35	食指
36	確執
37	業
38	面目

#	意味	漢字
1	むかし	昔日
2	すさんで荒々しいさま	殺伐
3	刃先を鋭くする	研［　］ぐ
4	清くすんでいること	清澄
5	仮の取り決めること	暫定
6	寺院などを建設すること	建立
7	どちらともつかないさま	半端
8	過程をたどる	経［　］る
9	起こり始めること	発祥
10	妨げる	遮［　］る
11	まっ黒でつやのあること	漆黒
12	世の中が穏やかなこと	安寧
13	しみじみとした味わい	趣
14	普段	平生
15	だまして苦しい立場に追い込む	陥［　］れる
16	普通とは違った怪しい姿	異形
17	めんどうくさがること	不精
18	けがれとして避ける	忌［　］む
19	後を受けて続ける	継［　］ぐ
20	世に広まること	流布
21	移り変わること	流転
22	神社や寺の敷地内	境内
23	必ずそうなると決まっていること	必定
24	問いつめること	詰問
25	気にかかって不安に思うこと	懸念
26	強制する	強［　］いる
27	こする	擦［　］る
28	帳消しにすること	相殺
29	たとえ	比喩
30	押しのけ退けること	排斥

番号	意味	読み
31	友人やしりあい	ちき
32	わざと手を加えること	さくい
33	思いをのべること	じゅっかい
34	能力などが同程度であること	ひってき
35	こころにかない、満足すること	かいしん
36	表面的であさはかなこと	ひそう
37	外見やせけんてい	ていさい
38	信念を通し、屈しない性質	きこつ
39	くよくよすること	くったく
40	あやまりや間違い	さくご
41	無駄な骨折り	とろう
42	人をよく受けいれる性質	どりょう
43	みぢかなこと	ひきん
44	世間に対する名誉	めんぼく
45	ひとつの役割や任務	いちよく
46	利害の反する者との話し合い	せっしょう
47	せけんの事情	せこ
48	手なづけてしたがわせること	かいじゅう
49	ぽんやりしているさま	まんぜん
50	気ままで勝手なさま	のほうず

[解答]

#	答	#	答	#	答
1	せきじつ	18	い	35	会心
2	さっぱつ	19	つ	36	皮相
3	と	20	るふ	37	体裁
4	せいちょう	21	るてん	38	気骨
5	ざんてい	22	ひつじょう	39	屈託
6	こんりゅう	23	けいだい	40	錯誤
7	はんぱ	24	きつもん	41	面目
8	へ	25	けねん	42	卑近
9	はっしょう	26	し	43	度量
10	さえぎ	27	す	44	徒労
11	しっこく	28	そうさい	45	一翼
12	あんねい	29	ひゆ	46	折衝
13	おもむき	30	はいせき	47	世故
14	へいぜい	31	知己	48	懐柔
15	おとしい	32	作為	49	漫然
16	いぎょう	33	述懐	50	野放図
17	ぶしょう	34	匹敵		

傍線部の漢字と同じ漢字を含むものを、次の各群の①〜④もしくは①〜⑤のうちから、それぞれ一つずつ選べ。

2章で学習した漢字を、実際の入試問題で確認します。（くりかえし）

共通テスト

□植物**センイ**や革紐で網を編んで
① 現状を**イジ**する
② **アンイ**な道を選ぶ
③ **キョウイ**的な回復力
④ 条約に**イキョ**する

①・繊維
　維持
　安易
　驚異
　依拠

□レジリエンスは、ある種の**ガンケン**さを意味し、
① **タイガン**まで泳ぐ
② 環境保全に**シュガン**を置く
③ ドリルで**ガンバン**を掘る
④ 勝利を**キガン**する
⑤ **ガンキョウ**に主張する

⑤・頑健
　対岸
　主眼
　岩盤
　祈願
　頑強

□発展成長する動的過程を**ソクシン**する
① 組織の**ケッソク**を固める
② 距離の**モクソク**を誤る
③ 消費の動向を**ホソク**する
④ 自給**ジソク**の生活を送る
⑤ 返事を**サイソク**する

⑤・促進
　結束
　目測
　捕捉
　自足
　催促

□具体的な事情もなくごく**バクゼン**と
① **バクガ**からビールが作られる
② **サバク**の景色を見る
③ **ジュバク**から解き放たれる
④ 観客が**バクショウ**する
⑤ **バクマツ**の歴史を学ぶ

②・漠然
　麦芽
　砂漠
　呪縛
　爆笑
　幕末

□炎天下の浜辺の**カワ**いた砂の温度
① 渋滞を**カンワ**する
② 新入生を**カンゲイ**する
③ 難題に**カカン**に挑む
④ 浅瀬を**カンタク**する
⑤ **カンデンチ**を買う

⑤・乾
　緩和
　歓迎
　果敢
　干拓
　乾電池

□複雑化した人間関係の破綻を**カイヒ**し、
① 海外の**タイカイ**に出場する
② **タイカイ**に飛び込み泳ぐ
③ 方針を一八〇度**テンカイ**する
④ 天使が**ゲカイ**に舞い降りる
⑤ 個人の考えを**カイチン**する

③・回避
　大会
　大海
　転回
　下界
　開陳

2 入試問題② 国公立大

↻ くりかえし

2章で学習した漢字を、実際の入試問題で確認します。

傍線部のカタカナを漢字に改めよ。

□ 自らの経験によって**キタ**えあげられた一元的価値観。【　】 青森公立大 鍛

□ 急いで治療され、事故の**ボウキャク**が促される。【　】 鹿児島大 忘却

□ 撮影の**ドウキ**なら推測できるかもしれません。【　】 滋賀県立大 動機

□ パンを得るためには嫌いでもつらくとも**ガマン**できる。【　】 九州大 我慢

□ 人間の欲求を追求するための**コウリツ**的な手段と道具。【　】 東京大 効率

□ 言葉の意味がよく分からず、会話が**トドコオ**る。【　】 奈良教育大 滞(る)

□ 首長に**ホウシ**した集団に食べ物を分配する。【　】 静岡大 奉仕

□ **ソボク**な強力は、弁慶に打ち据えられた義経を… 県立広島大 素朴

□ はじめて儀式は正当に**カンスイ**される。【　】 名古屋大 完遂

□ 意表を突く驚きも、まったく**ケツジョ**している。【　】 神戸大 欠如

□ 社会的存在、歴史的存在として自分を**ジョウジュ**するということを目標にする。【　】 熊本大 成就

□ ことばは現在の民主主義においても有効な**シシン**だということができるだろうか。【　】 大阪市立大 指針

傍線部の漢字の読み仮名を平仮名で書きなさい。

□ **性分**というものはどうにもならない。【　】 富山大 しょうぶん

くりかえし
2章で学習した漢字を、実際の入試問題で確認します。

傍線部を漢字に改めよ。（ただし、楷書で記すこと）

□諸都市が既に圧倒的な数と質の公共建築を有していたのに対し、江戸では**タクエツ**したものとしては精々江戸城と、社寺位であった。

[　　]　立教大

卓越

傍線部のカタカナに用いられるのと同じ漢字をカタカナ部分に含むものを次の中から一つ選べ。

□その創作性に溢れていた時代感覚は、二〇世紀の終りへと向かう時間の推移と共に次第に衰退し、核となる中心的思考が失われた今、私たちはポスト・モダンと呼ばれる弛**カン**した状況の渦中に置かれている。[　　]

イ　**カン**急をつける
ロ　対象そのものを**カン**照する
ハ　**カン**大な処置で済ます
ニ　超過分を**カン**付する
ホ　**カン**満の差が大きい

イ・緩　早稲田大

緩　観　寛　還　干

傍線部「モサク」を漢字で記したものとして最適なものを次の①〜⑤から選べ。

□映画が都市に関わってゆく関わり方を**モサク**する　青山学院大

という点でも…

④　①　模索
⑤　②　模作
　　③　模策

摸索　摸作　摸策

①

傍線部のカタカナを漢字に直して記せ。

□この年を一つの**テンキ**として、新しさの追求をいったん停止し、以前からあったものを尊重したり保存したりする気運が各方面で高まっていったことは重要です。

[　　]　法政大

転機

傍線部の片仮名を漢字に直しなさい。

□私たちに関して親友が知っている以上の情報が、ネットワーク上を**オウライ**するようになるのも、時間の問題かもしれません。

[　　]　学習院大

往来

傍線部のカタカナを字画正しい漢字に直せ。

□いささか支払う**ダイショウ**が大きすぎるのではないかという疑問も湧き…

[　　]　上智大

代償

3章

入試頻出　常用漢字
発展

この章では、入試頻出の漢字のうち、発展レベルの常用漢字を掲載しています。入試評論文で使われやすい、意味が難しい漢字を集めています。

2章と同様に、1章の語が再度出題されている箇所には👑をつけ、繰り返し学習できるようにしています。意味もあわせて覚え、漢字を定着させましょう。

3

書く①

1 相手のわがままを**キョヨウ**する。
ゆるすこと

2 何が言いたいのか**ハンゼン**としない。
はっきりよくわかるさま

3 ワインの**ビミョウ**な味わいを楽しむ。
複雑で言い表しようのないさま

4 生活の**ムダ**を省く。
役に立たないこと

5 **トウテイ**承知することはできない。
どうしても

6 上司に**チクイチ**報告する。
ひとつひとつ詳しく

7 **セイジョウ**な空気に心が洗われる。
きよらかでけがれがないこと

8 **ホンリョウ**を発揮する。
持ち前の優れた性質

9 秘密が**バクロ**される。
秘密や悪事などがあらわになること

10 我が家に伝わる兜の**ユライ**を尋ねる。
かぶと
伝わったいきさつ

11 優秀な学生に奨学金が**タイヨ**される。
かしあたえること

12 不適切な発言が記録から**サクジョ**される。
とりさること

許容	「類」「容認」「容赦」
判然	「類」「歴然」「明瞭」 レキゼン メイリョウ
微妙	「妙」には「きめ細かくて美しい」という意味がある
無駄	「無駄口」は「つまらないおしゃべり」 ぐち
到底	否定の語を伴ってつかわれることが多い
逐一	「遂行」の「遂」と混同しないように スイコウ
清浄	「ショウジョウ」とも読む
本領	「もとからの領地」という意味もある
暴露	「類」「露見」 ロケン
由来	「類」「由緒」「来歴」 ユイショ ライレキ
貸与	「貸」―訓 か(す) 「与」―訓 あた(える)
削除	「削」―訓 けず(る) 「除」―訓 のぞ(く)

98

問	問題	解答	解説
13	**コウギ**に捉えればあながち誤りではない。 <small>範囲をひろげて解釈した場合の意味</small>	広義	対「狭義_{キョウギ}」
14	慢心に**キイン**する事故。 <small>げんいん</small>	起因	「因」─訓よ(る)
15	会議が**フンキュウ**し、収拾がつかなくなる。 <small>意見などがまとまらず混乱すること</small>	紛糾	「紛」─訓まぎ(らす)
16	物質的な欲望は**ヒダイ**化しやすい。 <small>こえ太ること</small>	肥大	「肥」─訓こえ・こ(える)
17	**センパク**な知識を振りかざす。 <small>あさはかなさま</small>	浅薄	「博識」は「ひろく物事を 知っていること」
18	相手に好かれていると**サッカク**する。 <small>思い違い</small>	錯覚	「覚」─訓おぼ(える) さ(ます)
19	人物の**クッセツ**した心理が描かれた小説。 <small>人の気持ちや考えがゆがむこと</small>	屈折	「折」─訓お(る)
20	道に迷い、**トホウ**に暮れる。 <small>とるべき手だて</small>	途方	「途方に暮れる」は「どうし たらよいかわからなくなる」
21	自らの権利を**コウシ**する。 <small>権利や力などを実際につかうこと</small>	行使	「実力行使_{ジツリョク}」は「武力などに 訴えること」
22	早く帰宅するように**ウナガ**す。 <small>せきたてる</small>	促	「催促_{サイソク}」に似た意味 ここでは「催促」に似た意味
23	試験に合格した喜びに**ヒタ**る。 <small>心境に入りきる</small>	浸	「酒に浸る」は「酒におぼれ る」
24	久しぶりの再会に話が**ハズ**む。 <small>調子づく</small>	弾	音ダン 訓たま・ひ(く)
25	転職後、よりいっそう仕事に**ハゲ**む。 <small>精を出す</small>	励	音レイ 「勉励_{ベンレイ}」など

3 書く②

□ 1 真理の**タンキュウ**に余念がない。
ものごとの本質を見きわめること

□ 2 ダイヤモンドの**ヒルイ**なき輝き。
くらべるもの

□ 3 修学旅行は学校教育の**イッカン**だ。
全体のいちぶぶん

□ 4 独裁者は悲惨な**サイゴ**を遂げた。
死に際

□ 5 上司の**キゲン**を損ねる。
気分

□ 6 **ケンシン**的な看護を受ける。
いっしんに尽くすこと

□ 7 天下の名医といっても**カゴン**ではない。
いいすぎ

□ 8 **セソウ**を鋭く風刺した川柳に膝を打つ。
よのなかのありさま

□ 9 がむしゃらに進むことで**カツロ**を見いだす。
追いつめられた状態から脱出する方法

□ 10 業務に**シショウ**をきたす。
さしつかえ、さしさわり

□ 11 「急がば回れ」は**ギャクセツ**の典型だ。
いっけん真理に反するようで実は真理をいい得ていることば

□ 12 会員どうしの**シンワ**を図る。
互いに仲良くすること

---

1 探究
「探究」は「さがし求めること」

2 比類
「比類ない」は「たぐいない」と同じ意味

3 一環
「一貫」は「一つの考えややり方で貫き通すこと」

4 最期
類「臨終」　「最後」と混同しないように

5 機嫌
「機嫌を取る」は「人の気に入るようにする」

6 献身
「献心」と書かないように

7 過言
「過」―訓　す(ぎる)　あやま(ち)

8 世相
「相」には「すがた」「かたち」という意味がある

9 活路
「死活問題」は「死ぬか生きるかに関わる重大な問題」

10 支障
「支」―訓　ささ(える)
「障」―訓　さわ(る)

11 逆説
「逆接」と混同しないように

12 親和
類「親睦」

100

□ 13　村人が団結して**ブライ**の徒を追い払う。
（むほうな行いをする者やその行為）

□ 14　年金制度の破綻は**ヒッシ**の情勢だ。
（かならずそうなること）

□ 15　計画の実現には**ジャッカン**の問題がある。
（いくらか）

□ 16　褒められるとすぐ**ゾウチョウ**する性格がある。
（つけあがって高慢になること）

□ 17　戦時中は厳しい**ケンエツ**が行われた。
（出版物などを取り締まること）

□ 18　突然の悲報に接し、**ゴウキュウ**する。
（大声を上げて泣くこと）

□ 19　川沿いの小道を**サンサク**する。
（ぶらぶら歩くこと）

□ 20　助けてもらった恩を忘れない**リチギ**な男。
（ぎり堅いさま）

□ 21　日本の前途を**ユウリョ**する。
（心配して気づかうこと）

□ 22　タイムカプセルを土の中に**ウ**める。
（穴にものを入れてふさぐ）

□ 23　不可能に**イド**むことが人間の証しだ。
（立ち向かう）

□ 24　鉛筆を**タバ**で買う。
（まとめてくくったもの）

□ 25　科学は**エソラゴト**を現実のものにした。
（ありもしないこと）

[無頼]
「無頼漢」は「ならずもの」

[必至]
「必死」は「死ぬ覚悟で全力を尽くすこと」

[若干]
「弱冠」は「男子二十歳のこと」「二十歳がわかいこと」

[増長]
「増」—訓 ふ(える)・ま(す)

[検閲]
「検」「閲」ともに「調べる」という意味がある

[号泣]
「嗚咽」は「むせびなくこと」

[散策]
類「散歩」

[律義]
「律儀」とも書く

[憂慮]
「憂」—訓 うれ(い)・うれ(える)

[埋]
音 マイ　「埋蔵」など

[挑]
ここでは「挑戦」に似た意味

[束]
「束になってかかる」は「大勢がいっしょになって立ち向かう」

[絵空事]
絵には美化や誇張など(画家)の作意が加わることから

2800問　1000問

1. コペルニクスは地動説を**テイショウ**した。
　意見などを他人に説き示すこと
　→ 提唱
　[提]―訓 さ(げる)
　[唱]―訓 とな(える)

2. 心からの行為が**ギゼン**だと誤解される。
　うわべだけのよいおこない
　→ 偽善
　[対] 偽悪（ギアク）

3. **ヤッカイ**な仕事を引き受ける。
　めんどうで手間のかかるさま
　→ 厄介
　「厄」には「災難」という意味がある

4. 試合中は**シンパン**の裁定に従うべきだ。
　運動競技などで勝敗や反則の有無などをはんていする人
　→ 審判
　「事件を調べて裁決をすること」という意味もある

5. 作文を**テンサク**してもらう。
　文章などを改め直すこと
　→ 添削
　[添]―訓 そ(える)
　[削]―訓 けず(る)

6. 減税の**ハキュウ**効果があらわれる。
　しだいに影響がおよぶこと
　→ 波及
　[及]―訓 およ(ぶ)

7. 襲いかかってきた熊と**カクトウ**する。
　とっくみあい
　→ 格闘
　「懸命に取り組む」という意味もある

8. 過分なお祝いを頂き**キョウシュク**する。
　おそれいること
　→ 恐縮
　[縮]―訓 ちぢ(まる)

9. 社長の**エイダン**が会社の危機を救った。
　優れたけつだん
　→ 英断
　「英」には「優れている」という意味がある

10. 日本車は**タイキュウセイ**に優れている。
　長く持ちこたえること
　→ 耐久性
　[耐]―訓 た(える)

11. **カソウ**敵国に対して警戒を強める。
　かりにそう思うこと
　→ 仮想
　[仮]―訓 かり

12. グラウンドの中を**ジュウオウ**に走り回る。
　思いのまま
　→ 縦横
　「縦横無尽（ジュウオウムジン）」は「自由自在（ジユウジザイ）」と同じ意味

13 合理的な考え方が**シントウ**する。
考えなどがゆきわたること

14 **ショミン**の生活の悲哀を描いた映画。
一般の人々

15 ピアノの**バンソウ**を依頼する。
歌などにあわせて補助的にえんそうすること

16 保たれていた**キンコウ**が崩れる。
つり合いがとれていること

17 **ヨウセイ**に応えて援軍を派遣する。
強く求めること

18 さまざまに異なる意見を**トウカツ**する。
ひとつにまとめること

19 みるみる**トウカク**を現す。
あたまの先

20 **ヨウチ**なやり口が周囲の失笑を招いた。
おさなく未熟なさま

21 水辺に葦が**ハンモ**している。
草木が生いしげること

22 衆生を助け**ミチビ**く仏。
教え示す

23 平静を**ヨソオ**う。
見せかける

24 休日は**モッパ**ら家にいる。
それを主として

25 アンティークのグラスを大切に**アツカ**う。
用いる

浸透
類「大衆」
「侵入」の「侵」と混同しないように

庶民
「庶」には「多く」の」という意味がある

伴奏
「伴」──訓 ともな(う)

均衡
「衝突」の「衝」と混同しないように

要請
「請」──訓 こ(う) う(ける)

統括
「統轄」は「組織など全体を管理すること」

頭角
「頭角を現す」は「学識やオ能が人よりめだって優れる」

幼稚
「稚」には「おさない」という意味がある

導
音 ドウ 「指導」など

装
音 ショウ・ソウ 「衣装」など

専
音 セン 「専門」など

扱
「会員として扱う」は「会員とみなす」

3

書く④

- □ 1 決戦を前に士気が**コウヨウ**する。
  気分などがたかまること
- □ 2 過去を**ナイセイ**することが成長につながる。
  深く自らをかえりみること
- □ 3 百貨店の**コキャク**情報が漏れる。
  ひいきにしてくれるきゃく
- □ 4 見返りを求めない**ムショウ**の愛。
  報酬のないこと
- □ 5 増税に対する不満が**フンシュツ**する。
  ふきだすこと
- □ 6 仲間に**ゼンプク**の信頼を置く。
  ありったけ
- □ 7 一部の業務を外部に**イタク**する。
  まかせたのむこと
- □ 8 権力の**チュウスウ**をのぞき見る。
  ちゅうしん
- □ 9 **リュウセイ**を極めた平家も滅亡を迎えた。
  栄えること
- □ 10 科学は人類の進歩に**キヨ**してきた。
  役立つこと
- □ 11 **マンセイ**的なデフレが続く。
  望ましくない状態が長引くこと
- □ 12 原稿の締めきりが**セッパク**してきた。
  非常にさしせまること

高揚　[揚]―訓 あ（げる）

内省　[類]「反省」「自省」ハンセイ ジセイ

顧客　「コカク」とも読む

無償　[償]―訓 つぐな（う）

噴出　[噴]―訓 ふ（く）

全幅　[幅]―訓 はば

委託　[委]―訓 ゆだ（ねる）

中枢　[枢]には「かなめ」という意味がある

隆盛　[隆]には「たかくもりあがる」という意味がある

慢性　[対]「急性」キュウセイ

寄与　[類]「貢献」コウケン

切迫　[切]には「さしせまる」という意味がある

104

25 **イサギヨ**く自らの非を認める。
（思いきりがよい）

24 夕暮れ時の金閣寺を写真に**ト**る。
（写真や映画などをさつえいする）

23 志を**ツラヌ**き、指揮者になる。
（続けとおす）

22 安らかな眠りを**サマタ**げる電車の轟音。
（邪魔をする）（ごうおん）

21 弱者軽視の風潮は**ガイタン**にたえない。
（うれいなげくこと）

20 遠征試合に赴く選手を**ゲキレイ**する。
（はげまし元気づけること）

19 会った**トタン**、喧嘩が始まった。
（ちょうどそのとき）（けんか）

18 お世話になった人のために**ベンギ**を図る。
（特別な取りはからい）

17 幼い子が**ギョウギ**よく振る舞う。
（立ち居振る舞いの作法）

16 **ハイリョ**に欠けた言動を戒める。
（心づかい）

15 **ギンミ**した素材を使った料理。
（物事のよしあしをよく調べること）

14 他国からの**シンリャク**に備える。
（他国に攻め入って領土や財物を奪い取ること）

13 問題の本質を**ドウサツ**する。
（すぐれたかんさつ力で見抜くこと）

潔

撮

貫

妨

慨嘆

激励

途端

便宜

行儀

配慮

吟味

侵略

洞察

「潔しとせず」は「自分の良心が許さない」

［音］サツ　「撮影」など

［音］カン　「貫徹」など

「兼任を妨げない」は「兼任してもかまわない」

［慨］には「なげく」という意味がある

［励］─［訓］はげ（ます）

［端］─［訓］は・はし・はた

［宜］─「宣伝」の「宣」と「宜」とを混同しないように

［儀］には「手本とすべき規準」という意味がある

［慮］には「あれこれ考える」という意味がある

［吟じる］は「詩歌などをうたう」

［侵］─［訓］おか（す）

［洞］─［訓］ほら

3　書く⑤

☐ 1 👑 人脈を**クシ**して解決を図る。
自由につかいこなすこと

☐ 2 事件は意外な**ヨウソウ**を呈してきた。
ありさま

☐ 3 生還を喜び、**カンルイ**にむせぶ。
かんげきして流すなみだ

☐ 4 江戸の風俗を調べようと**ブンケン**にあたる。
書物

☐ 5 **カイリツ**を破り、破門される。
宗教において守るべき規則

☐ 6 **グウゾウ**を崇拝することを禁じる宗教。
神仏をかたどってつくられた信仰の対象

☐ 7 科学が善であるとは**イチガイ**には言えない。
総じて

☐ 8 独裁者に異を唱える者は**カイム**だった。
まったくないこと

☐ 9 旅は幼い子どもの**チケン**を広める。
みてしること

☐ 10 我が家を建てることができて**ホンモウ**だ。
のぞみがかなって満足であること

☐ 11 始めと終わりが**ショウオウ**している小説。
二つのものがたいおうしあっていること

☐ 12 攻め落とすことが難しい**ケンゴ**な城。
守りがかたく容易には破られないさま

〔 駆使 〕
「駆」—訓—か(ける)

〔 様相 〕
類「状態」「様子」 ジョウタイ ヨウス

〔 感涙 〕
「涙」—訓—なみだ

〔 文献 〕
「献」—音—コン 「献立」な ど フンダテ

〔 戒律 〕
「戒」—訓—いまし(める)

〔 偶像 〕
広く「崇拝の対象」という意味でつかわれることがある

〔 一概 〕
「概して」は「おおむね」という意味

〔 皆無 〕
「皆」—訓—みな

〔 知見 〕
類「見識」 ケンシキ

〔 本望 〕
「かねてからののぞみ」という意味もある

〔 照応 〕
「照」—訓—て(る)

〔 堅固 〕
「志操堅固」は「志をかたく守って変えないこと」 シソウ

13 悪事に**カタン**することはできない。
味方すること

14 剣の達人と**ゴカク**に渡り合う。
たがいの力量に優劣のないこと

15 委員会からの報告は**ショウサイ**をきわめた。
くわしくこまかいこと

16 弁慶は**ソウゼツ**な最期を遂げた。
べんけい　このうえなく勇ましくはげしいさま

17 敵から受けた**ヒジョウ**な仕打ち。
人間味や思いやりのないさま

18 **キバツ**な服装が注目を集める。
とっぴなさま

19 日曜日の小学校は**カンサン**としている。
しずかでひっそりとしているさま

20 現状に合わせて規制を**カンワ**する。
ゆるめること

21 **チカク**変動の観測データを収集する。
ちきゅうの表層部

22 **タクワ**えていたお金が底をつく。
ためておく

23 杉の木の**ミキ**を切る。
枝が生じる植物の太い部分

24 気を**マギ**らすための娯楽も必要だ。
ほかのことにこころを移して気をそらす

25 祖父の代からクリーニング店を**イトナ**む。
仕事としておこなう

荷担 「加担」とも書く
互角 「互」―訓たが（い）
詳細 「詳」―訓くわ（しい）
壮絶 「壮」には「勇ましいさま」という意味がある
非情 「非常」と混同しないように
奇抜 「抜」には「ぬきんでる」という意味がある
閑散 「閑」には「ひま」「のんびり」という意味がある
地殻 「殻」―訓から
緩和 「緩」―訓ゆる（む）
蓄 音チク 「貯蓄」など
幹 音カン 「根幹」など
紛 「紛れもない事実」は「確かな事実」
営 ここでは「経営」に似た意味

3

書く⑥

□1 さまざまな**バイタイ**を使って宣伝する。
伝達の仲立ちをするもの

□2 サッカー選手の**シュンビン**な動き。
頭がよく、行動がすばやいさま

□3 オリンピックの**ユウチ**運動が起きる。
招き寄せること

□4 **カン**、髪をいれずに返答する。
すきま

□5 試験の**カントク**は気の抜けない仕事だ。
目を配り取り締まること

□6 大自然のすばらしさを**マンキツ**する。
十分に味わうこと

□7 信号機が**テンメツ**する。
あかりがついたり消えたりすること

□8 ナポレオンの**イツワ**を聞く。
あまり知られていない興味あるはなし

□9 **チンミョウ**な格好で踊る祭り。
かわっていておかしいさま

□10 読書家だけあって驚くほど**ハクシキ**だ。
広く物事を知っているさま

□11 **イッキョ**に劣勢を覆した。
いちどに事をなすこと

□12 安倍晴明には**トクイ**な能力があった。
あべのせいめい　ほかととくに違っているさま

媒体	類「メディア」
俊敏	「俊」には「優れる」という意味がある
誘致	「誘」—訓 さそ（う）
間	「間、髪をいれず」は「とっさに」という意味がある
監督	「監」には「みさだめる」という意味がある 類「堪能」
満喫	
点滅	「点ずる」には「火をともす」という意味がある
逸話	「逸材」は「優れた才能やその持ち主」
珍妙	ここでは「奇妙」と似た意味
博識	類「博学」
一挙	「一挙両得」は「一石二鳥」と同じ意味
特異	「得意」と混同しないように

108

□13 **シンク**に耐え、幸福をつかむ。
つらくるしいこと

□14 **タイダ**な生活を改める。
だらしないさま

□15 失敗しても**ヒクツ**になってはいけない。
いじけて必要以上に自分をいやしめるさま

□16 **キソン**の権利に安住しないようにする。
以前からあること

□17 **フソク**の事態に備える。
よそくできないこと

□18 解決すべき問題は**タキ**にわたっている。
物事がおおくの方面に分かれていること

□19 大声で敵を**イアツ**する。
おどしておさえつけること

□20 聴衆を前に**ユウベン**を振るう。
力強く巧みに話すこと

□21 敵の策略をいちはやく**カンパ**する。
みやぶること

□22 空を**アオ**いで雲の流れに見入る。
顔を上に向ける

□23 演奏会で**サワ**ぐ人はいない。
やかましくする

□24 危険を**トモナ**う作業に従事する。
つきまとう

□25 巧みに外国語を**アヤツ**る。
上手につかう

辛苦 ―
「艱難辛苦」は「困難にであ
いくるしむこと」

怠惰 ―
「堕落」の「堕」と混同しない
ように

卑屈 ―
「卑」―訓 いや（しい）

既存 ―
「キゾン」とも読む
「既」―訓 すで（に）

不測 ―
「測」―訓 はか（る）

多岐 ―
「岐路」は「わかれ道」のこと

威圧 ―
「威」には「おどす」という意
味がある

雄弁 ―
「事実が雄弁に物語る」の場
合は「はっきりと」という意味

看破 ―
「看」には「見る」「見守る」と
いう意味がある

仰 ―
「師と仰ぐ」は「師として尊
敬する」

騒 ―
「胸が騒ぐ」は「落ちつかな
い」
音 ソウ
訓 さわ

伴 ―
音 ハン・バン 「随伴」など

操 ―
音 ソウ
訓 みさお

□1 **フクセン**に気づかずに小説を読む。
あらかじめほのめかしておくもの

□2 新しい商売が成功し、**キャッコウ**を浴びる。
俳優などを照らすひかり

□3 優れた**ケンシキ**を備えた人物。
物事の本質をみとおす 優れた判断力

□4 **ビサイ**に事件の報告をする。
きわめてこまかいさま

□5 インフレを**ヨクセイ**するための政策。
おさえとどめること

□6 意中の人に告白され**ウチョウテン**になる。
喜びで夢中になること

□7 安全を確認するために**ジョコウ**する。
ゆっくりと進むこと

□8 お土産品は**キョウギ**の民芸には含まれない。
範囲をせばめて考えた意味

□9 昔を思い起こし**カンガイ**にふける。
身にしみてかんじること

□10 **ケイハク**な現代の風潮に失望を覚える。
あさはかでうわついていること

□11 小林一茶の**シュウイツ**な句に引かれる。
こばやしいっさ 抜きんでて優れていること

□12 **ヒサン**な生活から脱却する。
ひどくあわれでみじめなさま

---

1 伏線
「伏」─訓 ふ(せる)

2 脚光
「脚光を浴びる」は「注目の的となる」

3 見識
「不見識」は「見識のないこと」

4 微細
「微小」は「きわめて小さいさま」 ビショウ

5 抑制
「抑」─訓 おさ(える)

6 有頂天 ウチョウテン
本来は「形ある世界の中で最高の世界」という意味

7 徐行
対「急行」キュウコウ 「除去」の「除」と混同しないように ジョキョ

8 狭義
対「広義」コウギ

9 感慨 カンガイ
「感慨無量」ムリョウは「感慨がきわめて深いこと」

10 軽薄
対「重厚」ジュウコウ

11 秀逸
「逸」には「ひときわ優れる」という意味がある イツ

12 悲惨 ヒサン
「悲酸」とも書く 「惨」─訓 みじ(め)

☐ 25 円空が**ホ**った仏像を拝む。
えんくう / きざむ

☐ 24 夕日が空を赤く**ソ**める。
ほかの色に変える

☐ 23 健康のために塩分を**ヒカ**える。
少なめにする

♛ 22 衝撃的な映像に思わず目を**オオ**う。
ふさぐ

☐ 21 法王を**サンビ**する信者たちの声。
ほめたたえること

☐ 20 人はえてして自らの**セイヘキ**に無自覚だ。
せいしつのかたより

☐ 19 両国の関係が**ケンアク**になる。
状況がわるくなること

☐ 18 長年にわたって**ジゼン**活動を続ける。
困っている人などを援助すること

☐ 17 容疑者が語ったことは事実と**フゴウ**する。
二つの物事がぴったりとあうこと

☐ 16 司令官には**チンチャク**な判断が求められる。
おちついているさま

☐ 15 大都市の人口はすでに**ホウワ**状態だ。
最大限度までみたされていること

☐ 14 緊張のあまり全身が**コウチョク**する。
こわばること

☐ 13 **カコク**な試練を乗り越える。
ひどくきびしいさま

過酷　　「苛酷（カコク）」は「むごくきびしいさま」

硬直　　[硬]―訓 かた（い）

飽和　　[飽]―訓 あ（きる）

沈着　　[沈]―訓 しず（む）　[着]―訓 き（る）・つ（く）

符合　　「符号（フゴウ）」は「記号」という意味

慈善　　[慈]―訓 いつく（しむ）

険悪　　[険]―訓 けわ（しい）

性癖　　[癖]―訓 くせ

賛美　　「賛」には「ほめたたえる」という意味がある

覆　　[覆]―訓 おお（う）

控　　[控]―訓 ひか（える）　「控除（コウジョ）」など

染　　音 セン　「染色（センショク）」など

彫　　音 チョウ　「彫像（チョウゾウ）」など

3

書く⑧

□1 **キュウケイ**することで能率が上がる。
ひとやすみすること

♛2 中止の判断は**ダトウ**なものだった。
適切であること

□3 何事もはじめが**カンジン**だ。
この上なく大切なこと

□4 **チメイテキ**な失敗を犯してしまう。
取り返しがつかないほど重大なさま

□5 さまざまな思惑が**コウサク**する。
複雑にいりまじること

□6 資本主義は**リジュン**の追求を第一とする。
もうけ

□7 差別をなくすために**ジンリョク**する。
ある目的のためにちからをつくすこと

□8 **ザンコク**な描写に目をそむける。
むごたらしいさま

□9 旅立ちの**シタク**が調う。
準備

□10 味わいに欠けた**ヘイバン**な文章。
変化に乏しくおもしろみのないさま

□11 **キョドウ**不審な人物を見かける。
振る舞い

□12 師の学説を**シンポウ**する。
ある思想や教理などをしんじ尊ぶこと

［休憩］
　類「憩」―訓「いこ（う）」

［妥当］
　「妥協」は「折り合いをつけること）

［肝心］
　「肝腎」とも書く
　類「肝要」

［致命的］
　「致命傷」は「死の原因となる傷」

［交錯］
　類「錯」には「まじる」という意味がある

［利潤］
　類「利益」

［尽力］
　「尽」―訓つ（くす）

［残酷］
　「惨酷」「残刻」とも書く

［支度］
　「仕度」とも書く

［挙動］
　類「挙止」

［平板］
　類「単調」

［信奉］
　「奉」―訓たてまつ（る）

112

□ 25 暗闇から**アヤ**しい物音が響いてくる。
ぶきみな感じがする

□ 24 喜多川歌麿の描く**ホソオモテ**の美しい女性。
きたがわうたまろ
ほっそりとした顔

□ 23 砂漠に井戸を**ホ**る。
地に穴をあける

□ 22 夏場は食物が**クサ**りやすい。
いたんでだめになる

□ 21 鳶が大空を**センカイ**する。
とんび
円を描いてまわること

□ 20 その宣伝は薬事法に**テイショク**している。
法律などにふれること

□ 19 懐かしい記憶が胸中に**キョライ**する。
ゆききすること

□ 18 コックである父は**ヨギ**に絵を描く。
専門以外に身につけたぎげい

□ 17 熱帯雨林の**バッサイ**が問題になる。
木などをきりとること

□ 16 科学者は単なる知の**ボウカンシャ**ではない。
何もしないでそばで見るだけの人

□ 15 巨額の**フサイ**を抱える。
他から借金をすること

□ 14 規則に違反した人物の**ショグウ**が決まる。
あつかい

□ 13 生物の**カイボウ**を行う。
生物の内部を切り開くこと

怪
音カイ 「奇怪」など

細面
「面長」など「面」には「顔」という意味がある

掘
「掘り出し物」は「思いがけず手に入れた珍しい物」という意味がある

腐
音フ 「腐敗」など

旋回
「航空機などが進路を変えること」という意味もある

抵触
「抵」には「ふれる」という意味がある

去来
「去」には「コ」という音読みもある

余技
「余儀ない(=やむを得ない)」の「余儀」と混同しないように

伐採
「伐」には「きる」という意味がある

傍観者
傍─訓かたわ(ら)

負債
類「債務」

処遇
「一隅」の「隅」や「偶然」の「偶」と混同しないように

解剖
「分析」という意味で使うこともある

□ 1 キビンな対応を心がける。
状況に応じた動作がすばやいさま

□ 2 成功するにはニンタイが必要だ。
我慢すること

□ 3 アンカンとしていられない気持ちになる。
のんきにしているさま

□ 4 カクウの国を舞台としたファンタジー。
想像で作り出すもの

□ 5 初志カンテツし、役者になった。
つらぬくこと

□ 6 夏合宿が水泳部のカンコウとなっている。
ならわしとしておこなわれていること

□ 7 道が左右にブンキする。
わかれること

□ 8 新商品が全国イッセイに発売される。
同時

□ 9 大臣の不用意な発言がブツギを醸した。
世間のとりざた

□ 10 力が支配する世の中にカイギを抱く。
うたがうこと

□ 11 『海潮音』から好きな詩をバッスイする。
かいちょうおん
必要な部分をぬきだすこと

□ 12 重いソゼイに苦しむ人民。
ぜいきん

機敏	「機」には「(ある事をするのに)ちょうどよいおり」という意味がある
忍耐	「忍」—訓「しの(ぶ)」 「耐」—訓「た(える)」
安閑	「閑」には「ひま『のんびりしている」という意味がある
架空	「架」—訓「か(ける)」
貫徹	「撤去」の「撤」と混同しないように
慣行	「敢行」は「無理を押し切っておこなうこと」
分岐	「岐路」は「わかれ道」
一斉	「斉」には「ととのう」という意味がある
物議	「議論」の「議」と同じ
懐疑	「懐旧」は「昔あったことをなつかしく思いだすこと」
抜粋	「粋」には「まじりけがない」という意味がある
租税	「租」には「税金」という意味がある

□ 13	病気の**チリョウ**に専念する。 病気やけがをなおすこと	治療	「療」には「いやす」という意味がある
□ 14	衣食足りて**レイセツ**を知る。 れいぎとせつど	礼節	「節」―訓 ふし
□ 15	志望者の**サイヒ**を決定する。 さいようするかどうか	採否	「採」―訓 と(る) 「否」―訓 いな
♛ 16	**ケンキョ**な人柄に引かれる。 ひかえめで素直なさま	謙虚	対「傲慢」
♛ 17	インフルエンザが**モウイ**を振るう。 すさまじい勢い	猛威	「猛」には「たけだけしい」という意味がある
♛ 18	名簿から該当する人物を**チュウシュツ**する。 ぬきだすこと	抽出	「抽選」は「くじ引き」のこと
♛ 19	異文化を受けいれる**ドジョウ**が必要だ。 環境や条件	土壌	「壌」には「すきかえしてませたつち」という意味がある
□ 20	学生の本分を**イツダツ**した振る舞い。 本筋からはずれること	逸脱	「逸」には「はずれる」という意味がある
□ 21	ルーブル美術館で**シフク**の時を過ごす。 この上ない幸せ	至福	「至」―訓 いた(る)
□ 22	ピカソの画才は幼い頃から**キワダ**っていた。 著しくめだつ	際立	「窓際」は「窓のそば」のこと
□ 23	急に天気が**クズ**れる。 状態が悪くなる	崩	音ホウ 「崩壊」など
□ 24	相手が承知してくれるまで**ネバ**る。 根気強くがんばる	粘	音ネン 「粘着」など
□ 25	将棋に**コ**る人が増えている。 熱中する	凝	「凝った料理」は「工夫をほどこした料理」

3

書く⑩

	問題	解答	解説
♛ 1	成長するにつれて顔の**リンカク**が変わる。 物の外形を表す線	輪郭	「話の輪郭」は「話のおおよその内容」
□ 2	かつては映画が**ゴラク**の主役だった。 心をたのしませること	娯楽	「誤解」の「誤」と混同しないように
□ 3	学問や芸術の**シンコウ**を図る。 物事をさかんにすること	振興	「振」─訓ふ(るう) 「興」─訓おこ(す)
□ 4	敵を陥れるための**ボウリャク**を巡らす。 はかりごと	謀略	類「陰謀」「策略」
□ 5	発言の**ガンイ**するところをよく理解する。 ふくまれたいみ	含意	「含」─訓ふく(む)
□ 6	**カソ**の村で医療にあたる医師。 人口が少なすぎること	過疎	対「過密」
□ 7	**カレイ**に着飾って出かける。 美しくはなやかなようす	華麗	「麗」─訓うるわ(しい)
♛ 8	科学の恩恵を**キョウジュ**する。 うけいれて自分のものにすること	享受	「享年」は「死んだときの年齢」
□ 9	相手の申し出を**ショウダク**する。 聞き入れること	承諾	「承」─訓うけたまわ(る)
□ 10	多忙のせいか**セイサイ**に欠けている。 いきいきしたようす	精彩	「生彩」とも書く
□ 11	選挙に行かず**キケン**する人が増えている。 けんりをすてること	棄権	「棄」には「すてる」という意味がある
□ 12	景気回復の**チョウコウ**が見られる。 前ぶれ	兆候	「徴候」とも書く

116

□ 13 **インシツ**ないじめを見逃してはならない。
暗くてじめじめしているさま

□ 14 科学技術の**コウザイ**を論じる。
よい点と悪い点

□ 15 工事が予定日を超えて**チエン**する。
長引くこと

□ 16 かつての敵と**ドウメイ**を結ぶ。
共通の目的のためにおなじ行動をとることを約束すること

□ 17 自説にかたくなに**コシュウ**する。
自分の考えを曲げないこと

□ 18 不作続きで**ヨジョウ**の米はない。
あまり

□ 19 **コウケイシャ**としてふさわしい人物だ。
あとつぎ

□ 20 **ガンメイ**な父に強く反発する。
かたくなで道理がわからないさま

□ 21 **ムショウ**に寂しい時がある。
むやみに

□ 22 コミカルな演技で大いに観客を**ワ**かせた。
熱狂させる

□ 23 争いの**ウズ**に巻き込まれる。
目まぐるしい動きのある状態

□ 24 放置自転車の対策を**コウ**じる。
方法、手段を考える

□ 25 にわか雨に**ア**い、ずぶぬれになる。
思いがけないことに偶然出くわす

陰湿
「湿」―訓 しめ（る）

功罪
「功罪半ばす」は、「功と罪が半々で、よいとも悪いともいえない」

遅延
「延」―訓 の（びる）

同盟
「盟友」は「かたく誓い合った友」、同志

固執
「コシツ」とも読む

余剰
「余」―訓 あま（る）

後継者
「継」―訓 つ（ぐ）

頑迷
「頑」には「融通が利かない」という意味がある

無性
「無性に」という形で使う

沸
音 フツ 「沸騰」など

渦
ここでは「渦中」に似た意味

講
「わがままが高じる」の「高じる」は「ひどくなる」という意味

遭
「遭難」は「災いにあうこと」

3 意味から考えるテスト④

くりかえし ※98〜117ページから出題しています。

1 思い違い ［ さっかく ］
2 自由につかいこなすこと ［ くし ］
3 書物 ［ ぶんけん ］
4 よのなかのありさま ［ せそう ］
5 気分 ［ きげん ］
6 おそれいること ［ きょうしゅく ］
7 望ましくない状態が長引くこと ［ まんせい ］
8 とっぴなさま ［ きばつ ］
9 ひとつひとつ詳しく ［ ちくいち ］
10 ぎり堅いさま ［ りちぎ ］

11 ありもしないこと ［ えそらごと ］
12 邪魔をする ［ さまた げる ］
13 思いのまま ［ じゅうおう ］
14 強く求めること ［ ようせい ］
15 ゆるめること ［ かんわ ］
16 特別な取りはからい ［ べんぎ ］
17 役立つこと ［ きよ ］
18 立ち向かう ［ いど む ］
19 優れたけつだん ［ えいだん ］
20 はげまし元気づけること ［ げきれい ］

21 草木が生いしげること ［ はんも ］
22 あさはかなさま ［ せんぱく ］
23 はっきりよくわかるさま ［ はんぜん ］
24 かしあたえること ［ たいよ ］
25 くわしくこまかいこと ［ しょうさい ］
26 招き寄せること ［ ゆうち ］
27 熱中する ［ こ る ］
28 喜びで夢中になること ［ うちょうてん ］
29 我慢すること ［ にんたい ］
30 こわばること ［ こうちょく ］

番号	意味	読み
31	法律などにふれること	ていしょく
32	物事をさかんにすること	しんこう
33	頭がよく、行動がすばやいさま	しゅんびん
34	想像で作り出すもの	かくう
35	俳優などを照らすひかり	きゃっこう
36	複雑にいりまじること	こうさく
37	みやぶること	かんぱ
38	ふさぐ	おお（う）
39	適切であること	だとう
40	準備	したく
41	だらしないさま	たいだ
42	物の外形を表す線	りんかく
43	うたがうこと	かいぎ
44	よい点と悪い点	こうざい
45	木などをきりとること	ばっさい
46	さいようするかどうか	さいひ
47	おさえとどめること	よくせい
48	聞き入れること	しょうだく
49	十分に味わうこと	まんきつ
50	あまり	よじょう

【解答】

1	2	3	4	5	6	7	8	9	10	11	12	13	14	15	16
錯覚	駆使	文献	世相	機嫌	恐縮	慢性	奇抜	逐一	律儀	絵空事	妨	縦横	要請	緩和	便宜

17	18	19	20	21	22	23	24	25	26	27	28	29	30	31	32	33
寄与	挑	英断	激励	繁茂	浅薄	判然	貸与	詳細	誘致	有頂天	凝	忍耐	硬直	抵触	振興	俊敏

34	35	36	37	38	39	40	41	42	43	44	45	46	47	48	49	50
架空	脚光	交錯	看破	覆	妥当	支度	怠惰	輪郭	懐疑	功罪	伐採	採否	抑制	承諾	満喫	余剰

書く⑪

1　ストライキは**フカヒ**の情勢だ。
さけられないこと

2　財産を福祉団体に**ジョウト**する。
ゆずりわたすこと

3　新入社員が会社の**リョウ**に入る。
共同宿舎

4　バッハの**ソウチョウ**な調べに聴き入る。
厳かでおもおもしいさま

5　長年の疑問が**ヒョウカイ**した。
疑いがすっかりなくなること

6　感情の**シンプク**が激しい。
ふりはば

7　二人が**レンケイ**して事を進める。
互いにれんらくをとり協力して物事を行うこと

8　現実から**ユウリ**した学問。
かけはなれること

9　体温をほぼ**コウジョウ**的に保つシステム。
定まっていて変わらないこと

10　過去の歴史を**フウイン**してはならない。
閉じること

11　**サイダン**に花束をささげる。
供物をささげるために聖化された場所

12　**カイチュウ**に財布をしまう。
ふところやポケットのなか

[不可避]　[避]―[訓] さ(ける)

[譲渡]　[譲]―[訓] ゆず(る)

[寮]　「僚」は「仲間」、「療」は「いやす」という意味

[荘重]　[荘]には「厳かなさま」という意味がある

[氷解]　[氷]―[訓] こおり・ひ

[振幅]　[振]―[訓] ふ(る)

[連携]　[携]―[訓] たずさ(わる)

[遊離]　「離合集散」は「離れたり集まったりすること」

[恒常]　[恒]には「つね」という意味がある

[祭壇]　「文壇」は「作家や文芸批評家たちの社会」

[封印]　[印]―[訓] しるし

[懐中]　[懐]―[訓] なつ(かしい) ふところ

| □25 | □24 | □23 | □22 | □21 | □20 | ♛19 | □18 | □17 | □16 | □15 | □14 | □13 |

13 前世からの**インネン**によって結ばれる。
定められた運命

14 人間社会を**フウシ**した芥川龍之介の作品。
遠まわしに批判すること　あくたがわりゅうのすけ

15 議論の**ショウテン**をしぼる。
人々の注意や興味の集まるところ

16 知人にお金を**ユウズウ**してもらう。
金銭などの都合をつけること

17 **ジギ**を得た処置をする。
折にかなうこと

18 とっさの機転で**キュウチ**を脱する。
くるしい立場

19 思いつめた表情で**コクウ**を見つめる。
何もない空間

20 作者の思いが**ギョウシュク**された表現。
密度が高いこと

21 国家の**アンタイ**を願う。
やすらかなさま

22 場数を**フ**むことで慣れていくものだ。
経験する

23 計画の**ワクグ**みをみんなに話す。
構想

24 使者としての使命を**マット**うする。
かんぜんに果たす

25 積年の**ウラ**みを水に流す。
憎いと思うこと

因縁
「因縁をつける」は「言いが
かりをつける」

風刺
[刺]─[訓]さ(す)

焦点
「レンズの焦点」は「レンズ
のピント」

融通
「融通が利く」は「その場に
応じてうまく処理できる」

時宜
[宜]には「ほどよい」という
意味がある

窮地
[窮]─[訓]きわ(まる)

虚空
「空虚」は「クウキョ」と読む

凝縮
[凝]─[訓]こ(る)

安泰
「泰然自若」は「落ち着いて
いて物事に動じないさま」
タイゼンジジャク

踏
[音]トウ　「踏破」など
トウハ

枠組
「枠」には「範囲」という意味
がある

全
[音]ゼン　「万全」など
バンゼン

恨
ここでは「怨恨」に似た意味
エンコン

3

書く⑫

1 さまざまな**ヒョウショウ**を分析する学問。
　イメージ

2 **キョギ**の申告を行う。
　うそいつわり

3 **クウソ**な議論の応酬。
　中身がないこと

4 **キンパク**した国際情勢が続く。
　さしせまって今にも事が起こりそうなこと

5 この道を行くべきだという**カン**が働く。
　直感

6 **グウハツ**する事件を阻止しようとする。
　思いがけず起こること

7 優勝候補の**ヒットウ**に挙げられる。
　ある範囲の中で一番に挙げられるもの

8 必要経費を**チョウボ**につける。
　会計などを記入する冊子

9 急な計画変更を**キイ**に思う。
　変なさま

10 複数の会社を**ヘイゴウ**する。
　二つ以上のものをひとつにあわせること

11 伝統芸能の家元を**セシュウ**する。
　代々受け継ぐこと

12 人生を**タッカン**したようなことを言う。
　ささいな事にこだわらず、物事の道理を見通すこと

---

1 表象
「象」には「かたち」「すがた」
という意味がある

2 虚偽
対「真実」
シンジツ

3 空疎
「疎外」は「よそよそしくす
ソガイ
ること」

4 緊迫
「迫」─訓せま(る)
ハク

5 勘
「感情」の「感」と混同しな
カンジョウ
いように

6 偶発
「偶然に発生する」と覚えよ
グウゼン　　ハッセイ
う

7 筆頭
「筆頭人」は「連名・連署の、
ヒットウニン　　レンメイ　レンショ
第一番目の人」

8 帳簿
「簿」は「艹(たけかんむり)」
を使う

9 奇異
「異」─訓こと

10 併合
類「合併」「統合」
ガッペイ　トウゴウ

11 世襲
「襲名」は「名を継ぐこと」
シュウメイ

12 達観
「大きな見通しを持ってい
ること」という意味もある

13 近代芸術は**モホウ**を否定する。
まねること

14 芸術には**シンビ**的要素がつきまとう。
うつくしいものと醜いものを識別すること

15 伝統への**カイキ**が流行になっている。
ひと巡りして元へ戻ること

16 偉人の別な一面を知り、**ゲンメツ**する。
思い描いていたことと現実の差を知って落胆すること

17 独裁者の**ジョウキ**を逸した行動。
普通のやり方

18 勇敢な行動が**ショウサン**を浴びる。
ほめたたえること

19 逆境にあっても**イゲン**を失わない。
いかめしいこと

20 記憶力は年齢とともに**オトロ**えやすい。
弱くなる

21 **リュウイ**すべき点をノートに記す。
気をつけること

22 両者の言い分には大きな**ヘダ**たりがある。
距離

23 時間に**シバ**られる生活を送る。
自由をうばう

24 人間は死を**マヌカ**れることはできない。
のがれる

25 詩人として名声を**ハク**する。
自分のものとする

13	模倣	[対]「創造」
14	審美	「美の審判」という形で覚えよう
15	回帰	「永劫回帰」は「永遠に同じことを繰り返すこと」
16	幻滅	[減]—[訓]ほろ(びる)
17	常軌	「常軌を逸する」は「普通と違った常識はずれの言動をとる」
18	賞賛	「称賛」とも書く
19	威厳	「威」「厳」ともに「おごそか」という意味がある
20	衰	[音]スイ 「衰退」など
21	留意	[類]「注意」
22	隔	[音]カク 「隔絶」など
23	縛	[音]バク 「束縛」など
24	免	[音]メン 「免除」など ／「まぬが(れる)」とも読む
25	博	「好評を博する」「喝采を博する」などと用いられる

3

3

書く⑬

□ 1 マクベスは**モウソウ**に取りつかれていた。
根拠のない思い込み

□ 2 土地の売買を**チュウカイ**する。
なかだち

□ 3 海外進出に向けて**フセキ**を打つ。
将来に備えた準備

□ 4 松尾芭蕉は**ヒョウハク**の中で生を終えた。
さまようこと

□ 5 新しい仕事に**ケンメイ**に打ち込む。
力いっぱいがんばるさま

□ 6 先生から**シサ**に富む話をうかがう。
それとなく教えしめすこと

□ 7 バレエダンサーのすばらしい**チョウヤク**。
とびはねること

□ 8 睡眠には**ルイセキ**した疲労をとる力がある。
かさなりつもること

□ 9 反対意見を**ロンパ**する。
言い負かすこと

□ 10 十代で**イギョウ**を成し遂げる。
優れた仕事

□ 11 郷里の友人とも**ソエン**になった。
とおざかって関係がうすれるさま

□ 12 危険を伴うだけに**ホウシュウ**も大きい。
労働などの対価として給付される金品

妄想　「妄」には「でたらめ」という意味がある

仲介　「仲人」は「なこうど」と読む

布石　「布置」は「ものを適当な所に配置すること」

漂泊　「漂」―訓 ただよ（う）

懸命　「一所懸命」の略

示唆　「唆」―訓 そそのか（す）

跳躍　「跳」―訓 と（ぶ）・は（ねる）／「躍」―訓 おど（る）

累積　「累」には「かさなる」という意味がある

論破　「破」―訓 やぶ（る）

偉業　「遺業」は「故人が残した生前の仕事や事業」の意

疎遠　「疎縁」と書かないように注意

報酬　「報」―訓 むく（いる）

124

□ 13 前後の**カンカク**をとって体操をする。
へだたり

□ 14 生に限りがあることは**ゲンゼン**たる事実だ。
おごそかで動かしがたいさま

♛ 15 功利性を追求する社会の矛盾が**ロテイ**する。
さらけだすこと

□ 16 **エンカツ**に事が運ぶ。
スムーズに進むさま

□ 17 大統領の演説に深い**カンメイ**を受ける。
深くかんどうすること

□ 18 **ボンサイ**を通じて日本の美意識に触れる。
庭や室内で観賞する鉢植えの草木

□ 19 自らの思いをありのままに**ジョジュツ**する。
のべること

□ 20 クローン技術の危険性が**ケンザイカ**した。
はっきりとあらわれること

□ 21 **エモノ**を狙う猟師の鋭いまなざし。
漁や狩猟でしとめるもの

□ 22 新聞に随筆を**ノ**せる。
紙面に書き記す

□ 23 大雨で川の水が**ニゴ**る。
不透明になる

♛ 24 腰を**ス**えて仕事に取り組む。
さだめる

□ 25 モーツァルトは神童の**ホマ**れが高かった。
名声

【間隔】
「隔」—訓 へだ(てる)

【厳然】
「厳」—訓 おごそ(か)
きび(しい)

【露呈】
「贈呈」の「呈」と同じ
ゾウテイ

【円滑】
「円」には「欠けたところがないさま」という意味がある

【感銘】
「肝に銘じる」は「心に深く刻みつける」

【盆栽】
「裁判」の「裁」と混同しないように
サイバン

【叙述】
「叙」には「のべる」という意味がある

【顕在化】
対「潜在化」
センザイカ

【獲物】
「獲」—音 カク「捕獲」など
ホカク

【載】
音サイ「記載」など

【濁】
対「澄む」

【据】
「腰を据える」は「どっしり構える」

【誉】
「出藍の誉れ」は「師を超えたという名声」
シュツラン

書く⑭

□ 1　世の**フジョウリ**を嘆く。
筋道が通らないこと

□ 2　火山の噴火によって**カイメツ**した都市。
くずれてほろびること

♔ 3　クレームに対して**ジンソク**に対応する。
きわめてはやいさま

□ 4　十年に一人の**イツザイ**だと評判の投手。
優れた才能を持つ人物

□ 5　台風が**ジンダイ**な被害をもたらした。
程度が極めておおきいさま

□ 6　才能の**コカツ**に悩む小説家。
尽き果ててなくなること

□ 7　入試に出される**ヒンド**の高い漢字。
同じことが繰り返しておこるどあい

□ 8　証人を議会に**カンモン**する。
呼び出してといただすこと

□ 9　被害者に**バイショウ**金を払う。
損害をつぐなうこと

□ 10　会社の設立に**サンカク**する。
けいかくに加わること

□ 11　こんなところで会うとは**キグウ**だ。
思いがけず出会うこと

□ 12　他人の**リョウブン**を侵してはならない。
力の及ぶ範囲

[不条理]
[類]「不合理」＝「背理」

[壊滅]
「潰滅」とも書く

[迅速]
「速」—訓　はや（い）　すみ（やか）

[逸材]
「逸品」は「絶品」と同じ意味

[甚大]
「甚」—訓　はなは（だしい）

[枯渇]
「枯」—訓　か（れる）
「渇」—訓　かわ（く）

[頻度]
「頻発」は「しきりにおこること」

[喚問]
「喚」には「呼ぶ」という意味がある

[賠償]
「賠」には「欠損部を補う」という意味がある

[参画]
「参」—訓　まい（る）

[奇遇]
「遇」には「偶然出会う」という意味がある

[領分]
「領」には「物事のだいじなところ」という意味がある

□13	駄目だと決めつけるのは**ソウケイ**に過ぎる。 軽率な考え	早計	「ショウソウ 尚早」は「時機を得ずはや すぎること」
□14	企業に**リレキショ**を送る。 けいれきを記したぶんしょ	履歴書	[類]「経歴書」
□15	各地に**サンケン**する風習を調査する。 ちらほらとみえること	散見	「散」は「ちりぢりになる こと」
□16	立ち退きに伴い、**ダイタイ**地を提示される。 ほかのものでかえること	代替	「代」─訓か(える) 「替」─訓か(える)
□17	茶柱がたつと**エンギ**がいいといわれる。 吉凶の前兆	縁起	「縁起を担ぐ」は「縁起のよ しあしを気にする」
□18	考えた**アゲク**、挑戦を諦める。 結局	挙句	「挙句の果て」は、「最後の 最後には」という意味
□19	外部の情報を**シャダン**する。 さえぎりとめること	遮断	「遮」─訓さえぎ(る)
□20	一方的な抑圧は人心の**リハン**を招く。 はなれそむくこと	離反	「離」─訓はな(れる) 「反」─訓そ(る)
□21	あえて苦言を**テイ**する。 さしだす	呈	「活況を呈する」は「活気を 示す」
□22	旧市街は昔の**ナゴリ**をとどめている。 過ぎ去った物事の気配がのこっていること	名残	「名残惜しい」は「別れがつ らい」
□23	椰子の実が波間に**タダヨ**う。 浮かんでゆらぐ	漂	音ヒョウ　「漂流」など
□24	**ユル**い坂道を自転車でのぼる。 なだらかだ	緩	音カン　「緩急」など
□25	かつては**モ**に服す期間が定められていた。 人の死後、その近親者が一定期間身を慎むこと	喪	「喪服」は「喪中の人や弔問 者が着る服」

127　2800問　1300問

3

書く⑮

□1 喫煙によって健康上の**ヘイガイ**が生じる。
悪いこと

□2 **ケッシュツ**した才能の持ち主。
とびぬけて優れていること

□3 注意が**サンマン**になる。
とりとめのないさま

□4 町内会の会費を**チョウシュウ**する。
金銭などを集めること

□5 農作物を荒らす動物を**ホカク**する。
いけどりにすること

□6 **ネンチャク**力の強いテープで梱包する。
ねばりつくこと

□7 貨物船で物資を大量に**ウンパン**する。
人や物をはこぶこと

□8 遠方からの客を**カンタイ**する。
手厚いもてなし

□9 **セイジャク**に満ちた寺院の境内。
しずかでひっそりしていること

□10 同種の事例は**マイキョ**にいとまがない。
一つ一つ数え上げること

□11 大臣の発言をめぐって**ハモン**が広がる。
影響

□12 体を動かすと**タイシャ**がよくなる。
古いものと新しいものとが入れ替わること

弊害
「貨幣」の「幣」と混同しないように

傑出
「傑」には「ひときわ優れている」という意味がある

散漫
「漫」の「慢」と混同しないように

徴収
「徴」には「要求する」という意味がある

捕獲
「捕」―訓 つか（まえる）と（らえる）

粘着
「粘」―訓 ねば（る）

運搬
「搬」には「はこぶ」という意味がある

歓待
「歓待」とも書く

静寂
「寂」―訓 さび（しい）さび（れる）

枚挙
「枚挙にいとまがない」は「一つ一つ数えきれないほど多い」

波紋
「波がある」は「起伏がある」

代謝
「新陳代謝」という形でよく使う

128

13 鳥羽僧正（とばそうじょう）の筆と伝えられる『鳥獣（ちょうじゅう）ギガ』。こっけいな絵
→ 戯画 「戯」─「訓」たわむ（れる）

14 科学の功罪を**ソウカツ**する。 全体を検討・評価すること
→ 総括 「括」には「くくる」という意味がある

15 **イゼン**として容態は予断を許さない。 あいかわらずであるさま
→ 依然 「旧態依然（キュウタイ）」は「昔のままで、進歩や発展のないさま」

16 **ケショウ**を施された祭りの稚児（ちご）たち。 べにやおしろいなどで顔を装うこと
→ 化粧 「粧」には「よそおう」という意味がある

17 誰が犯人か**カイモク**見当がつかない。 まったく
→ 皆目 多くの場合、下に打ち消しの語を伴う

18 亡き人を**シボ**する心を抑えがたい。 恋しくなつかしくおもうこと
→ 思慕 「慕」─「訓」した（う）

19 親友に真情を**トロ**する。 包み隠さず述べること
→ 吐露 「吐露（トロ）」は「秘密があらわになること」

20 環境破壊に**ハクシャ**をかけるような政策。 馬の腹を刺激し速力をださせるもの
→ 拍車 「拍車をかける」は「物事の進行を一段と進める」

21 宗教上の**イマシ**めを破る。 あやまちのないように前もって与える注意
→ 戒 ここでは「戒律」に似た意味

22 セーターを編むための毛糸を**ク**る。 巻き取る
→ 繰 「繰り言」は「愚痴」のこと

23 **タタミ**替えをして新年を迎える。 わらといぐさで作った厚い敷物
→ 畳 「畳みかける」は「物事を続けざまにする」

24 春の**イブキ**を感じる。 活動の気配
→ 息吹 本来は「いきをふく」という意味

25 人ごみの中を**ヌ**って走る。 すきまを曲折しながら通る
→ 縫 音ホウ 「裁縫（サイホウ）」など

3　書く⑯

□1　努力の成果が**ニョジツ**にあらわれる。
じじつそのままであるさま

□2　長時間にわたって**コウソク**された。
自由を制限すること

□3　**シンエン**な思想が込められた哲学書。
おくぶかいこと

□4　話に何の**ミャクラク**もない。
すじみち

□5　ゴヤはものうげな女性の**シタイ**を描いた。
すがた

□6　**ミトウ**の大陸に挑んだ冒険家。
まだ誰も足をふみいれていないこと

□7　大国どうしの**コウソウ**が絶えない。
さからいあらそうこと

□8　あらゆる本を**モウラ**した理想の図書館。
残らずとりいれること

□9　些細なミスで計画が**スイホウ**に帰した。
さいみずのあわ

□10　**フクメン**をかぶった劇中の人物。
布などで顔をおおいつつむこと、またその布

□11　ドラマの中の**チンプ**なせりふ。
ありふれて古くさいさま

□12　安全運転を**レイコウ**する。
決まったことをその通りにじっこうすること

□1　如実
「ケツジョ」欠如」は「欠けて足りないこと」

□2　拘束
「拘」には「とらえる」という意味がある

□3　深遠
類「深奥」シンオウ

□4　脈絡
「脈がある」は「見込みがある」

□5　姿態
「肢体」シタイは「手足」もしくは「全身」のこと

□6　未踏
「人跡未踏」ジンセキミトウなどと用いられる

□7　抗争
「抗」には「張り合う」という意味がある

□8　網羅
「網」訓あみ

□9　水泡
「水泡に帰す」は「努力したことがむだに終わる」

□10　覆面
「匿名」トクメイという意味もある

□11　陳腐
「珍妙」チンミョウの「珍」と混同しないように

□12　励行
「励」訓はげ（ます）

130

13 死をけがれとみなし、**キヒ**する。
嫌いさけること

14 個人の**サイリョウ**に任せる。
判断し処置すること

15 詩歌において**インリツ**は欠かせない要素だ。
詩の音声的な形式、リズム

16 **イセイシャ**は国民の信任を得る必要がある。
せいじを行うもの

17 剣道の**シンズイ**を究める。
物事の最もだいじなところ

18 どのような体制もやがては**スイビ**する。
おとろえてかすかになること

19 科学技術を**トウギョ**することは難しい。
まとめ支配すること

20 中世の宗教音楽に**シンスイ**する。
物事にふけって、こころを奪われること

21 春は眠気を**モヨオ**しやすい季節だ。
ひきおこす

22 謀反を**クワダ**てる。
計画する

23 何のためらいもなく前説を**ヒルガエ**す。
態度や説を急に変える

24 **ワズラ**わしい手続きの簡略化を目指す。
こみいっていてめんどうである

25 幼いころから計算力を**ツチカ**う。
養い育てる

忌避	「忌」—訓 い(む)
裁量	「裁」—訓 さば(く) た(つ)
韻律	「韻文」は「詩、短歌、俳句」などを指す
為政者	「為」には「…をなす」という意味がある
真髄	「神髄」とも書く
衰微	対「興隆」
統御	「御する」は、「自分の思い通りに動かす」
心酔	「漱石に心酔する」は「漱石に傾倒する」と同じような意味
催	「挙行する」という意味もある
企	音キ 「企図」など
煩	音ハン・ボン 「煩雑」「煩悩」など
翻	音ホン 「翻意」は「一旦決心したことを変えること」
培	音バイ 「培養」など

3

書く⑰

□ 1 奇跡が**ゲンゼン**する瞬間を目撃する。
目のまえにあらわれること

□ 2 勝つには、**キセン**を制することが大切だ。
事の起ころうとする直前

□ 3 **インケン**なやり方で人を陥れる。
表面はよく見せかけて内心では悪意をもっているさま

□ 4 恩師が急逝し、**アイセキ**の念に堪えない。
悲しみおしむこと

□ 5 新たな問題が**ハセイ**する。
もとのものから分かれて出てくること

□ 6 **ダキョウ**することなく自らの理想を貫く。
折り合いをつけること

□ 7 講師の話に大いに**ケイハツ**された。
知識をひらき理解を深めること

♛ 8 虫が伝染病を**バイカイ**する。
間をとりもつこと

□ 9 **チンツウ**剤を服用して仕事を続ける。
いたみをしずめること

□ 10 **エンリョ**ばかりしていては関係は深まらない。
言動を控えめにすること

□ 11 損得の**カンジョウ**ばかりする計算高い人間。
前もって計算すること

□ 12 五穀豊穣 を**キガン**する。
ほうじょう
神仏にいのりねがうこと

［ 現前 ］ ［現］―［訓］あらわれ（れる）

［ 機先 ］ 「機先を制する」は「相手より先に事を行い気勢をくじく」

［ 陰険 ］ 「陰険な目つき」は「意地悪そうな目つき」

［ 哀惜 ］ 「愛惜」は「大切にして手離すことをおしむこと」

［ 派生 ］ 「派」には「分かれる」という意味がある

［ 妥協 ］ 「妥」には「穏やか」という意味がある

［ 啓発 ］ 類「啓蒙」

［ 媒介 ］ 「意に介さない」は「気にかけない」

［ 鎮痛 ］ 「鎮」―［訓］しず（める）

［ 遠慮 ］ 「慮」には「考えをめぐらす」という意味がある

［ 勘定 ］ 「勘定ずく」「勘定高い」は「打算的」という意味

［ 祈願 ］ 「祈」―［訓］いの（る）／「願」―［訓］ねが（う）

132

□13 被疑者には**モクヒケン**がある。
自分に不利益な供述を強要されない権利

□14 偉人の**ショウゾウ**画を飾る。
人物の姿を写したもの

□15 人間の言動は矛盾を**ホウガン**している。
つつみふくむこと

□16 一族の**セイスイ**を描いた物語。
さかんになることとおとろえること

□17 **ムイ**に日を過ごしてはいけない。
何もしないでいるさま

□18 海外で活躍する**ドウホウ**の報に接する。
おなじ国民や民族

□19 **キョウシュウ**に満ちた北原白秋の童謡。
こきょうや過去をなつかしく思う気持ち

□20 **スイソウ**の中で金魚が泳ぐ。
みずをためておく入れ物

□21 人を**イガタ**にはめるような戦時中の教育。
溶かした金属を注入するかた

□22 開校記念日に校旗を**ア**げる。
空に高くかかげる

□23 都市に人口が著しく**カタヨ**る。
つりあいを欠く

□24 民主主義が衆愚政治に**ダ**する。
よくない状態におちいる

□25 度重なる不祥事に**イキドオ**る。
怒る

[黙秘権] [黙]―訓 だま(る)

[肖像] 「不肖」は「不出来なこと」

[包含] [包]―訓 つつ(む)　[含]―訓 ふく(む)

[盛衰] 「栄枯盛衰」という形でよく使う

[無為] [為]―訓 「自然のまま」という意味もある

[同胞] 「兄弟姉妹」という意味もある

[郷愁] [愁]―訓 うれ(える)

[水槽] 「浴槽」は「湯ぶね」

[鋳型] 「鋳型にはめる」は「個性のない人間を作りあげる」

[揚] ここでは「掲揚」の意味

[偏] 「偏見」は「かたよった見方」の意味

[堕] 「怠惰」の「惰」や「墜落」の「墜」と混同しないように

[憤] ここでは「憤慨」の意味

書く⑱

□			
1	ジンジョウな手段では解決がつかない。 普通であるさま	尋常	「尋」─[訓]たず(ねる)
□			
2	戦後の風俗のヘンセンをたどる。 移りかわり	変遷	「左遷」は「低い地位・官職 に降格すること」
□			
3	コウケツな人柄で知られる政治家。 精神がけだかくいさぎよいさま	高潔	「潔」─[訓]いさぎよ(い)
□			
4	かろうじてツイラクを免れる。 たかいところからおちること	墜落	「堕落」の「堕」と混同しない ように
□			
5	東西の文化がユウゴウする。 一つにとけあうこと	融合	「融」には「とける」という意 味がある
□			
6	鮭はセイショクのために川を遡る。 うみふやすこと	生殖	「殖」─[訓]ふ(やす) 「植」と混同しないように
□			
7	我が子へのギャクタイが社会問題になる。 むごい扱いをすること	虐待	「敵対」の「対」と混同しない ように
□			
8	外界からカクゼツされた土地に入植する。 かけはなれていること	隔絶	「隔」─[訓]へだ(たる) 「絶」─[訓]た(える)
□			
9	坂道を全力でシッソウする。 ひじょうに速くはしること	疾走	「疾病」は「シッペイ」と読む
👑			
10	学歴ヘンチョウを改める。 物事の一面だけをおもんじること	偏重	「偏」─[訓]かたよ(る)
□			
11	ハンザツな手続きに嫌気がさす。 こみいってわずらわしいさま	煩雑	「繁雑」は「物事が多くごた ごたしていること」
👑			
12	教授からスイショウされた本を購入する。 優れた点をほめて人にすすめること	推奨	「推」─[訓]お(す)

□13 日本では**カモク**であることが美徳とされた。
　口数が少ないさま

□14 芸術には人々を**トウスイ**させる力がある。
　うっとりすること

□15 失意のあまり**クウキョ**な毎日を送る。
　内容や価値がないさま

□16 沸騰した海水から結晶が**セキシュツ**する。
　溶液から結晶が分離してでてくること

□17 人事を**サッシン**して巻き返しを図る。
　わるい点を取り除いてあたらしくすること

□18 運動によって体の**シボウ**をおとす。
　動植物に含まれるあぶら

□19 **シュウアク**な姿をさらす。
　みにくいさま

□20 寄付を**ツノ**る。
　広く求める

□21 日々の鍛錬を**オコタ**ることがない。
　なまける

□22 全軍の指揮を**ト**る。
　おこなう

□23 夢を**アキラ**めることができない。
　断念する

□24 子どもは**ホ**められることで伸びる。
　たかく評価する

□25 夢が大きく**フク**らむ。
　ふくれて大きくなる

寡黙
　類「寡言」

陶酔
　類「陶然」

空虚
　「空」「虚」ともに「むなしい」という意味がある

析出
　「析」には「細かく切りわける」という意味がある

刷新
　刷――訓す（る）

脂肪
　「脂」「肪」ともに「あぶら」という意味がある

醜悪
　醜――訓みにく（い）

募
　「寂しさが募る」は「ますます寂しくなる」

怠
　音タイ　訓なま（ける）

執
　音シツ・シュウ　「執念」など　「執行」

諦
　音テイ　「諦念」など

褒
　「毀誉褒貶」は「けなすことと ほめること」

膨
　音ボウ　「膨張」など

3

書く⑲

□ 12	**ザットウ**のなかで我が子を見失う。	雑踏	「踏」―訓「ふ(む)」
□ 11	ミロのビーナスを美の**キョクチ**と見なす。 この上ないこと、きわみ	極致	「極」―訓「きわ(める)」 「局地」は「限られた範囲の土地」
□ 10	故人を慕う人の**チョウモン**が絶えない。 死者の遺族を訪ねてくやみを言うこと	弔問	「弔」―訓とむら(う)
□ 9	寒波の到来で、路面が**トウケツ**する。 こおりつくこと	凍結	「資産の凍結」は「資産の移動や使用を一定期間禁止すること」
□ 8	**ヒンパン**に病室を訪れ、勇気づける。 たびたび繰り返されるさま	頻繁	「頻発」は「しきりに事が起こること」
👑 7	敵の内情を**テイサツ**する。 ひそかに敵の様子をさぐること	偵察	「偵」には「様子をさぐる」という意味がある
□ 6	自信**カジョウ**が身を滅ぼす。 多すぎるさま	過剰	「剰」には「あまる」という意味がある
👑 5	植物の生育に適した**シツジュン**な気候。 しっけの多いさま	湿潤	「湿」―訓しめ(る) 「潤」―訓うるお(す)
□ 4	全集が**チクジ**刊行される。 順を追って	逐次	類 「順次」
□ 3	騒動の**カチュウ**にいる人物。 もめごとのただなか	渦中	「渦」―訓うず
□ 2	自然主義文学の**ケイフ**について調べる。 物や人のつながり	系譜	「系図」という意味もある
□ 1	**ゾウリ**の鼻緒が切れる。 わらなどで編んだはきもの	草履	「履」―訓は(く)

136

13 桃太郎が鬼を**セイバイ**する。
こらしめること

14 かつて**ボウセキ**でにぎわった町。
糸をつむぐこと、織物産業

15 **ブジョク**された若者が決闘を申し込む。
あなどりはずかしめること

16 **ジョウチョウ**なだけの話に閉口する。
くどくどとながいさま

17 悪の**オンショウ**を根絶やしにする。
よくない物事の発生しやすい環境

18 思いがけない困難に**ソウグウ**する。
不意に出会うこと

19 仕事に**ボウサツ**される。
きわめていそがしいこと

20 見事に紅葉した**ケイコク**を歩く。
たに

21 疲れのために動作が**カンマン**になる。
ゆるやかなさま

22 一刻の**ユウヨ**もならない。
実行の期日を延ばすこと

23 資格を有することが**ヒッス**の条件だ。
なくてはならないこと

24 法の**アミ**をかいくぐって不正が行われる。
人や物をとらえるためにはりめぐらしたもの

25 モーツァルトは天才と**ショウ**された。
ほめたたえる

成敗
「喧嘩両成敗」は「けんかし
た者双方を処罰すること」

紡績
「紡績」と書かないように
しよう

侮辱
「侮」—訓あなど(る)

冗長
「冗漫」は「表現がだらだら
としてしまりのないこと」

温床
「床」—訓とこ・ゆか

遭遇
「一隅」の「隅」や「偶然」の
「偶」と混同しないように

忙殺
「相殺」は「ソウサイ」と読む

渓谷
「渓」には「谷川」という意味
がある

緩慢
「緩」—訓ゆる(い)

猶予
「猶」には「延ばす」という意
味がある

必須
「ヒッシュ」とも読む

網
音モウ 「網羅」など

称
「対称」は「ものとものとが
釣り合っている状態」

3 書く⑳

1 □ **ヒフ**の色の違いで差別してはならない。
体の表面をおおっているかわ
　→ 皮膚 「膚」には「肌」「表面」という意味がある

2 □ 『**嵐が丘**』に描かれた**コウリョウ**たる風景。
あれはててものさびしいようす
　→ 荒涼 「涼」訓すず(しい)

3 ♛ 人権**ヨウゴ**の必要性を訴える。
かばい守ること
　→ 擁護 「抱擁」は「両腕で抱きかかえること」

4 □ 能率を重んじる人は時間の**ロウヒ**を嫌う。
むだづかい
　→ 浪費 類「乱費」（濫費）

5 □ 日常が**コクメイ**に記された日記を読む。
こまかく丹念なさま
　→ 克明 「克服」は「努力して困難に打ち勝つこと」

6 □ 王朝の**コウボウ**が描かれた長大な物語。
おこることとほろびること
　→ 興亡 「興」訓おこ(る) 「亡」訓な(い)

7 ♛ 人は生物に**ホウセツ**される存在にすぎない。
ある概念がより一般的な概念に含まれること
　→ 包摂 「摂」には「枠の中におさめる」という意味がある

8 □ **カンレキ**を迎えた祖母のお祝いをする。
六十歳
　→ 還暦 満六十年でうまれた年の干支にかえることから

9 □ 長年にわたる善行を**ショウヨウ**する。
ほめたたえること
　→ 称揚 「賞揚」とも書く

10 □ 剣道で全国**セイハ**を達成する。
競争者を負かすこと
　→ 制覇 「覇者」は「力で天下を制した者」

11 □ 英雄の偉業を**ライサン**する。
すばらしいと思ってほめたたえること
　→ 礼賛 「レイサン」とは読まないので注意しよう

12 □ 情け**ヨウシャ**なく借金を取り立てる。
手加減すること
　→ 容赦 「赦」には「ゆるす」という意味がある

138

□13 **ロボウ**に咲くたんぽぽの花。
路傍 「傍」―訓 かたわ〈ら〉

□14 **コウキュウ**の平和を祈念する。
いつまでも変わらずに続くこと
恒久 類「永久」

□15 老人会の**イアン**旅行に出かける。
心をやすらかにすること
慰安 「慰」―訓 なぐさ〈める〉

□16 体が**ヒヘイ**しきっている。
つかれよわること
疲弊 「弊」―「貨幣」の「幣」と混同しないように

□17 核兵器の**テッパイ**を訴える。
とりのぞきやめること
撤廃 「徹底」の「徹」と混同しないように

□18 餅がのどにつまり**チッソク**しかかった。
いきがつまること
窒息 「室」には「ふさがる」という意味がある

□19 小競り合いから流血の**サンジ**となる。
むごたらしいできごと
惨事 「惨」―訓 みじ〈め〉

□20 市民運動の**ソセキ**を築いた人物。
ものごとの土台となるもの
礎石 「礎」―訓 いしずえ

□21 講和条約を**テイケツ**する。
契約や条約をとりむすぶこと
締結 「締」―訓 し〈める〉 「結」―訓 むす〈ぶ〉・ゆ〈う〉

□22 卑怯な言い逃れをする者を**イッカツ**する。
大声でしかりつけること
一喝 「一括」は「ひとまとめにすること」

□23 政界と財界の**ユチャク**が問題となる。
不正に深くつながりあうこと
癒着 「癒」―訓 い〈える〉い〈やす〉

□24 怒りで声を**フル**わせる。
小刻みに動かす
震 音 シン 「地震」など

□25 魚が**コ**げる臭いがする。
焼けて黒くなる
焦 「身を焦がす」は「恋慕の情に苦しむ」

くりかえし
※120〜139ページから出題しています。

1 さけられないこと　［ふかひ］
2 ふりはば　［しんぷく］
3 閉じること　［ふういん］
4 くるしい立場　［きゅうち］
5 定められた運命　［いんねん］
6 中身がないこと　［くうそ］
7 代々受け継ぐこと　［せしゅう］
8 まねること　［もほう］
9 普通のやり方　［じょうき］
10 自分のものとする　［はく　する］

11 将来に備えた準備　［ふせき］
12 かさなりつもること　［るいせき］
13 さらけだすこと　［ろてい］
14 優れた才能を持つ人物　［いつざい］
15 なだらかだ　［ゆる　い］
16 ありふれて古くさいさま　［ちんぷ］
17 とりとめのないさま　［さんまん］
18 ひきおこす　［もよお　す］
19 手厚いもてなし　［かんたい］
20 くずれてほろびること　［かいめつ］

21 きわめていそがしいこと　［ぼうさつ］
22 さしだす　［てい　する］
23 のべること　［じょじゅつ］
24 とびぬけて優れていること　［けっしゅつ］
25 折り合いをつけること　［だきょう］
26 軽率な考え　［そうけい］
27 こまかく丹念なさま　［こくめい］
28 実行の期日を延ばすこと　［ゆうよ］
29 すじみち　［みゃくらく］
30 つつみふくむこと　［ほうがん］

31 つりあいを欠く　［かたよ　る］

32 まったく　［かいもく］

33 間をとりもつこと　［ばいかい］

34 呼び出してといただすこと　［かんもん］

35 普通であるさま　［じんじょう］

36 スムーズに進むさま　［えんかつ］

37 残らずとりいれること　［もうら］

38 とりのぞきやめること　［てっぱい］

39 まとめ支配すること　［とうぎょ］

40 いつまでも変わらずに続くこと　［こうきゅう］

41 怒る　［いきどお　る］

42 ひとごみ　［ざっとう］

43 嫌いさけること　［きひ］

44 なまける　［おこた　る］

45 移りかわり　［へんせん］

46 うっとりすること　［とうすい］

47 損害をつぐなうこと　［ばいしょう］

48 口数が少ないさま　［かもく］

49 広く求める　［つの　る］

50 悲しみおしむこと　［あいせき］

[解答]

1	2	3	4	5	6	7	8
不可避	振幅	封印	窮地	因縁	空疎	世襲	模倣

9	10	11	12	13	14	15	16
常軌	博	布石	累積	露呈	逸材	緩	陳腐

17	18	19	20	21	22	23	24	25
散漫	催	歓待	壊滅	忙殺	呈	叙述	傑出	妥協

26	27	28	29	30	31	32	33
早計	克明	猶予	脈絡	包含	偏	皆目	媒介

34	35	36	37	38	39	40	41	42
喚問	尋常	円滑	網羅	撤廃	統御	恒久	憤	雑踏

43	44	45	46	47	48	49	50
忌避	怠	変遷	陶酔	賠償	寡黙	募	哀惜

3　書く㉑

1　**ゲンシュク**な雰囲気の中で式が行われる。
　おごそかで心がひきしまるさま

2　委員長に**スイセン**される。
　よいと思う人などをほかの人にすすめること

3　速乾性に優れた化学**センイ**を開発する。
　織物の原料となる細い糸状の物質

4　**オウヘイ**な客にも丁寧な態度で接する。
　ぶれいな態度をとるさま

5　台風のために家屋が**ソンカイ**する。
　こわれること

6　レントゲンを**ショウシャ**する。
　光線やほうしゃせんなどを当てること

7　なんの**ヘンテツ**もない日常こそが大切だ。
　かわっていること

8　自らの非を痛感し、**カイコン**の情にくれる。
　くやむこと

9　**コウハン**な知識を持つ学者。
　はばひろいこと

10　宇宙は**ボウチョウ**し続けているという。
　ふくれてひろがること

11　西欧人は非西欧の文明を**ヤバン**とみなした。
　文化が開けていないこと

12　放置自転車を**テッキョ**する。
　とりのぞくこと

厳粛　「厳」「粛」ともに「おごそか」という意味がある

推薦　「薦」—訓 すす(める)

繊維　「繊」には「細いすじ」という意味がある

横柄　「横」には「道理に従わない」という意味がある

損壊　「損」—訓 そこ(なう)／「壊」—訓 こわ(れる)

照射　「照」—訓 て(る)／「射」—訓 い(る)

変哲　「変哲もない」は「取り立てて言うこともない」

悔恨　「悔」—訓 く(いる)／くや(む)／く(やしい)

広範　「範」には「わく」「手本」という意味がある

膨張　「膨脹」とも書く

野蛮　「蛮」には「粗野」という意味がある

撤去　「撤底」の「撤」と混同しないように

142

□ 13 すべてを**ホウカツ**した概念。
ひっくるめること

□ 14 王者に**カカン**に立ち向かう挑戦者。
思いきりがよく、ゆうかんなさま

□ 15 人生の**キロ**に立つ。
わかれ道

□ 16 富貴を求めず、**セイヒン**に甘んずる。
行いが潔白であるために、まずしいこと

□ 17 寮内の規律について**クンカイ**を垂れる。
さとしいましめること

□ 18 権力者に**レイゾク**することを拒絶する。
他の支配下にあること

□ 19 何か**コンタン**がありそうな顔つき。
たくらみ

□ 20 神社**ブッカク**を訪れると心が安まる。
寺の建物

□ 21 在庫**イッソウ**のバーゲンが開催される。
いちどに払いのけること

□ 22 **ス**ける布地でドレスを作る。
物をとおして向こうのものが見える

□ 23 後を**タク**すべきすばらしい人材。
あずける

□ 24 とっさのことで返答に**キュウ**する。
いきづまる

□ 25 **スミ**から**スミ**まで探したが見つからない。
はし

3章
書く㉑

包括	「括」には「くくる」という意味がある
果敢	「敢」には「あえて…する」という意味がある
岐路	「帰路」は「帰り道」
清貧	「清」─訓 きよ（い）／「貧」─訓 まず（しい）
訓戒	「戒」─訓 いまし（める）
隷属	類「従属」／隷属 ─ジュゾク
魂胆	「魂」─訓 たましい
仏閣	「閣」には「高い建物」という意味がある
一掃	「掃」─訓 は（く）
透	音トウ 「透明」トウメイ など
託	「思いを歌に託す」は「歌の形を借りて思いを表す」
窮	「生活に苦しむ」という意味もある
隅	「隅に置けない」は「おもいのほか優れていてあなどれない」

143　2800問　1475問

3　書く㉒

□ 1　**ビボウロク**に明後日の予定を書き込む。
わすれたときのために書きとめておくノート

□ 2　早めに**トウジョウ**手続きを済ませる。
飛行機や船にのりこむこと

□ 3　**ゾウキ**移植をめぐる議論に加わる。
体の内部にあるきかん

□ 4　理不尽な仕打ちに**フンガイ**する。
ひどく怒ること

□ 5　文武両道を**ショウレイ**する。
すすめはげますこと

□ 6　説明を受けてもまだ**シャクゼン**としない。
疑いやうらみがとけてさっぱりするさま

□ 7　ストレスは**メンエキ**力を低下させる。
感染症に対して抵抗力を獲得する現象

□ 8　敵を完膚なきまでに**フンサイ**する。
徹底的に打ち破ること

□ 9　年老いた両親を**フヨウ**する。
生活のめんどうをみること

□ 10　**ボンヨウ**な人物に光を当てた戯曲。
へいぼん

□ 11　職権の**ランヨウ**が問題となる。
みだりにもちいること

♛ 12　経営が**ハタン**する。
物事がうまくいかなくなること

［備忘録］「録」には「しるす」という意味がある

［搭乗］「搭載」は「車などに荷物をのせること」

［臓器］「臓」には「はらわた」という意味がある

［憤慨］「憤」—訓 いきどお(る)

［奨励］「励」—訓 はげ(ます)

［釈然］「釈然としない」という形でもちいられることが多い

［免疫］「疫」には「流行病」という意味がある

［粉砕］「粉」—訓 こな・こ

［扶養］「扶」には「助ける」という意味がある

［凡庸］「庸」は「中庸」は「かたよらず穏当なさま」

［濫用］「乱用」とも書く

［破綻］「綻」—訓 ほころ(びる)

□ 13　真に平等な社会の実現は**シナン**のわざだ。
この上なくむずかしいこと

□ 14　自由**ホンポウ**な生きかたに憧れる。
思うままに振る舞うさま

♕ 15　経費が**ボウダイ**な額になる。
非常におおきいさま

□ 16　敷地の**イチグウ**に犬小屋を建てる。
かたすみ

□ 17　極度のインフレがようやく**チンセイ**する。
落ち着いてしずかなこと

□ 18　政界に**ケイキ**する疑惑の数々を取材する。
引き続いておこること

□ 19　仏の**ジヒ**にすがって往生を願う。
いつくしむ心

□ 20　**キカ**学に興味を持つ。
図形や空間に関するせいしつを研究する学問

□ 21　地球誕生以来の**ユウキュウ**の時を思う。
果てしなく長く続くこと

□ 22　亡き師の教えを**メイキ**する。
心に刻みつけて忘れないこと

□ 23　口が**サ**けても言わないと誓う。
すじのように切れて二つに分かれる

□ 24　多くの人は身内には甘く他人には**カラ**い。
厳しい

□ 25　人里に下りてきた熊が人を**オソ**う。
不意に危害を加える

至難	「至福」は「この上なく幸福なこと」
奔放	「東奔西走」は「ほうぼうをかけめぐること」
膨大	「膨」─訓 ふく(らむ)
一隅	「一隅」─訓 すみ
沈静	「鎮静」は「騒ぎや動転した気持ちを落ち着かせること」
継起	「契機」は「きっかけ」
慈悲	「慈」─訓 いつく(しむ)
幾何	「幾何」は「いくばく」とも読む
悠久	「悠」には「はるか」という意味がある
銘記	「座右の銘」は「常に身近にそなえて戒めとする言葉」
裂	音レツ　「分裂」など
辛	音シン　「辛辣」は「きわめて手厳しいこと」
襲	音シュウ　「地位などをうけつぐ」という意味もある

□ 1　**カンペキ**な人などいない。
まったく欠点がないさま

□ 2　共生のための**ホウト**を見出す。
解決するためのほうほう

□ 3　地下牢に**ユウヘイ**される。
人を建物の中などにとじこめること

□ 4　先住民の**クジュウ**に満ちた人生をたどる。
物事がうまく進まず、くるしみ悩むこと

□ 5　物質的な繁栄の陰で人心が**コウハイ**する。
あれはてること

□ 6　**ヘンキョウ**な考えを改める。
度量がせまいさま

□ 7　交渉相手は態度を急に**コウカ**させた。
意見や態度などが強引になること

□ 8　**サギ**を働いた犯人が自首する。
他人をだまし、金品などをとりあげること

□ 9　目標もなく**ダセイ**で暮らしている。
いままでの勢いや習慣

□ 10　梅雨時は細菌が**ゾウショク**しやすい。
生物の個体や細胞がふえること

□ 11　古代人が葬られた**フンボ**の跡を発掘する。
はか

□ 12　藤壺は光源氏の亡き母に**コクジ**していた。
ふじつぼ　ひかるげんじ
そっくりなこと

完璧
「壁画」の「壁」と混同しないように

方途
「途」には「道」という意味がある

幽閉
「幽」には「とじこめる」という意味がある

苦渋
「渋」―[訓]しぶ(い)

荒廃
「廃」―[訓]すた(れる)

偏狭
「偏」―[訓]かたよ(る)
「狭」―[訓]せば(まる)
　　せま(い)

硬化
対「軟化」
「軟」―[訓]やわ(らか)

詐欺
「欺」―[訓]あざむ(く)

惰性
「堕落」の「堕」と混同しないように

増殖
「移植」の「植」と混同しないように

墳墓
「墳墓の地」は「故郷」のこと

酷似
「酷暑」は「ひどく暑いこと」

146

問題	解答	補足
□ 13　**ジュンタク**な資金を持つ企業。 物などが豊富にあるさま	潤沢	「潤」─訓 うるお（う） うる（む） 「固体が直接気体になること」という意味もある
□ 14　劣等感を創作意欲へと**ショウカ**させる。 感情などが価値あるものになること	昇華	
□ 15　こわれた屋根を**シュウゼン**する。 つくろいなおすこと	修繕	「繕」─訓 つくろ（う）
□ 16　契約が**リコウ**される。 決めたことを実際におこなうこと	履行	「履」─訓 は（く）
👑 17　**ゴウマン**な態度はその人自身を下品に見せる。 おごり高ぶって人をみくだすこと	傲慢	類「高慢」
□ 18　山での**ソウナン**が絶えない。 災いにであうこと	遭難	「難」─訓 かた（い） むずか（しい）
□ 19　言葉の**ショウヘキ**を乗り越えて結ばれる。 妨げとなるもの	障壁	「障」─訓 さわ（る） ショウガイ「障害」
□ 20　**スウコウ**な理念を抱く。 けだかく尊いさま	崇高	「崇」には「高い」「尊ぶ」という意味がある
□ 21　事の**セイヒ**を見定める。 ただしいかそうでないか	正否	「否」─訓 いな
□ 22　**オクソク**で話してはいけない。 いいかげんな推量	憶測	「臆測」とも書く
□ 23　息を**ツ**めて熱演に見入る。	詰	「息を詰める」は「呼吸を一時止める」
□ 24　楽しい旅になるように心を**クダ**く。 あれこれ思い悩む	砕	音 サイ　「砕氷」など サイヒョウ
□ 25　言いたいことを言ったら気が**ス**んだ。 用が足りる	済	「気が済む」は「満足する」

書く㉔

	問題	解答	補足
□ 1	**ゴウカ**なパーティーが催される。 ぜいたくではなやかなさま	豪華	「華」—訓 はな
□ 2	**レイサイ**な企業に援助の手を差し延べる。 きわめて規模の小さいさま	零細	「零」は「ゼロ」のこと
□ 3	消化器の**シッカン**に苦しむ。 病気	疾患	類「疾病」
□ 4	嵐のために船が**テンプク**する。 ひっくりかえること	転覆	「覆」—訓 おお(う) くつがえ(る)
□ 5	英語の発音が**メイリョウ**だとほめられる。 はっきりしていること	明瞭	「一目瞭然」は「一目見てよ くわかるさま」
□ 6	**キュウヘイ**を打破する。 古くからの悪い考えやり方	旧弊	「古くさい習慣にとらわれて いるさま」という意味もある
□ 7	ジャズでは**ソッキョウ**が重視される。 その場ですぐに詩や歌に表すこと	即興	「即席」は「その場」『その場 のまにあわせ」
□ 8	熱意にほだされ**コンガン**を聞き入れる。 心から頼みねがうこと	懇願	「懇」—訓ねんご(ろ)
□ 9	『**方丈記**』に描かれた悲惨な**キガ**の様子。 ほうじょうき　食べ物の欠乏でうえること	飢餓	「飢」—訓 う(える)　「餓」に も「うえる」という意味がある
□ 10	**バイシン**員制度が定着する。 一般人が判決に加わる制度	陪審	「賠償」の「賠」と混同しな いように バイショウ
□ 11	あまりに**ヒゲ**しすぎるのも嫌味だ。 へりくだること	卑下	類「謙遜」 ケンソン
□ 12	衰えがちな士気を**コブ**する。 励まし勢いづけること	鼓舞	類「鼓吹」 コスイ

13 自らの技量を日々**ケンマ**する。
才能や心身をみがくこと

14 両者の意見を**セッチュウ**する。
両方のよいところをとって調和させること

15 勝利の**ヨイン**に浸る。
事が終わった後に残る風情や味わい

16 啄木（たくぼく）は**ヘイソク**した時代の状況を憂えた。
とざされふさがること

17 **カヘイ**に換算できないものも存在する。
商品交換の仲立ちとなるもの

18 小説の主人公に自らの思いを**カタク**する。
かこつけること

19 **キジ**のままつきあえる友人を持つ。
うまれつきの性質

20 **ホリョ**になった体験を描いた戦争文学。
戦争で敵につかまった者

21 👑 相手を**ナグ**ることで解決することなどない。
握りこぶしなどで強く打つ

22 **ツム**いだ糸を染める。
繭や綿などから繊維を引き出し糸にする

23 行き倒れになった人を手厚く**ホウム**る。
死体や遺骨を墓所に埋める

24 寝る前に甘いものを食べることが**クセ**になる。
かたよったしこうまたは習慣

25 **カセ**ぐに追いつく貧乏なし。
精を出して働く

研磨
「研」—訓 と（ぐ）
「磨」—訓 みが（く）

折衷
「折中」とも書く

余韻
「韻」には「ひびき」という意味がある

閉塞
「塞」には「ふさぐ」という意味がある

貨幣
「弊害」の「弊」と混同しないように

仮託
記 「託」には「まかせる」や「かこつける」という意味がある

生地
類 「生糸（きいと）」は「繭からとったままの絹糸」

捕虜
類 「俘虜（フリョ）」 「虜」には「とりこ」という意味がある

紡
類 「紡績（ボウセキ）」

殴
音 オウ 「殴打（オウダ）」など

葬
音 ソウ 「事件を闇に葬る」は「事件を世間から隠す」

癖
音 ヘキ 「性癖（セイヘキ）」など

稼
音 カ 「稼業（カギョウ）」は「生活費を得るための仕事」

3

書く㉕

☐ 1　弱みを握られ、**キョウハク**される。
　　おどしつけること

☐ 2　相手の気まぐれな言動に**ホンロウ**される。
　　思うままにもてあそぶこと

♔ 3　歯並びの**キョウセイ**をする。
　　悪いところや欠点をなおすこと

♔ 4　優生学には生命に対する**イケイ**の念がない。
　　おそれうやまうこと

☐ 5　**ブッソウ**な事件が跡を絶たない。
　　きけんな感じがするさま

☐ 6　採算を**ドガイシ**したセール。
　　問題にしないこと

☐ 7　結局は最初の案に**キチャク**した。
　　議論などが最終的におちつくこと

☐ 8　報告書には重大な**ギギ**がある。
　　うたがわしい事柄

☐ 9　度重なる汚職を**キュウダン**する。
　　罪状や不正を問いただして非難すること

☐ 10　敵の**キト**を見抜く。
　　くわだてること、もくろみ

☐ 11　金木犀の**ホウコウ**に秋の深まりを覚える。
　　きんもくせい　　よいかおり

☐ 12　**トウガイ**事件の関係者に話を聞く。
　　いま話題になっていることそのもの

［脅迫］
［脅］―［訓］おど(す) おびや(かす)

［翻弄］
［翻］―［訓］ひるがえ(る)
［弄］―［訓］もてあそ(ぶ)

［矯正］
［矯］―［訓］た(める)

［畏敬］
［畏友］は「尊敬する友人」（イユウ）

［物騒］
［騒］―［訓］さわ(ぐ)

［度外視］
［白眼視］（ハクガンシ）は「人を冷たい目で見ること」

［帰着］
［帰する所］は「ゆきつくところ」「結局」という意味

［疑義］
「擬」や「議」と混同しないように

［糾弾］
「弾圧」は、権力でおさえつけること

［企図］
［企］―［訓］くわだ(てる)

［芳香］
［芳］―［訓］かんば(しい)

［当該］
「当該官庁」などのように名詞の上につく言葉である

25　身勝手な言動を**ツツシ**む。
過ちがないように控えめにする
→ 慎

24　一寸先は**ヤミ**だ。
先の見通しのつかないこと
→ 闇

23　民事**ソショウ**を起こす。
裁判を請求すること
→ 訴訟

22　資本家から労働者が**サクシュ**される。
労働の成果を奪いとること
→ 搾取

21　環境保護に関する条約が**ヒジュン**される。
条約を主権者が最終的に確認する手続き
→ 批准

20　いくら**チミツ**に計画しても狂いは生じる。
念入りで不備がないさま
→ 緻密

19　**ジョウマン**な文章は読む人を退屈させる。
むだが多くまとまりのないさま
→ 冗漫

18　国連は大国の力を**ヒロウ**する場ではない。
広く発表すること
→ 披露

17　**ジチョウ**的な笑いを浮かべる。
じぶんでじぶんをあざわらうこと
→ 自嘲

16　料理の腕前では他の**ツイズイ**を許さない。
あとをおうこと
→ 追随

15　**キトク**の状態から奇跡的に持ち直す。
病気が重く、命があやういこと
→ 危篤

14　遠くの**シンセキ**より近くの他人。
血筋や縁組などでつながった一族
→ 親戚

13　君主に対して**キョウジュン**の意を表する。
つつしんで従うこと
→ 恭順

慎

闇
「闇から闇に葬る」は「表ざたにしないで処理する」

訴訟
「訴」─（訓）うった（える）
「訟」には「言い争う」という意味がある

搾取
「搾」─（訓）しぼ（る）

批准
「准」には「認める」「許す」という意味がある

緻密
「緻」には「こまかい」「くわしい」という意味がある

冗漫
「緩慢」の「慢」と混同しないように

披露
「披瀝」は「心の中の考えを隠さず打ちあけること」

自嘲
「嘲」─（訓）あざけ（る）

追随
「随」には「したがう」という意味がある

危篤
「重篤」は「病状が著しくおもいさま」

親戚
[類]「親類」

恭順
「恭」─（訓）うやうや（しい）

1 解決困難な問題が**セイキ**する。
事件や問題がおこること

2 相手陣営が新人候補を**ヨウリツ**する。
もりたてて位につかせること

3 **ヨクヨウ**をつけて読む。
調子の上げ下げ

4 修行を積み、**ボンノウ**を断つ。
身心をなやますいっさいの欲望

5 ゆとり世代という言い方には**ゴヘイ**がある。
誤解を招きやすい言い方

6 時計の音だけが聞こえる**カンジャク**な夜。
ひっそりとしていてさびしいさま

7 登録を**マッショウ**される。
けしてなくすこと

8 政治家の不正を**ダンガイ**する。
罪をあばき責任を追及すること

9 まだ先のことだと思い**ユウチョウ**に構える。
気のながいさま

10 数字を**ラレツ**するだけでは説得力がない。
連ね並べること

11 地震で壁に**キレツ**が入る。
ひびわれ

12 『リア王』を**ホンアン**した作品を上演する。
原作の主題を借りて改作すること

生起 「生まれ、起こる」と覚えよう

擁立 「擁」には「だきかかえる」という意味がある

抑揚 「抑」―訓おさ(える) 「揚」―訓あ(げる)

煩悩 「煩」―訓わずら(う)

語弊 「貨幣」の「幣」と混同しないように

閑寂 「寂」―訓さび(しい)

抹消 類「抹」には「こする」「こすってけす」という意味がある

弾劾 類「糾弾」

悠長 「悠」には「のんびりしているさま」という意味がある

羅列 「網羅」は「もらすことなくすべてに及ぶこと」

亀裂 「裂」―訓さ(ける)

翻案 「翻」―訓ひるがえ(す)

3章 書く㉖

13 事件に関して、**シキシャ**の見解を聞く。
ものごとをよくわきまえた人

14 先人を**ケンショウ**する碑を建てる。
功績などを世間に知らせること

15 周囲の人の**チョウショウ**を買う。
あざけってわらうこと

16 あれこれ**センサク**され、不快に思う。
細かいところまで調べること

17 **カブキ**は江戸の庶民の一番の娯楽だった。
江戸時代にはったつをとげた日本固有の演劇

18 膝には大きな**フカ**がかかる。
ふたんとなること

19 計画通り行かず**ショウソウ**に駆られる。
あせること

20 **ハッコウ**させたバターを使ったお菓子。
細菌などの働きで有機化合物が分解する現象

21 **トウテツ**した論理に貫かれた哲学書。
筋道が通り、あいまいなところがないこと

22 **フクスイ**盆に返らず。
入れ物がひっくり返ってこぼれた水

23 商売**ハンジョウ**を願う。
にぎわい栄えること

24 銀食器を丹念に**ミガ**く。
こすって光沢を出す

25 身勝手さを思い知り自己嫌悪に**オチイ**った。
悪い状態になる

識者
「識」は「物事の本質を見通す、優れた判断力

顕彰
「顕」「彰」ともに「あきらかにする」という意味がある

嘲笑
類「冷笑」

詮索
「詮議」は「話し合って明らかにすること」

歌舞伎
「伎」には「わざ」「俳優」という意味がある

負荷
「付加」は「つけくわえること」

焦燥
焦 訓 あせ(る) こ(がす)

発酵
「酵母」は「発酵をおこす菌」

覆水
「撤回」の「撤」と混同しないように

透徹
「覆水盆に返らず」は「取り返しがつかない」

繁盛
「繁」には「増えてひろがる」という意味がある

磨
「腕を磨く」は「腕前を上達させる」

陥
音 カン 「陥没」など

153 2800問 1600問

3

書く㉗

1 戦時下の生活は**コンキュウ**を極めた。
貧乏で苦しむこと

2 **ザセツ**を知ることで成長できる。
途中でくじけること

3 麻薬の**ボクメツ**運動に取り組む。
うちほろぼすこと

4 **ドレイ**解放のために尽力する。
自由を奪われ支配の下に働かされた人

5 向学心**オウセイ**な学生たち。
活力や意欲が非常にさかんなこと

6 名人の芸を十分に**タンノウ**した。
十分に満足すること

7 **コンセキ**をとどめることなく消えた文明。
あとかた

8 その件は海上保安庁の**カンカツ**外だ。
権限による支配の及ぶ範囲

9 我が身の不幸を**レンメン**と訴える。
長く続いて絶えないさま

10 事故で**モウマク**が剝離する。
視神経の分布しているまく

11 典麗な**ヒッチ**で綴られた詩文。
文字や文章の書きぶり

12 同僚に仕事の**グチ**をこぼす。
言ってもしかたのないことを言って嘆くこと

困窮
［困］―訓 こま(る)
［窮］―訓 きわ(まる)

挫折
［挫］には「くじける」という意味がある

撲滅
［撲］には「うつ」「たたく」という意味がある

奴隷
［金銭の奴隷］は「金銭に心を奪われている人」

旺盛
［旺］には「存分に広がる」という意味がある

堪能
［語学に堪能な人］は「語学に秀でた人」
類［形容］

痕跡
［跡］―訓 あと

管轄
［轄］には「枠がはずれないようにおさえる」という意味がある

連綿
［情緒纏綿］は「情緒が深くこまやかで離れにくいさま」

網膜
［網］―訓 あみ

筆致
［致］―訓 いた(す)

愚痴
「知識」の「知」と混同しないように

154

13 泣いている子どもを母親が**ホウヨウ**する。
だきかかえること

14 **カンキュウ**自在のピッチング。
おそいこととはやいこと

15 現代社会では情報が**ハンラン**している。
ものがあふれるほど出まわること

16 大統領が**ソゲキ**される。
ねらいうつこと

17 故人の友として**ツイトウ**の辞を述べる。
死者をしのぶこと

18 枯れ葉に**ギタイ**している虫を見つける。
他のものに似た形や色をもつこと

19 **ホソウ**された道は散歩に適さない。
道路の表面をアスファルトなどで固めること

20 村長は**トクジツ**な人柄で知られている。
人情にあつく、せいじつなこと

21 よく似た**ソウボウ**の姉妹。
顔かたち

22 前回の**ハシャ**を破って優勝する。
競技などで優勝した人やチーム

23 わからないところを友人に**タズ**ねる。
質問する

24 傷つくことを恐れて**カラ**に閉じこもる。
じぶんを包み保護するもの

25 用事で海外に**オモム**く。
向かっていく

---

13 抱擁 [擁]—訓ゆる（い） 「富を擁する」は「富を所有する」

14 緩急 [緩]—訓ゆる（い）

15 氾濫 [濫]には「あふれる」「みだれる」という意味がある

16 狙撃 [狙]—訓ねら（う）

17 追悼 [悼]—訓いた（む）

18 擬態 [態]—訓よそお（う）「体制」の「体」と混同しないように

19 舗装 [装]—訓よそお（う）

20 篤実 [篤]には「きまじめ」という意味がある

21 相貌 [類]「容貌」 ヨウボウ

22 覇者 「武力で天下を征服した人」という意味もある

23 尋 「訪ねる」は「おとずれる」という意味もある

24 殻 音カク 「地殻」など 「穀」と混同しないように チ＋カク

25 赴 音フ 「赴任」など フニン

3

□ 1 それぞれの事情を**コリョ**する。
心づかいすること

□ 2 途上国の**キュウジョウ**を訴える。
困り果てているじょうたい

□ 3 欲望を捨て、**テイネン**にいたる。
道理を悟る心

□ 4 旧来の権威が**シッツイ**する。
信用や権威などをおとすこと

□ 5 身を守るには**オクビョウ**であるべきだ。
ちょっとしたことにも恐れること

□ 6 事件の全容を**ホソク**した。
とらえること

□ 7 万全を期し、**セッソク**を避ける。
仕上がりはへただが、はやく仕上がること

□ 8 著名な哲学者の**シサク**の跡をたどる。
筋道をたどって考えること

□ 9 陰で**インビ**に行われる差別に注意を向ける。
かすかでわかりにくいさま

□ 10 **ケイベツ**の眼差しで見られる。
みくだしてばかにすること

□ 11 大きく**ヘンボウ**を遂げた故郷に驚く。
姿をかえること

□ 12 家を改築して**ショサイ**をつくる。
本を読んだりかきものをしたりする部屋

〔顧慮〕 「顧」―訓 かえり(みる)

〔窮状〕 「窮する」は「いきづまる」「生活に苦しむ」という意味

〔諦念〕 「あきらめの気持ち」という意味もある

〔失墜〕 「墜」には「おちる」という意味がある

〔臆病〕 「臆面もなく」は「気後れしたようすもなく」という意味

〔捕捉〕 「催促」の「促」と混同しないように

〔拙速〕 対「巧遅」

〔思索〕 類「思考」

〔隠微〕 「隠」―訓 かく(す)

〔軽蔑〕 類「軽侮」

〔変貌〕 「貌」には「顔かたちや姿」という意味がある

〔書斎〕 「斎」には「物忌みや勉強のためにこもる部屋」という意味がある

13 仕事の**カンゲキ**を縫って美術館に行く。
_{すきま}

14 **ザンシン**なファッションを着こなす。
際立ってあたらしいこと

15 爽やかな朝日の中で**カクセイ**する。
目をさますこと

16 飢饉により蓄えていた米が**フッテイ**する。
_{きゅう}　　　　　　　　すっかりなくなること

17 焼け跡の**ザンガイ**から手帳が発見される。
焼けたり壊れたりしてのこっているもの

18 戸籍**トウホン**を確認する。
げんぽんを写した文書

19 よき**ハンリョ**を得て、幸せに暮らす。
パートナー

20 **ゴショウ**を願い、仏道に励む。
極楽にうまれ変わること

21 音楽は豊かな情操を**ハグク**む。
成長発展させる

22 エーゲ海の輝きに**ミ**せられる。
人の心を引きつける

23 親友の一言で勇気が**ワ**いてきた。
感情や考えが生じる

24 敵を**アザム**くにはまず味方から。
だます

25 国王とは国を**ス**べる者のことである。
支配する

間隙
「隙」には「すきま」「ひま」という意味がある

斬新
「斬」──訓に「き(る)

覚醒
「迷いからさめる」という意味もある

残骸
「骸」には「死体」という意味もある

払底
「底を払う」は「すべてを出しつくす」という意味

謄本
「謄」には「紙を原本の上にのせて写す」という意味がある

伴侶
「侶」には「肩を並べる仲間」という意味がある

後生
「来世」という意味もある
ライセ

育
音 イク　　「育成」など
イクセイ

魅
音 ミ　　「魑魅魍魎」は「山や川にいる化け物」
チ ミ モウリョウ

湧
音 ユウ　　「お湯がワく」は「沸く」と書く

欺
音 ギ　　「詐欺」など
サギ

統
音 トウ　　「統制」など
トウセイ

3

書く㉙

1 家族ぐるみで**コンイ**にしている。
親しくつきあっているさま

2 実効性のない**ケイガイカ**した法律。
かたちばかりのものになること

3 異郷の地に**ショウケイ**の念を抱く。
あこがれること

4 腕の傷が**チユ**する。
病気や傷がなおること

5 理不尽な裁定が将来に**カコン**を残した。
災いの起こるもと

6 **ドンヨク**に知識を吸収する。
非常によくぶかいさま

7 茶人の端正な**キョソ**に見とれる。
立ち居ふるまい

8 患者は**ジュウトク**な状態から脱した。
病状が著しくおもいさま

9 背任により**チョウカイ**免職された。
不正な行為に対して制裁を加えること

10 **ユウギ**に興ずる子ども。
あそびたわむれること

11 緊張のために気持ちが**イシュク**する。
ちぢこまること

12 **セイチ**な細工が施された宝石箱。
細かい点まで注意が行き届いているさま

[懇意]
［懇］—訓ねんご（ろ）

[形骸化]
［ケイガイ
形骸］には「精神を別にした体」という意味がある

[憧憬]
「ドウケイ」とも読む

[治癒]
［癒］—訓い（える）

[禍根]
［禍］には「思いがけない災い」という意味がある

[貪欲]
［貪］—訓むさぼ（る）

[挙措]
類「挙止」「挙動」

[重篤]
「危篤」は「病気が重く、命が危ういこと」

[懲戒]
［懲］—訓こ（らしめる）
［戒］—訓いまし（める）

[遊戯]
［戯］—訓たわむ（れる）

[萎縮]
［萎］—訓な（える）

[精緻]
［緻］には「こまかい」という意味がある

158

□ 13	**ヨクド**に恵まれた実り豊かな国。 作物がよく育つ肥えた土	沃土	「肥沃」は「地質に恵まれ作物がよくできること」 [ヒヨク]
□ 14	収入の**タカ**で人を評価してはならない。 おおいことと少ないこと	多寡	「寡聞」は「見聞が狭いこと」を謙遜して言う言葉 [カブン]
□ 15	**シット**は自分自身をみじめにする。 うらやみねたむこと	嫉妬	「嫉」「妬」ともに「ねたむ」という意味がある
□ 16	表面が**ハクリ**している古い仏画を拝む。 はがれはなれること	剝離	「剝奪」は「はぎしうばうこと」 [ハクダツ]
□ 17	高地では**フットウ**する温度が低くなる。 煮え立つこと	沸騰	「議論が沸騰する」は「議論が激しくさかんになる」
□ 18	劣勢に立つ兵士の士気を**コスイ**する。 勢いをつけはげますこと	鼓吹	[類]「鼓舞」 [コブ]
□ 19	野生の動物は**キュウカク**が優れている。 においに対するかんかく	嗅覚	「五感」は「視覚・聴覚・嗅覚・味覚・触覚」のこと
□ 20	両者における実力の**ケンカク**があらわになる。 かけはなれていること	懸隔	[隔]—[訓]へだ(たる)
□ 21	裏切り者を**ブベツ**の目で見る。 人をばかにして軽く見ること	侮蔑	「蔑視」は「みさげること」 [ベッシ]
□ 22	遺産をめぐる**ミニク**い争い。 見苦しい	醜	[音]シュウ 「醜態」など [シュウタイ]
□ 23	投手で四番の主将はチームの**カナメ**だ。 最も大切な部分	要	[音]ヨウ 「主要」など [シュヨウ]
□ 24	シャツのほころびを**ツクロ**う。 壊れたものや破れたものを直す	繕	「その場を繕う」は「うまくとりなす」
□ 25	落選した候補者を**ナグサ**める。 いたわる	慰	[音]イ 「慰労」など [イロウ]

1 ふくれてひろがること 〔 ぼうちょう 〕

2 ぶれいな態度をとるさま 〔 おうへい 〕

3 ひどく怒るさま 〔 ふんがい 〕

4 ひっくるめること 〔 ほうかつ 〕

5 そっくりなこと 〔 こくじ 〕

6 かわっていること 〔 へんてつ 〕

7 はっきりしていること 〔 めいりょう 〕

8 わかれ道 〔 きろ 〕

9 妨げとなるもの 〔 しょうへき 〕

10 心から頼みねがうこと 〔 こんがん 〕

11 へいぼん 〔 ぼんよう 〕

12 きけんな感じがするさま 〔 ぶっそう 〕

13 精を出して働く 〔 かせ〔ぐ〕 〕

14 いつくしむ心 〔 じひ 〕

15 いいかげんな推量 〔 おくそく 〕

16 思うままに振る舞うさま 〔 ほんぽう 〕

17 物などが豊富にあるさま 〔 じゅんたく 〕

18 ぜいたくではないやかなさま 〔 ごうか 〕

19 すすめはげますこと 〔 しょうれい 〕

20 おどしつけること 〔 きょうはく 〕

21 気のながいさま 〔 ゆうちょう 〕

22 度量がせまいさま 〔 へんきょう 〕

23 へりくだること 〔 ひげ 〕

24 裁判を請求する 〔 そしょう 〕

25 過ちがないように控えめにする 〔 つつし〔む〕 〕

26 もりたてて位につかせること 〔 ようりつ 〕

27 あとをおうこと 〔 ついずい 〕

28 すっかりなくなること 〔 ふってい 〕

29 あせること 〔 しょうそう 〕

30 にぎわい栄えること 〔 はんじょう 〕

31　とらえること　[ほそく]

32　病気や傷がなおること　[ちゆ]

33　信用や権威などをおとすこと　[しっつい]

34　途中でくじけること　[ざせつ]

35　ひっそりとしてさびしいさま　[かんじゃく]

36　うちほろぼすこと　[ぼくめつ]

37　かけはなれていること　[けんかく]

38　いままでの勢いや習慣　[だせい]

39　つつしんで従うこと　[きょうじゅん]

40　壊れたものや破れたものを直す　[つくろ　う]

41　心づかいすること　[こりょ]

42　いたわる　[なぐさ　める]

43　際立ってあたらしいこと　[ざんしん]

44　十分に満足すること　[たんのう]

45　支配する　[す　べる]

46　細かいところまで調べること　[せんさく]

47　災いの起こるもと　[かこん]

48　向かっていく　[おもむ　く]

49　立ち居ふるまい　[きょそ]

50　おおいことと少ないこと　[たか]

[解答]

16	15	14	13	12	11	10	9	8	7	6	5	4	3	2	1
奔放	憶測	慈悲	稼	物騒	凡庸	懇願	障壁	岐路	明瞭	変哲	酷似	包括	憤慨	横柄	膨張

33	32	31	30	29	28	27	26	25	24	23	22	21	20	19	18	17
失墜	治癒	捕捉	繁盛	焦燥	払底	追随	擁立	慎	訴訟	卑下	偏狭	悠長	脅迫	奨励	豪華	潤沢

50	49	48	47	46	45	44	43	42	41	40	39	38	37	36	35	34
多寡	挙措	赴	禍根	詮索	統	堪能	斬新	慰	顧慮	繕	恭順	惰性	懸隔	撲滅	閑寂	挫折

3 読む①

1 ☐ いっさいの殺生が禁じられた聖地。
生き物を殺すこと
[せっしょう] 「生類」は「生き物」

2 ☐ 所詮かなわぬ夢だった。
結局
[しょせん] 「詮ない」は「しかたがない」

3 ☐ ゴスペルとは福音のことである。
キリストが説いた神の国と救いの教え
[ふくいん] 「喜ばしい知らせ」という意味もある

4 ☐ 全国を遊説のために行脚する。
各地を巡り歩くこと
[あんぎゃ] 「脚」─訓 あし

5 ☐ 文壇の双璧と称される二人の大作家。
優劣をつけられない優れた二つのもの
[そうへき] 「璧」には「美しい玉」という意味がある

6 ☐ 遊山に出かける江戸の庶民を描いた錦絵。
行楽に出かけること
[ゆさん] 「物見遊山」という形でよく使う

7 ☐ 数珠を持って葬式に参列する。
仏を拝む際に手にかける玉をつないだ輪
[じゅず] 「珠」には「たま」「丸い粒」という意味がある

8 ☐ 秀吉は敵を兵糧攻めにした。
戦時におけるしょくりょう
[ひょうろう] 「糧」─訓 かて

9 ☐ 稚拙な絵にもそれなりの味わいがある。
子どもじみていて未熟なさま
[ちせつ] 「稚」には「おさない」という意味がある

10 ☐ 『阿部一族』は殉死をテーマとした小説だ。
主君のあとを追って死ぬこと
[じゅんし] 「殉教」は「信仰のために自己の生命を犠牲にすること」

11 ☐ タイトルを奪回し、雪辱を果たす。
名誉を取り戻すこと
[せつじょく] 「雪」には「そそぐ・すすぐ(取り除く)」という意味がある

12 ☐ 窃盗を働いた犯人が逮捕される。
他人の物をこっそり盗むこと
[せっとう] 「窃」には「ひそかに」「ぬすむ」という意味がある

162

| | □ 25 | □ 24 | □ 23 | □ 22 | □ 21 | □ 20 | □ 19 | □ 18 | □ 17 | □ 16 | □ 15 | □ 14 | □ 13 |

13 修学旅行を前に心が躍る。
わくわくする
→ おど
音ヤク「躍動」ヤクドウなど

14 早退する旨を先生に伝える。
目的とすることや考え
→ むね
「要旨」ヨウシは「内容のあらまし」

15 祖母の和裁の腕前は素人離れしている。
専門でない人
→ しろうと
対「玄人」くろうと「素人離れ」は「まるで専門家のようなこと」

16 民から年貢を搾り取る代官。
無理に出すようにする
→ しぼ
ここでは「搾取」サクシュの意味

17 ポロシャツの襟を立てて着る。
衣服の くびの部分
→ えり
「襟を正す」は「心をひきしめ真面目な態度になる」

18 甘えてばかりいるなんて困った代物だ。
評価の対象となる人や物
→ しろもの
もともとは「土のかたまり」という意味

19 欲の塊のような金貸し。
性質や傾向が極端に強いこと
→ かたまり
否定的な意味で使われることが多い

20 これまでの常識や定説を覆す。
根本から変える
→ くつがえ
訓おお（う）

21 他人の成功を羨む。
他人と比較して自分もそうありたいと願う
→ うらや
音セン「羨望」センボウなど

22 列に割りこむなんて、非常識も甚だしい。
程度が激しい
→ はなは
「甚大」ジンダイは「程度がきわめて大きいさま」

23 再読に堪える内容を持つ良書。
それをするだけの価値がある
→ た
「つらさや苦しさを我慢する」という意味もある

24 寒空のもと、手足が凍える。
寒さのために身体の感覚を失う
→ こご
音トウ「凍傷」トウショウなど

25 上司の判断に委ねる。
まかせる
→ ゆだ
音イ「委任」イニンなど

3

読む②

| □ 12 | ♔ 11 | □ 10 | □ 9 | □ 8 | □ 7 | □ 6 | □ 5 | □ 4 | □ 3 | □ 2 | □ 1 |

1 廉価な陶器を扱う店を経営する。
値段が安いさま
〔れんか〕
類「安価」 対「高価」

2 中世の人々は神を畏怖していた。
おそれおののくこと
〔いふ〕
「畏」には「敬服する」という意味がある

3 疾病保険に加入する。
病気
〔しっぺい〕
「疾走」は「非常に速く走ること」

4 お茶を一服所望する。
望むこと
〔しょもう〕
「望」─訓のぞ(む)

5 解脱を遂げることは難しい。
煩悩を逃れ自由になること
〔げだつ〕
類「涅槃」

6 万事にわたって遺漏のないようにする。
大事なことが抜け落ちること
〔いろう〕
「漏」─訓も(れる)

7 商品の値札の桁を間違える。
数の位
〔けた〕
「桁が違う」とは「物事の程度や規模がひどく違う」

8 鉄道を敷設する。
広い範囲にわたって設置すること
〔ふせつ〕
「布設」とも書く 「敷」─訓し(く)

9 銅でできたやかんに緑青が吹いた。
銅の表面にできるさび
〔ろくしょう〕
「緑地」は「リョクチ」と読む

10 寡聞にして存じ上げません。
見聞の狭いこと
〔かぶん〕
「寡」には「少ない」という意味がある

11 逃亡者に対して威嚇射撃をする。
おどかすこと
〔いかく〕
「嚇」には「いかる」「おどかす」という意味がある

12 厳しい罰に耐えかねて出奔する。
逃げて姿をくらますこと
〔しゅっぽん〕
類「逐電」

	本文	読み	補足
□ 13	詩の中でも殊に叙事詩が好きだ。 とりわけ	こと	音シュ　「殊勝」など シュショウ
□ 14	アインシュタインに憧れ、科学者を志す。 理想として思いを寄せる	あこが	「憧憬」は「ショウケイ」と読む む
□ 15	手探りの状態で研究を進める。 様子がわからないまま物事を進めること	てさぐ	「探りを入れる」は「相手の意向や状況をそれとなく探り、反応をみる」
□ 16	遠足の日に限って日和に恵まれない。 天気	ひより	「日和見」は「有利な方につこうと形勢をうかがうこと」 ひよりみ
□ 17	友人のために時間を割く。 一部を分けてほかの用途にあてる	さ	訓わり・わ（る）
□ 18	帯をかたく締める。 ゆるまないようにする	し	音テイ　「締結」など テイケツ
□ 19	公衆の面前で辱められる。 恥をかかせる	はずかし	音ジョク　「恥辱」など チジョク
□ 20	何事も前例に倣い、執り行う。 まねる	なら	音ホウ　「模倣」など モホウ
□ 21	大きな損害を被った。 身に受ける	こうむ	音ヒ　「被災」など ヒサイ
□ 22	猫が毛糸玉と戯れる。 遊び興じる	たわむ	音ギ　「遊戯」など ユウギ
□ 23	どうしても不安を拭いきれない。 消し去る	ぬぐ	音ショク　「払拭」など フッショク
👑 24	過去に遡って補償する。 過去、根本に立ち返る	さかのぼ	「溯る」とも書く
□ 25	文章の趣旨を正確に捉える。 しっかりとつかむ	とら	音ソク　「把捉」など ハソク

3

読む③

□ 1 御しやすい相手だと敵に見くびられる。
自分の思いどおりに動かす
［ぎょ］ 「御者」は「馬をあやつる人」

□ 2 悪行の報いを受け、悲惨な末期を迎えた。
死に際
［まつご］ 類「臨終」

□ 3 必ず援軍を送るという言質を取る。
後日の証拠となることば
［げんち］ 「げんしつ」は誤読による慣用読み

□ 4 遡及して処罰することを禁ずる。
過去にさかのぼること
［そきゅう］ 「遡(溯)」には「さかのぼる」という意味がある

□ 5 謀反の疑いをかけられる。
臣下が主君にそむくこと
［むほん］ 「謀」─訓 はか(る)

□ 6 都会の喧噪を離れ、安穏に暮らす。
安らかで穏やかなさま
［あんのん］ 「穏」は「オン」と読むことが多い

□ 7 巧緻に織られたペルシャ絨毯を購入する。
たくみで細かいところまでよくできているさま
［こうち］ 類「精巧」

□ 8 放置していた廃屋を取り壊す。
住む人がなく荒れはてた家
［はいおく］ 類「廃家」

□ 9 往生を願い、功徳を積む。
善行
［くどく］ 「御利益」という意味もある

□ 10 漁に出たが雑魚ばかりだった。
種々入り交じった小魚
［ざこ］ 「したっぱ」「小物」という意味もある

□ 11 みんなの羨望の的となる。
うらやましく思うこと
［せんぼう］ 「羨」─訓 うらや(む)

□ 12 自らの非を認め、罪を償う気持ちになる。
埋め合わせをする
［つぐな］ ここでは「賠償」に似た意味

166

□ 13	花瓶に花を一輪挿す。 ほかのものにつき入れる	さ	音ソウ 「挿入」ソウニュウ」など
□ 14	遠方からの客を懇ろにもてなす。 親切で丁寧なさま	ねんご	「親しく仲よくしあうさま」という意味もある
□ 15	額から滴る汗をぬぐう。 しずくとなって垂れ落ちる	したた	「滴が垂れる」の場合は「してき」と読む
□ 16	蚊帳の中で眠る母と子。 蚊を防ぐためにつって寝床をおおうもの	かや	「蚊屋」とも書く
□ 17	ジュースでのどを潤す。 湿らせる	うるお	音ジュン 「湿潤」シツジュン」など
□ 18	行く手を阻む障害を取り除く。 邪魔をする	はば	ここでは「阻害」ソガイ」に似た意味
□ 19	憩いのひとときに紅茶は欠かせない。 ゆったり休むこと、休息	いこ	音ケイ 「休憩」キュウケイ」など
□ 20	悪事に荷担するように唆される。 悪いほうへさそいすすめる	そそのか	音サ 「教唆」キョウサ」など
□ 21	侮りがたい新勢力の台頭。 みくびる	あなど	音ブ 「侮辱」ブジョク」など
□ 22	祖父の工作の腕前は玄人はだしだ。 専門家	くろうと	「玄人はだし」は「玄人がおどろくほど素人がその技芸に秀でていること」
□ 23	日々の糧にも事欠くありさまだ。 食べ物	かて	「心の糧」は「力づけるもの」
□ 24	溺れる者は藁をもつかむ。 水中に沈む	おぼ	「心を奪われる」という意味もある
□ 25	僅かな食料だけを持って冒険の旅に出る。 ほんの少し	わず	「僅差」キンサ」は「ほんの少しの差」

読む④

| □ 12 | □ 11 | □ 10 | □ 9 | □ 8 | □ 7 | □ 6 | □ 5 | □ 4 | □ 3 | 👑 2 | 👑 1 |

1 仏道に深く帰依する。
神や仏を信じ、その力にすがること

2 交通規則を遵守する。
きまりなどをよく守ること

3 窃盗を教唆した男が逮捕された。
教えそそのかすこと

4 定款に反する契約は無効だ。
社団法人の業務などに関する根本規則

5 フロイトは意識の内奥を探ろうとした。
内部の奥深いところ

6 会社の再建のために狂奔する。
ある目的のために必死で動き回ること

7 今月の収入と支出を出納簿に記入する。
金銭の出し入れ

8 アレキサンダー大王は版図を拡大し続けた。
一国の領土

9 内閣総理大臣は国務大臣を罷免できる。
職務をやめさせること

10 本を読むことで語彙が増える。
ある言語で用いられる語の全体

11 衷心より哀悼の気持ちを述べる。
心の奥底

12 老舗の和菓子屋を継ぐ。
代々続いている店

---

1 [きえ]
「依」には「たよる」という意味がある

2 [じゅんしゅ]
「順守」とも書く

3 [きょうさ]
「唆」—訓 そそのか(す)

4 [ていかん]
類「約款」

5 [ないおう]
「奥」—訓 おく
音 オウ

6 [きょうほん]
ここでは「奔走」に似た意味

7 [すいとう]
「出納簿」は「出納を記載する帳簿」

8 [はんと]
「版」は「戸籍」、「図」は「地図」を意味する

9 [ひめん]
類「免職」

10 [ごい]
「彙」には「同類のもの」という意味がある

11 [ちゅうしん]
「折衷」は「異なるものをほどよく調和させること」

12 [しにせ]
「ロウホ」とも読む

3章

読む④

| □ 25 | □ 24 | 〔冠〕23 | 〔冠〕22 | □ 21 | □ 20 | □ 19 | □ 18 | □ 17 | □ 16 | □ 15 | □ 14 | □ 13 |

13 先生にお話を伺う。
お聞きする
うかが
「訪問する」の謙譲語でもある

14 師から自らの非を諭される。
言い聞かせる
さと
音ユ 「説諭」など

15 女王に対して恭しく礼をする。
相手を敬い丁重なさま
うやうや
ここでは「恭順」に近い意味

16 吹く風に秋の兆しを感じる。
前ぶれ
きざ
類「兆候」「前兆」

17 どんな流行もいつかは廃れる。
はやらなくなる
すた
音ハイ 「荒廃」など

18 過保護に育てられた人は世事に疎い。
よく知らない
うと
「去る者は日々に疎し」の場合は「疎遠になる」という意味

19 橘の花の芳しい香り。
かおりがよい
かんば
「成績が芳しくない」は「成績がよくない」という意味

20 寄付で会費を賄う。
処理する
まかな
「食事を用意して出す」という意味もある

21 皆に諮って今後の方針を決める。
相談する
はか
音シ 「諮問」は「下の者や識者の意見を求めること」

22 自らの不用意な一言が物議を醸した。
ある状態や雰囲気を作り出す
かも
音ジョウ 「醸成」など

23 角を矯めて牛を殺す。
曲がっているものをまっすぐにする
た
「角を矯めて牛を殺す」は「小さな欠点を直そうとしてかえって全体をだめにする」

24 拙いながらも味わいのある字。
へたである
つたな
音セツ 「拙劣」など

25 高原の爽やかな風を感じる。
すがすがしく快いさま
さわ
音ソウカイ ここでは「爽快」に似た意味

読む⑤

□1 人の一生は刹那にすぎない。
きわめて短い時間

[せつな] 対「劫」コウ

□2 眉間にしわを寄せる。
額の中央

[みけん] 「眉目秀麗」は「容貌が美しいこと」ビモクシュウレイ

□3 役人が賄賂を要求する。
便宜をはかってもらうために贈る不正な金品

[わいろ] 「賄」には「所有する財貨」という意味がある

□4 幼い子どもには大人ほど羞恥心がない。
はじらいの気持ち

[しゅうちしん] 「羞」には「はじる」という意味がある

□5 相撲を桟敷席で見る。
地面や土間よりも高く作った見物席

[さじき] 「桟橋」は「サンばし」と読む

□6 新しい勢力が勃興する。
にわかにおこること

[ぼっこう] 「勃」には「急に起こる」という意味がある

□7 亡き友のための回向を行う。
死者のために経を読み冥福を祈ること

[えこう] 類「供養」クヨウ

□8 近代人もさまざまな幻想に呪縛されている。
心の自由を失わせること

[じゅばく] 「縛」—訓しば(る)

□9 道化師の滑稽なしぐさに笑いが起こる。
おもしろおかしいさま

[こっけい] 「滑」—訓すべ(る)・なめ(らか)

□10 人を愚弄するような発言は許せない。
ばかにしてからかうこと

[ぐろう] 「弄」—訓もてあそ(ぶ)

□11 部下を叱責するだけが上司の仕事ではない。
しかり責めること

[しっせき] 「叱咤」は「大声でしかること」シッタ

□12 突然、恩師の訃報が入る。
死亡の知らせ

[ふほう] 類「訃音」フイン

□	□	□	□	□	□	□	□	□	□	□	□	□
25	24	23	22	21	20	19	18	17	16	15	14	13

13 落語家が老人ホームを慰問する。
見舞ってなぐさめること

14 殊勲を立てた英雄の像を建立する。
めざましい功績

15 僅差で二着になった選手をねぎらう。
ほんの少しの差

16 敵を完膚なきまでに打ちのめす。
傷のない皮膚

17 戦場に散った友を悼む。
人の死を悲しみ嘆く

18 笹の葉が軒端に揺れる。
軒のはし

19 晩秋の山里を散策中に、時雨にあう。
晩秋から初冬に降ったりやんだりする雨

20 白い足袋は汚れが目立ちやすい。
爪先が二つに分かれた布製の履物

21 悲しみにくれる遺族を弔う。
人の死を悲しみいたんで、遺族のもとを訪れ慰める

22 登山者が雪崩に巻き込まれる。
斜面の積雪が崩れ落ちる現象

23 古式ゆかしい神楽が残る山村。
神をまつるための音楽や舞踊

24 綻びた浴衣を母が繕ってくれた。
縫い目がほどける

25 周囲からの批判に耳を塞ぐ。
とじる

いもん	「慰」─訓なぐさ(める)
しゅくん	「勲」には「手柄」という意味がある
きんさ	「僅」─訓わずか(か)
かんぷ	「完膚なきまで」は「徹底的に」
いた	「悼」─音トウ 「追悼」など
のきば	「端」─音タン 「先端」など 訓はし・はた
しぐれ	「蝉時雨」は「蝉が多く鳴きたてるさま」
たび	「地下足袋」は「直接土を踏む足袋」
とむら	「弔」─音チョウ 「弔辞」など 訓とむら(う)
なだれ	「雪崩を打つ」は「大勢が一度に押し寄せる」
かぐら	「芝居のはやし(=伴奏)」という意味もある
ほころ	「顔が綻びる」は「顔つきがやわらぐ」という意味
ふさ	「道を塞ぐ」は「道を通れなくする」

3 読む⑥

#	問題文	読み	補足
1	帰還した将軍は女王に謁見した。 身分の高い人に面会すること	えっけん	「謁」［イ/エツ］は、「拝謁」「身分の高い人に面会すること」の謙譲語
2	落款は書画の真贋の手がかりとなる。 作者の署名や印	らっかん	「款」には「記した文字」という意味がある
3	自然を人間の欲望の餌食にしてはならない。 他のものの犠牲になること	えじき	「餌」には「えさ」という訓読みもある
4	堆積したごみの処理が問題となる。 積み重なること	たいせき	「堆肥」［タイ/ヒ］は「落葉などを積み重ねて作った肥料」
5	仇討ちの現場は凄惨を極めた。 むごたらしいこと	せいさん	「悽惨」とも書く
6	怨念を晴らすすべがない。 うらみのこもった思い	おんねん	題「遺恨」
7	公衆の面前で罵倒される。 はげしくののしること	ばとう	「罵詈雑言」［バ/リ/ゾウ/ゴン］は「口汚いののしりの言葉」
8	銃に弾を充塡する。 すきまにものを詰めること	じゅうてん	「補塡」［ホ/テン］は「不足をうめ補うこと」
9	水源を求めて遡行する。 流れをさかのぼって行くこと	そこう	「溯行」とも書く
10	信者の寄進で立派な鐘楼を建てる。 鐘つき堂	しょうろう	「楼」には「高い建物」という意味がある
11	環境の悪化を危惧する。 心配しおそれること	きぐ	「惧」には「おどおどする」「おそれる」という意味がある
12	満場の喝采を浴びる。 どっとほめそやすこと	かっさい	「拍手喝采」という形でも用いられる

172

	問題	読み	補足
□ 13	ドーピングにより金メダルを剝奪される。	はくだつ	「剝」—訓 は（ぐ）
			無理に取り上げること
□ 14	時には情報を遮蔽することも必要だ。	しゃへい	「遮」—訓 さえぎ（る）
	さえぎり おおうこと		
□ 15	凶悪な事件に戦慄を覚える。	せんりつ	類「慄然」
	こわくて身ぶるいすること		
□ 16	交流試合で親睦を深める。	しんぼく	類「漸減」 対「逓増」「逓加」
	親しみ合うこと		
□ 17	人口の逓減が問題になる。	ていげん	「睦」には「むつまじい」という意味がある
	しだいに減少すること		
□ 18	有田は窯業で有名な土地である。	ようぎょう	「窯」—訓 かま
	陶磁器やガラスなどの製造業		
□ 19	相手の失態を嘲る。	あざけ	音 チョウ 「嘲笑」など
	ばかにして笑う		
□ 20	不景気で会社が潰れる。	つぶ	音 カイ 「決潰」など
	倒れる		
□ 21	同僚の出世を妬ましく思う。	ねた	音 ト 「嫉妬」など
	うらやましく憎らしい		
□ 22	人の気持ちを弄ぶ。	もてあそ	音 ロウ 「翻弄」など
	思うままに扱う		
□ 23	蔑むような視線を向けられる。	さげす	音 ベツ 「軽蔑」など
	見下す		
□ 24	現代人はさらなる安逸を貪ろうとしている。	むさぼ	音 ドン 「貪欲」など
	際限なくほしがる		
□ 25	麓の村で長期間療養する。	ふもと	類「山麓」
	山のすそ		

3

分かる①

[分かる]では、例文中に熟語の意味を入れています。

<table>
<tr><td>♛ 1</td><td>全てに広く当てはまることをフヘンという。</td><td>普遍</td><td>対「特殊」 特殊」は「限られたものしかあてはまらないこと」</td></tr>
<tr><td>□ 2</td><td>当人の自由な判断にまかせることをニンイという。</td><td>任意</td><td>類「随意」</td></tr>
<tr><td>□ 3</td><td>わがものとすることをショウアクという。</td><td>掌握</td><td>「人心を掌握する」などと用いる</td></tr>
<tr><td>□ 4</td><td>思うままにたのしむことをキョウラクという。</td><td>享楽</td><td>「享」には「受ける」という意味がある</td></tr>
<tr><td>□ 5</td><td>とりはからって始末をつけることをソチという。</td><td>措置</td><td>類「処置」</td></tr>
<tr><td>□ 6</td><td>事物のある要素をぬきだす際、他の要素をすてることをシャショウという。</td><td>捨象</td><td>事物のある要素をぬきだすことが「抽象」である</td></tr>
<tr><td>□ 7</td><td>勢力を得ることをタイトウという。</td><td>台頭</td><td>「若手の台頭が著しい」などと用いる</td></tr>
<tr><td>□ 8</td><td>やり方を受け継ぐことをトウシュウという。</td><td>踏襲</td><td>名前を受け継ぐことを「襲名」という</td></tr>
<tr><td>□ 9</td><td>神が人知を超えた真理をしめすことをケイジという。</td><td>啓示</td><td>「啓」には「人の目をひらいて物事を理解させる」という意味がある</td></tr>
<tr><td>□ 10</td><td>正常とされるあり方に反する行動傾向をトウサクという。</td><td>倒錯</td><td>「錯」には「まちがえる」という意味がある</td></tr>
<tr><td>□ 11</td><td>一般向きであることをツウゾクという。</td><td>通俗</td><td>対「高尚」</td></tr>
<tr><td>□ 12</td><td>触れたり口に出したりしてはならないとされる事柄をキンキという。</td><td>禁忌</td><td>「タブー」と同じような意味である</td></tr>
</table>

□ 13 明白なさまを**レキゼン**という。

［歴然］「歴然たる事実」などと用いる

□ 14 結果として生み出されたものを**ショサン**という。

［所産］「所与」は「与えられること」

□ 15 自己の主張の助けとして、他の文献などを引き合いに出すことを**エンヨウ**という。

［援用］「海外の論文を援用する」などと用いる

□ 16 両者が互いに争うことを**ソウコク**という。

［相克］「理想と現実との相克」などと用いる

□ 17 時代をへだてることを**カクセイ**という。

［隔世］「隔世の感がある」などと用いる。「覚醒」は「目がさめること」

□ 18 極めて堅固なことを**バンジャク**という。

［盤石］「磐石」とも書く。「磐石の備え」などと用いる

□ 19 気にかけることを**トンチャク**という。

［頓着］「頓着しない」ことを「無頓着」という

□ 20 よいことと悪いことを**ゼヒ**という。

［是非］「是非を問う」などと用いる。「是非もない」は「しかたがない」という意味

□ 21 患者に接し診察などを行うことを**リンショウ**という。

［臨床］「現場」や「現場を重視する立場」という意味でも用いる

□ 22 たちばを定めることを**リッキャク**という。

［立脚］「事実に立脚する」などと用いる

□ 23 はっきりしたさまを**タンテキ**という。

［端的］「端的に言えば」などと用いる

□ 24 神の意志や自然界の法則を**セツリ**という。

［摂理］「原理」は「認識や行為の根本原則」

□ 25 自由に形を作ることのできるせいしつを**カソセイ**という。

［可塑性］「塑」には「土をこねたり削ったりして形を作る」という意味がある

3

分かる②🔓

□ 1 二つの矛盾した概念を、それらより一段と高い概念に調和統一することを**ショウ**という。

□ 2 心の中の思いを**キョウキン**という。

□ 3 物事を見る立場を**シザ**という。

□ 4 心がもつれ迷うことを**カットウ**という。

□ 5 広く各地を巡り歩くことを**ヘンレキ**という。

□ 6 わざとすることを**コイ**という。

□ 7 前もってはんだんすることを**ヨダン**という。

□ 8 怒って興奮しているさまを**ケンマク**という。

□ 9 心がきよく私欲のないことを**セイレン**という。

□ 10 物事を処理するときの決まったやりかたを**ジョウセキ**という。

□ 11 でたらめなことを**コウトウムケイ**という。

□ 12 いろいろな方面にもちいることを**ハンヨウ**という。

[止揚] 【類】〔揚薬〕「止揚」は弁証法の概念である「アウフヘーベン」の訳語

[胸襟] 「胸襟を開く」は「心中をうちあける」という意味

[視座] 【類】〔視点〕

[葛藤] 葛や藤のつるがもつれからむことから生まれた語とされる

[遍歴] 「いろいろな経験を積み重ねる」という意味もある

[故意] 【対】〔過失〕 「過失」は「不注意などによるあやまち」

[予断] 「予断を許さない」は「どうなるかわからない」という意味

[剣幕] 「すごい剣幕で食ってかかる」などと用いる

[清廉] 「清廉潔白」「清廉の士」などと用いる

[定石] もともとは囲碁で最上とされる決まった形の打ち方を意味する言葉

[荒唐無稽] 「荒唐無稽な話」などと用いる

[汎用] 「汎用性が高い」などと用いる

176

□ 13 組織や勢力などの本拠を**ガジョウ**という。

　牙城　　「敵の牙城に迫る」などと用いる

□ 14 物事が最終的に落ち着くことを**キケツ**という。

　帰結　　「帰する」も「最終的にあるところに落ち着く」という意味で用いる

□ 15 中央から離れた辺境を**シュウエン**という。

　周縁　　対「中心」

□ 16 人材が次々と世にでることを**ハイシュツ**という。

　輩出　　「二酸化炭素をハイシュツする」の場合は「排出」

□ 17 惜しみながらも手放したり省略したりすることを**カツアイ**という。

　割愛　　「文章の一部を割愛する」などと用いる

□ 18 ことに優れていることや感心なことを**シュショウ**という。

　殊勝　　「殊勝な心がけ」などと用いる

□ 19 徳で人を感化させ、優れた人間をつくることを**クントウ**という。

　薫陶　　「薫陶を受ける」などと用いる

□ 20 意見を尋ね求めることを**シモン**という。

　諮問　　「諮」─ 訓はか(る)は「他人に意見を求める」という意味

□ 21 道理をわきまえることを**フンベツ**という。

　分別　　「分別がつく」などと用いる

□ 22 意識に浮かんだ姿や像を**シンショウ**という。

　心象　　「イメージ」と同じような意味である

□ 23 あれこれ考え合わせることを**カンアン**という。

　勘案　　「諸事情を勘案して立案する」などと用いる

□ 24 思い切ってするさまを**カンゼン**という。

　敢然　　「敢然と戦う」などと用いる

□ 25 深い意味を内に持つことを**ガンチク**という。

　含蓄　　「含蓄に富む文章」などと用いる

3

分かる③ 🔒

□ 1 ある役職の者を代えることを**コウテツ**という。

□ 2 逆らわずにあまんじてうけることを**カンジュ**という。

♛ 3 いきごみのするどいことを**キエイ**という。

♛ 4 ある人や物事に熱中することを**ケイトウ**という。

□ 5 他の方法を**ヨギ**という。

□ 6 きっかけを**キエン**という。

□ 7 非難することを**シダン**という。

□ 8 事の始まりや手がかりを**タンショ**という。

□ 9 ある事をたくらんで集まった仲間を**トトウ**という。

□ 10 意思がつうじることを**ソツウ**という。

□ 11 心の奥の感じやすい部分を**キンセン**という。

□ 12 市場の大半を少数の会社でしめることを**カセン**という。

更送	「大臣を更迭する」などと用いる
甘受	「自らの運命を甘受する」などと用いる
気鋭	「新進気鋭の建築家」などと用いる
傾倒	「夏目漱石に傾倒する」などと用いる
余儀	「余儀なく」の形で用いられることが多い
機縁	「縁」には「間接的な原因」という意味がある
指弾	「つまはじき」と同じような意味である
端緒	「タンチョ」とも読む／「端緒を開く」はきっかけを得る」という意味
徒党	「徒党を組む」という形で用いられることが多い
疎通	「意思の疎通を欠く」などと用いる
琴線	「琴線に触れる」という形で用いられることが多い
寡占	「多寡」などのように「寡」には「少ない」という意味がある

178

	問題	解答	解説
□ 13	気持ちをあおり、こうどうを起こすように仕向けることを**センドウ**という。	扇動	「煽動」とも書く。「アジテーション」と同じような意味である
□ 14	いまだかつて起こったことがないことを**ゾウ**という。	未曽有	「未曽有」を読み下すと「未だ曽て有らず」となる
□ 15	学問などに対し深い理解があることを**ゾウケイ**という。	造詣	「造詣が深い」と用いることが多い
□ 16	期待することを**ショクボウ**という。	嘱望	「前途を嘱望される」などと用いる
□ 17	忌み嫌い軽蔑することを**ダキ**という。	唾棄	「唾棄すべき人物」などと用いる
□ 18	どうりに合わないことを**リフジン**という。	理不尽	「理不尽なしうちを受ける」などと用いる
□ 19	ある事が起こるかくじつせいの度合いを**ガイゼンセイ**という。	蓋然性	「蓋然性に乏しい」などと用いる
□ 20	だんだん、しだいにを**ゼンジ**という。	漸次	「暫時」は「しばらく」という意味。「漸次」と混合しないように
□ 21	中心、要点を**コッシ**という。	骨子	「法案の骨子をまとめる」などと用いる
□ 22	気ままな心、自分勝手な考えを**シイ**という。	恣意	「恣意的な解釈」などと用いる
□ 23	特にすぐれた人や物を**ハクビ**という。	白眉	『平家物語』は軍記物の白眉だ」などと用いる
□ 24	残念に思うことを**イカン**という。	遺憾	「遺憾の意を表する」などと用いる

□ 1 心のままであることを**ズイイ**という。

□ 2 悪人などのかくれがを**ソウクツ**という。

□ 3 同等で優劣のないことを**ヒケン**という。

□ 4 病などが悪化せず何とか治まっていることを**ショウコウ**という。

□ 5 は、きばを**シガ**という。

□ 6 表面をつくろい飾ることを**ジュンショク**という。

□ 7 はねつけることを**イッシュウ**という。

□ 8 巧みに言いくるめて自由に操ることを**ロウラク**という。

□ 9 父や師に似ず愚かなことを**フショウ**という。

□ 10 まじめでひたむきなさまを**シンシ**という。

□ 11 気ままでわがままなことを**ホウジュウ**という。

□ 12 偏らず調和が取れていることを**チュウヨウ**という。

[随意] 「どうぞご随意に」とは「どうぞお好きなように」という意味

[巣窟] 「悪の巣窟」などと用いる

[比肩] **類**「匹敵」

[小康] 「小康を保つ」などと用いる

[歯牙] 「歯牙にもかけない」は「問題にしない」という意味

[潤色] 「潤色を加える」などと用いる

[一蹴] 「理不尽な要求を一蹴する」などと用いる

[籠絡] 「甘い言葉で籠絡する」などと用いる

[不肖] 「肖」には「似る」という意味がある

[真摯] 「真摯に取り組む」などと用いる

[放縦] **類**「放恣」「放埒」

[中庸] 「凡庸」とは違い、よい意味で用いる

180

13 混じりけがないことを生粋という。

［きっすい］

「生粋の江戸っ子」などと用いる

14 風流を好むことを数寄という。

［すき］

「数寄を凝らす」は「風流な工夫を隅々までほどこす」という意味

15 仕事などを外部の人間に任せ頼むことを委嘱という。

［いしょく］

類「委託」

16 多くの書物などを読みあさることを渉猟という。

［しょうりょう］

「海外の文献を渉猟する」などと用いる

17 緊張して息をこらす時にたまるつばを固唾という。

［かたず］

「勝負の行方を固唾を呑んで見守る」などと用いる

18 すっかり払いのけることを払拭という。

［ふっしょく］

「不安を払拭する」などと用いる

19 人が多く集まるところ、まちを市井という。

［しせい］

「井戸のまわりに人が集まった」ということからできた言葉

20 こだわることを拘泥という。

［こうでい］

「勝ち負けに拘泥する」などと用いる

21 一部の崩れから全体が崩れることを瓦解という。

［がかい］

「江戸幕府が瓦解する」などと用いる

22 広く分かち配ることを頒布という。

［はんぷ］

「頒」には「分け与える」という意味がある

23 人の性質を育てることを陶冶という。

［とうや］

「治」ではなく「冶」であることに注意しよう

24 きわめて手厳しいことを辛辣という。

［しんらつ］

「すごうで」のことを「辣腕」という

分かる　長文問題

🔒

↩
くりかえし

※174〜181ページの「分かる」から出題しています。

傍線部のカタカナを漢字に、漢字をひらがなにせよ。

● 文明と文化の違いを明確に規定することは案外難しい。こうしたとき、具体的な事例に**リッキャク**して考えることが有効である。例えば一般に「フランス文化」とはいうが「フランス文明」とはいわず、その一方「ヨーロッパ文明」とはいう。ここから文化は局所的なものであり、それに比べて文明は**フヘン**的なものだということが明らかになる。しかし、別な**シザ**からは、両者は別な様相を帯びる。あらゆる日常の慣習や社会的制度、さらには言語を含む概念こそが人間にとってより本質的なものであると考えることもできるからだ。どれほど**カンアン**しても、容易に結論は得られないが、文明と文化の違いの考察は人間存在の考察につながるということに**キケツ**するのかもしれない。

● 技術は太古の昔から存在し、集団の中で**トウシュウ**されると同時に改良もされてきた。そうした技術が飛躍的な発展を遂げることになったのは、知の世界の中で新たに**タイトウ**してきた科学と結びついたからである。単なる技術と科学技術とでは、その差は**レキゼン**たるものがある。科学技術は**ゼヒ**もなく人間の生活を根底から変える力を持つのだ。今日我々は科学技術の**ショサン**たる利便性の恩恵を受け、かつての人々の目から見れば**キョウラク**的としかいいえない生活を送っている。こうした自らのありようを**ヨ**べ**ツ**を失い、**ツウゾク**的生活に堕している現代人は、こうした自らのありようを**ヨ**く見つめることなく見つめる必要がある。そのとき明らかになるのは、人間である

ダンを持つことなく見つめる必要がある。そのとき明らかになるのは、人間である

[解答]

● 1 立脚
2 普遍
3 視座
4 勘案
5 帰結
● 6 踏襲
7 台頭
8 歴然
9 是非
10 所産
11 享楽
12 分別
13 通俗
14 ヨべツ
● 16 きっすい
17 すき
18 しせい
15 倒錯
14 予断

182

この誇りを嬉々として手放している現代人の**トウサク**[15]的ともいえる姿であるかもしれない。

● 生粋の江戸っ子であり、日本画の大家として知られる鏑木清方は、数寄を凝らした邸宅に飾るような作品だけでなく、市井の人々にも気軽に楽しんでもらえるように雑誌や書籍の口絵や挿絵などの仕事にも積極的に取り組んだ。鏑木清方の**クン**[19]**トウ**を受けた、当時の**キエイ**[20]の画家たちも、すぐれた芸術を庶民の生活に浸透させようと身近な小品の制作にも手を抜くことなく**シンシ**[21]に取り組んだ。

● 何がタブーであり**キンキ**[22]であるかということは、実は**シイ**[23]的である。例えば、ある社会においては、それが**コイ**[24]ではなかったとしても許されることのない行為が、別の社会ではむしろ立派な行いだったりすることは珍しいことではない。ここに異文化理解の難しさがある。異文化と接することの難しさは、単に意思の**ソツ**[25]**ウ**が困難であるということにとどまらず、接し方の**ジョウセキ**[26]がないということにつきる。この困難に**カンゼン**[27]と立ち向かう者だけが、真の他者理解の**タンショ**[28]を開くことができるだろう。

● 森鷗外は孤独であることを**カンジュ**[29]し、**トトウ**[30]を組むことを潔しとしなかった。一方、夏目漱石のもとからはすぐれた多くの人材が**ハイシュツ**[31]した。しかし、同時に両者には多くの共通点もあった。ともに内外の文献を渉猟[32]した知の巨人であり、世俗的な評価に拘泥[33]することなく、**ガンチク**[35]に富む文章によって**ミゾウ**[36]の文学的世界を構築した。そうした彼らの文学は読者の人格を陶冶[37]するものであり続けるだろう。

19　薫陶
20　気鋭
21　真摯
22　禁忌
23　恣意
24　故意
25　疎通
26　定石
27　敢然
28　端緒
29　甘受
30　徒党
31　輩出
32　しょうりょう
33　こうでい
34　含蓄
35　頓着
36　未曾有
37　とうや

番号	意味	解答
1	まかせる	委[ねる]
2	値段が安いさま	廉価
3	よく知らない	疎[い]
4	望むこと	所望
5	天気	日和
6	身に受ける	被[る]
7	神や仏を信じ、その力にすがること	帰依
8	みくびる	侮[る]
9	根本から変える	覆[す]
10	生き物を殺すこと	殺生
11	きわめて短い時間	刹那
12	病気	疾病
13	各地を巡り歩くこと	行脚
14	恥をかかせる	辱[める]
15	戦時におけるしょくりょう	兵糧
16	見聞の狭いこと	寡聞
17	邪魔をする	阻[む]
18	ほんの少しの差	僅差
19	うらやましく思うこと	羨望
20	思うままに扱う	弄[ぶ]
21	教えそそのかすこと	教唆
22	際限なくほしがる	貪[る]
23	相手を敬い丁重なさま	恭[しい]
24	安らかで穏やかなさま	安穏
25	とじる	塞[ぐ]
26	見下す	蔑[む]
27	心配しおそれること	危惧
28	一部の崩れから全体が崩れること	瓦解
29	すっかり払いのけること	払拭
30	こだわること	拘泥

31 偏らず調和が取れていること 〔 ちゅうよう 〕
32 意思がつうじること 〔 そつう 〕
33 前もってはんだんすること 〔 よだん 〕
34 全てに広く当てはまること 〔 ふへん 〕
35 明白なさま 〔 れきぜん 〕
36 気にかけること 〔 とんちゃく 〕
37 わざとすること 〔 こい 〕
38 ある人や物事に熱中すること 〔 けいとう 〕
39 物事を見る立場 〔 しざ 〕
40 両者が互いに争うこと 〔 そうこく 〕

41 きっかけ 〔 きえん 〕
42 人材が次々と世にでること 〔 はいしゅつ 〕
43 事の始まりや手がかり 〔 たんしょ 〕
44 やり方を受け継ぐこと 〔 とうしゅう 〕
45 意見を尋ね求めること 〔 しもん 〕
46 心の奥の感じやすい部分 〔 きんせん 〕
47 怒って興奮しているさま 〔 けんまく 〕
48 非難すること 〔 しだん 〕
49 心のままであること 〔 ずいい 〕
50 いきごみのするどいこと 〔 きえい 〕

[解答]

16	15	14	13	12	11	10	9	8	7	6	5	4	3	2	1
かぶん	ひょうろう	はずかし	あんぎゃ	しっぺい	せつな	せっしょう	くつがえ	あなど	きえ	こうむ	ひより	しょもう	うと	れんか	ゆだ

33	32	31	30	29	28	27	26	25	24	23	22	21	20	19	18	17
予断	疎通	中庸	こうてい	ふっしょく	がかい	きぐ	さげす	ふさ	あんのん	うやうや	むさぼ	きょうさ	もてあそ	せんぼう	きんさ	はば

50	49	48	47	46	45	44	43	42	41	40	39	38	37	36	35	34
気鋭	随意	指弾	剣幕	琴線	諮問	踏襲	端緒	輩出	機縁	相克	視座	傾倒	故意	頓着	歴然	普遍

傍線部の漢字と同じ漢字を含むものを、次の各群の①〜④もしくは①〜⑤のうちから、それぞれ一つずつ選べ。

共通テスト

□「身体機械」のイメージを**イダ**かせたにちがいない
① 複数の意味を**ホウガン**する
② 卒業後の**ホウフ**
③ 港に**ホウダイ**を築く
④ 交通量が**ホウワ**状態になる

②・抱
包含
抱負
砲台
飽和

□方針を決定する**ケンゲン**が渡された
① マラソンを途中で**キケン**する
② **ケンゴ**な意志を持つ
③ **ケンギ**を晴らす
④ 実験の結果を**ケンショウ**する
⑤ **セイリョクケン**を広げる

①・権限
棄権
堅固
嫌疑
検証
勢力圏

□自然の**セツリ**が作り上げた運命
① 電線を**セツダン**する
② 予算の**セッショウ**をする
③ **セットウ**の罪に問われる
④ **セツジョク**を果たす
⑤ 栄養を**セッシュ**する

⑤・摂理
切断
折衝
窃盗
雪辱
摂取

□十五年で**バイゾウ**するという速度
① 細菌**バイヨウ**の実験
② 印刷**バイタイ**
③ 裁判における**バイシン**制
④ 事故の**バイショウ**問題
⑤ 旧に**バイ**したご愛顧

⑤・倍増
培養
媒体
陪審
賠償
倍

□さまざまな**ヨウイン**が絡んで
① 観客を**ドウイン**する
② **ゴウイン**な勧誘に困惑する
③ **コンイン**関係を結ぶ
④ **インボウ**に巻き込まれる
⑤ 不注意に**キイン**した事故を防ぐ

⑤・要因
動員
強引
婚姻
陰謀
起因

□反科学主義という病理は**イ**やされると
① 物質を**クウユ**する
② **ヒユ**を頻用する
③ **ユエツ**の心地を味わう
④ **ユチャク**を断ち切る
⑤ **キョウユ**として着任する

④・癒
空輸
比喩
愉悦
癒着
教諭

3 入試問題② 国公立大

くりかえし

3章で学習した漢字を、実際の入試問題で確認します。

傍線部のカタカナを漢字に改めよ。

□より多くの個人が自己**サイリョウ**にもとづいて手段をコントロールしつつ… ［　］　裁量　山形大

□あらゆる**ショウヘキ**を撤廃することをすべての国に… ［　］　障壁　滋賀大

□人工言語は、簡略化の**イッカン**として、多義語を少なくするのと同時に、… ［　］　一環　宇都宮大

□世界に対する私たちの固定観念が**サッシン**される。 ［　］　刷新　滋賀県立大

□「**スウコウ**なる人間嫌い」と呼ばれるゆえんである。 ［　］　崇高　大阪大

□もともとこの仮面は、**コウヨウ**した芸術創作の欲望から生まれたものではなく、… ［　］　高揚　千葉大

□二十九連勝とは、たいへんな**イギョウ**である。 ［　］　偉業　山梨大

□人間は宇宙の力を「富」として**サクシュ**することもできない。 ［　］　搾取　北海道教育大

□賃金格差や**ショグウ**の変化を見る限り… ［　］　処遇　和歌山大

□いま**ホウカツ**的に「引用」として、読み直してゆくべきであろう。 ［　］　包括　都留文科大

□**カンジン**の絵の方が、解説を聞くためのイラスト風情に成り下がっていてはしないか。 ［　］　肝心　釧路公立大

□首筋に寒いものを感じるほど猛烈に**ダンガイ**した。 ［　］　弾劾　金沢大

傍線部の漢字の読みを平仮名で記せ。

□二一世紀初頭の情報爆発に比べればはるかに**緩慢**だった。 ［　］　かんまん　岩手大

傍線を付したカタカナを漢字で記せ。

□ **セイジャク**な環境で勉強する。 静寂

傍線部のカタカナを漢字に改めた場合、それと同じ漢字を用いるものを群から一つ選べ。

□ **キュウ**殿の衛兵が交替する。　　　④・宮

① 哲学の研**キュウ**に没頭する。

② **キュウ**憩時間となった。

③ **キュウ**地に陥る。

④ 事件が解決できず、迷**キュウ**入りとなった。

⑤ 政敵に**キュウ**弾される。

究　休　窮　宮　糾

明治大

傍線部のカタカナを字画正しい漢字に直せ。

□ たとえば『万葉集』は同時代の仏教のどんな理論的な著述よりも、奈良時代の人間のものの考え方をはるかに**メイリョウ**にあらわしていたといえるだろう。　　　　　　　明瞭

上智大

⟲ くりかえし

3章で学習した漢字を、実際の入試問題で確認します。

傍線部を漢字表記に改めた場合、それと同じ漢字を傍線部で用いるものを選べ。

□ どの宗教にもある深層の宗教性（**キョウギ**の宗教性）と表層の道徳性のうち、儒教では深層の部分が目立たないかたちで存在しているので、それと気づきにくい。　　④・狭義

① イベントに**キョウサン**する。

② 国民が福利を**キョウジュ**する。

③ 船で津軽**カイキョウ**をわたる。

④ **ヘンキョウ**な考え方である。

協賛　享受　海峡　偏狭

日本大

傍線部の読み方をひらがなで書け。

□ 人口動態と文明史的な変化を背景に、国の安全保障のあり方そのものを再考察する機運が盛り上がってもいいはずなのに、そうした**兆**しは萎んだままだ。　　　　　きざ（し）

立命館大

傍線部の片仮名を漢字に直して、記しなさい。

□ この道路を**カンカツ**しているのは国土交通省だ。　　管轄

学習院大

4章

入試出題
常用漢字表に
ない漢字

この章では入試に出題された、常用漢字表にない漢字や読み方をするものを掲載しています。

私立大学入試では、常用漢字はもちろん、常用漢字表にない漢字や読みからも出題されるため、常用漢字を意識して学習していきましょう。常用漢字表にない漢字からは読み問題が多く出題されるため、4章では「読む」の割合を多くしています。

1　勇敢で**ソウメイ**な少女が活躍する推理小説。

2　丹頂鶴が空高く**ヒショウ**する。
たんちょうづる　空中をとぶこと

3　**ボウバク**たる風景が広がっている。
広くてとりとめのないさま

4　ゴリラの集団行動に文明の**ホウガ**を見る。

5　経営努力を放棄した企業は**トウタ**される。
不適当なものを排除すること

6　**キョウベン**を執るようになって二十年だ。
きょうしの持つむち

7　急な出来事に**ボウゼン**と立ちすくんだ。
あっけにとられるさま

8　**カレン**な花が描かれた水彩画。
かわいらしいさま

9　弟の死を嘆く大伯皇女の名高い**バンカ**。
おおくのひめみこ　人の死を悲しみ嘆くうた

10　答弁は**シンピョウ**性に欠けるものだった。
しんらいすること

11　雑念をはらい、**メイソウ**にふける。
目を閉じて静かに考えること

12　**ズサン**な計画が成功するはずがない。
いい加減なさま

13　ビルの屋上から街並みを**チョウカン**する。
高い場所から見おろすこと

14　**ゼイタク**な暮らしを満喫する。
必要以上に金をかけるさま

聡明

飛翔

茫漠

萌芽

淘汰

教鞭

呆然

可憐

挽歌

信憑

瞑想

杜撰

鳥瞰

贅沢

「聡」には「さとく賢い」という意味がある

「翔」には「羽を大きく広げてとびまう」という意味がある

「漠然」は「はっきりせず、とらえどころのないさま」

「萌」には「きざし」「めを出す」という意味がある

「淘汰」の「陶」と混同しないように　「陶酔」の「陶」

「教鞭を執る」は「生徒に学業を授ける」

「呆」—訓 あき(れる)

「憐」は「あわれむこと」

「相聞歌」は「恋歌」のこと

「信憑性」は「信用できる度合い」

「瞑目」は「目を閉じること」「瞑する」は「安らかに死ぬこと」

杜黙の作った詩が作詩の規則に合わなかったという故事から

類「俯瞰」

「贅沢三昧」は「贅沢を思うままにすること」

15 □ 純真ムクな幼子の笑顔に癒やされる。
けがれのないさま

16 □ 傷口がカノウする。
傷などがうむこと

17 □ インフルエンザがマンエンする。

18 □ 五穀ホウジョウを祈願する。
穀物がゆたかに実ること

19 □ 工事中のためにウカイを余儀なくされる。
遠まわりをすること

20 □ 本質的ではないマッショウ的なことにこだわる。
重要でないこと

21 □ ササイなことから仲違いする。
取るに足りないさま

22 □ 動物は自然界のオキテに従っている。
きまり

23 □ 大人だけがウソをつくわけではない。
いつわり

24 □ ハルか遠くに見える山並みを仰ぐ。
遠く隔たるさま

25 □ 昔の記憶がヨミガエる。
再び以前の状態を取り戻す

26 □ 民衆をアオり、暴動を起こさせる。
そそのかす

27 □ 絶滅の危機にヒンする種は少なくない。
ある大きな事態が迫る

28 □ 最年少の受賞者として一躍名をハせる。
広く世間に知らせる

29 □ コトワザには民衆の知恵が凝結している。
古くから言いならわされてきた言葉

30 □ 故郷の町が祭りでニギわう。
人出が多く混み合う

4章 書く

| 無垢 | 化膿 | 蔓延 | 豊穣 | 迂回 | 末梢 | 些細 | 掟 | 嘘 | 遥 | 蘇（甦） | 煽 | 瀕 | 馳 | 諺 | 賑 |

キンムク「無垢」は「純金」のこと

ノウ「膿」には「うみ」という意味がある

「蔓」には「伸び広がる」という意味がある

【類】ホウサク「豊作」

ウ「迂」には「遠回りをする」という意味がある

ショウ「梢」には「こずえ（枝の先）」という意味がある

シャ「些」には「少し」という意味がある
ショウ「些少」は「ごくわずかであること」

【音】テイ・ジョウ

【音】セン「扇（煽）動」は、「アジテーション」

ヒンシ「瀕死」は「今にも死にそうなこと」

チ「思いを馳せる」は「遠く離れているもののことを思う」

ソセイ「蘇生」は「生き返ること」

「嘘も方便」は「時には嘘も手段として必要である」

ハル「遥かに大きい」は「たいそううかけ離れている」

【音】ゲン
シンシン「殷賑」は「非常ににぎやかなこと」

読む①

※常用漢字表にない読みを含むものには、▼を付けています。

1 形勢は混沌として予断を許さない。
物事の区別やなりゆきがはっきりしないさま

2 常識の中に含まれる誤謬を正す。

3 理想と現実との乖離に悩む。
そむき離れること　　あやまり

4 領土問題が両国間の紛争を惹起した。
事件や問題をひきおこすこと

5 想像の範疇を超える出来事に遭遇した。
同じような性質のものが含まれる範囲

6 推敲を重ねることで文章は洗練される。
文章表現を練り直すこと

7 両親の庇護のもと、何不自由なく育つ。
かばいまもること

8 未来永劫にわたって愛することを誓う。
無限に長い年月

9 稀有な才能の持ち主に出会う。
めったにないさま

10 災害時は情報が錯綜しやすい。
複雑に入り交じること

11 巨悪に対し毅然として立ち向かう。
意志が強くしっかりしているさま

12 無事の知らせに安堵の胸をなでおろす。
安心すること

13 監督が審判の判定に執拗に抗議する。
しつこいさま

▼
14 気障で鼻もちならぬ人物が主人公の映画。
服装や言動が気取っていて嫌味なさま

こんとん　「渾沌」とも書く

ごびゅう　ビュウケン「謬見」は「間違った考え」

かいり　「乖」には「そむく」という意味がある

じゃっき　ジャック「惹句」は「キャッチフレーズ」

はんちゅう　「疇」には「仲間・同類」という意味がある

すいこう　「推す」と「敲く」で表現を迷ったという故事から

ひご　「庇」には「雨や日を遮るひさし」という意味がある

えいごう　類「永遠」エイエン

けう　「希有」とも書く

さくそう　「錯」には「まじる」という意味がある

きぜん　「毅」には「強い」という意味がある

あんど　ホンリョウアンド「本領安堵」は「幕府が代々の領土の領有権を認めたこと」

しつよう　「拗」には「しつこい」という意味がある

きざ　「気障り」の略

15　都会の喧騒の中で孤独をかみしめる。（騒がしいこと）
　けんそう　─「喧騒」とも書く

16　近代の終焉を唱える者もいる。（終わり）
　しゅうえん　─本来は「命が終わること」という意味

17　冤罪を晴らせたことを墓前に報告する。（無実の罪）
　えんざい　─「冤」には「ぬれぎぬ」という意味がある

18　ヒーローが颯爽と現れる。（人の行動や姿が勇ましいさま）
　さっそう　─「爽」には「さわやか」という意味がある

19　身の証しを立てる。（疑いをはらす証拠）
　あかし　─「証しを立てる」は「証明する」

20　富を得るだけの人生など虚しいものだ。（はかない）
　むなしい　─「空しい」とも書く

21　壁に向かって不満を呟く。（小声で独り言を言う）
　つぶやく　─「ぶつぶつ言う」と近い意味である

22　十年ぶりの故郷には嘗ての面影がない。（以前　昔）
　かつて　─「いまだ嘗てない」は「いままで一度もない」である

23　話術に長けた人を羨む。（ある方面に優れている）
　たけた　─「長じる」は「成長する」「巧みになる」

24　暫く休業するという知らせがあった。（少しの間）
　しばらく　─音ザン　「暫定」など（ザンテイ）

25　頑なだった態度を改める。（がんこなさま）
　かたくな　─ここでは「偏屈」に似た意味

26　『斜陽』は没落の運命を辿る一族の物語だ。（ある方向に進む）
　たどる　─「記憶を辿る」などとも用いる

27　秘めた思いを日記に綴る。（文章を書き表す）
　つづる　─「つなぎ合わせる」という意味もある

28　儲けは少ないが堅実な商売を営む。（利益）
　もうけ

29　概ね視界は良好だ。（おおよそ）
　おおむね　─音ガイ　「概略」は「あらまし」のこと（ガイリャク）

30　台風で甚大な被害を蒙った。（身に受ける）
　こうむった　─「被る」とも書く

※常用漢字表にない読みを含むものには、▼を付けています。

□ 1	頭脳明晰な人物。 筋道がはっきりとおっているさま	めいせき
□ 2	渾身の力を振り絞る。 からだ全体	こんしん [類]『全身』『満身』
□ 3	メディアは時として事実を歪曲する。 事柄を意図的にゆがめ曲げること	わいきょく 「歪」には「ゆがむ」という意味がある
♛ 4	大人になると食の嗜好も変わるものだ。 人それぞれの好み	しこう 「嗜好品」は「栄養のためでなく、味や香りを楽しむためにとる飲食物」
□ 5	平安末期は厭世的な気分が広がっていた。 この世が嫌になること	えんせい 「厭」には「嫌になる」という意味がある
□ 6	知らせを受け、急遽帰国する。 大急ぎで	きゅうきょ 「遽」には「にわかに」という意味がある
□ 7	両親と浅草界隈を歩く。 その辺り一帯	かいわい 「界」には「さかいめ」という意味がある
□ 8	人間に無謬性を求めるのは誤りだ。 理論や判断に誤りがないこと	むびゅう 『誤謬』は「あやまり」
□ 9	雑踏の中で、不意に寂寥感に襲われる。 ものさびしいさま	せきりょう 「寥」には「もだえる」という意味がある
□ 10	太田豊太郎は恋と国家との間で煩悶した。 もだえ苦しむこと	はんもん 「悶」には「もだえる」という意味がある
□ 11	波瀾に富んだ人生を送る。 変化や曲折があること	はらん 「波瀾万丈」は「変化の激しいさま」
□ 12	孤独を紛らすために街を徘徊する。 あてもなく歩き回ること	はいかい 「徘」「徊」ともに「さまよう」という意味がある
□ 13	フランス語を流暢に話す。 言葉がすらすらと出てよどみないさま	りゅうちょう 「暢」には「のびる」「のびやか」という意味がある
□ 14	川を挟んで両軍が対峙する。 向き合って立つこと	たいじ 「峙」には「じっと動かないでまっすぐに立つ」という意味がある

□ 30	□ 29	♔ 28	□ 27	□ 26	□ 25	□ 24	□ 23	□ 22	□ 21	□ 20	□ 19	□ 18	□ 17	□ 16	□ 15

30 荒んだ生活からようやく抜け出す。
荒れてうるおいがなくなる

▼遠く離れた両親の安否を訊ねる。
質問する

29 老人から金を騙しとった男が逮捕された。
あざむくこと

鏡をご神体として崇める。
尊び敬う

28 為政者は巷の声に耳を傾けるべきだ。
世間

27 かつては七十歳まで生きる者は稀だった。
めったにないさま

26 能力のある人ほど自惚れることがない。
自分を実際以上に優れていると思う

25 新しい環境にようやく馴染んだ。
慣れ親しむ

24 新商品は忽ち売り切れてしまった。
すぐに

23 コンサートは熱気に溢れるものだった。
満ち満ちている

22 前例に則って式を執り行う。
規範として従う

21 ▼なす術がない。
手段

20 相手の立場を慮る。
よくよく考える

19 いざという時に備えて予め準備しておく。
まえもって

18 梅雨時は外に出るのが億劫になる。
面倒くさくて気が進まないこと

17 突然の事故の知らせに狼狽する。
あわてふためくこと

▼荒んだ（すさ）

訊ねる（たず）

騙し（だま）

崇める（あが）

巷（ちまた）

稀（まれ）

自惚れる（うぬぼ）

馴染んだ（なじ）

忽ち（たちま）

溢れる（あふ）

則って（のっと）

術（すべ）

慮る（おもんぱか）

予め（あらかじ）

億劫（おっくう）

狼狽（ろうばい）

---

15 狼狽 [音]ロウ [音]バイ
「周章狼狽」は「ひどくあわてふためく」という意味
もともとは極めて長い時間を意味する仏教用語

16 億劫 [音]ヨ 「予定」など

17 慮る [音]リョ 「思慮」など

18 予め [音]イツ 「充溢」など

19 溢れる [音]ソク 「規則」など

20 則って [音]ジュツ 「戦術」など

21 術 [音]コツ 「忽然」など

22 忽ち [馴]—[音]ジュン 「馴致」など

23 馴染んだ [音]コウ 「巷間を騒がす」は「世間を騒がす」

24 巷 [＋テイ]「稀代の悪党」は「世に珍しいほどの悪党」「稀代の悪党」とも書く

25 稀 [音]ソウ 「泣く子を騙す」は「泣く子をなだめる」「己惚れる」とも書く

26 自惚れる [音]スウ 「崇拝」など

27 崇める [音]ジン 「訊問」など

28 巷 ここでは「荒廃」に似た意味

※常用漢字表にない読みを含むものには、▼を付けています。

1 病気の母に尽くす幼い健気な兄弟。　心がけがしっかりしているさま

2 山登りの醍醐味を初めて味わった。　深い味わい

3 饒舌ではあるが話に中身がない。　おしゃべりなこと

4 西洋の文化が世界中に伝播する。　広く伝わること

5 瑣末なことにこだわる。　取るに足りないこと

6 事件の証拠を捏造する。　でっちあげること

7 溌剌とした演技が高く評価された。　生き生きしているさま

8 世間を震撼させた大事件。　ふるえあがること

9 思う存分に青春を謳歌する。　幸せな状況を十分に楽しむこと

10 睡眠不足が続き、頭が朦朧とする。　意識が確かでないさま

11 豪華絢爛たる二条城に見とれる。　きらびやかで美しいこと

12 レンズを使って光を収斂する。　一点に集めること

13 酒に耽溺する生活から抜け出す。　不健全な遊びなどに夢中になること

14 理念を共有しない集団は脆弱だ。　もろくてよわいさま

---

1 けなげ

2 だいごみ

3 じょうぜつ

4 でんぱ

5 さまつ

6 ねつぞう

7 はつらつ

8 しんかん

9 おうか

10 もうろう

11 けんらん

12 しゅうれん

13 たんでき

14 ぜいじゃく

「健」―「訓」すこ(やか)

「醍醐」は「牛や羊の乳を精製して作る食品」

「冗舌」とも書く

「類」「多弁」

「播」には「まきちらす」という意味がある

「瑣末」「些末」とも書く

「類」「些細」

「捏」には「手でこねる」という意味がある

「撼」には「揺り動かす」という意味がある

「謳歌」(ショウサン)「賞賛」という意味でも使う

「朦朧」ともに「月がぼんやりかすむさま」という意味がある

「絢」には「色糸をめぐらして取り巻く模様」という意味がある

「溺」には「おぼれる」という意味がある

「血管が収斂する」は「血管が縮む」

「脆」には「もろい」という意味がある

□	👑	□	□	□	□	□	□	□	□	□	□	□	□	□	□
30	29	28	27	26	25	24	23	22	21	20	19	18	17	16	15

30 ▼生き霊に憑かれて命を落とした姫君。
悪霊などが人に乗りうつる

29 俄には首肯しがたいことだ。
すぐさま

28 流木が潮風に晒される。
日光や雨風のあたるままにしておく

27 倦まずたゆまず自らの仕事を続ける。
飽きる

26 日本中に遍く知られた名旅館。
広く一般に

25 否応を言わせない強引な態度。
不承知と承知

24 友というよりも▼寧ろライバルだ。
どちらかといえば

23 条件に適う求人がなかなかない。
あてはまる

22 一人の選手の怠慢がチームの勢いを▼削いだ。
弱める

21 事件の解決に繋がる有力な情報。
関連する

20 窓辺に佇み、物思いにふける。
しばらく立ち止まる

19 山里の静かな暮らしに惹かれる。
人の心を誘う

18 ▼徒に時を費やす。
むだに

17 交渉相手の優柔不断な態度に苛立つ。
気持ちが高ぶり落ち着かなくなる

16 弟は急に笑い出した兄を怪訝な顔で見た。
不思議で納得のいかないさま

15 ▼微塵も疲れた様子を見せない子どもたち。
ごくわずかなこと

つ

にわか

さらさ

う

あまね

いやおう

むし

かな

そ

たたず

ひ

いたずら

いらだ

けげん

みじん

- 音ヒョウ 「憑依」など
- 「人目に晒す」は「多くの人に見られるようにする」
- 「俄作り」は「必要に迫られ急いでこしらえる」
- 音ケン 「倦怠」など
- 音ヘン 「普遍」など／「普く」とも書く
- 「否応なしに」は「うむを言わせず」「無理やりに」という意味
- 音ネイ 「安寧」など
- 音テキ 「適切」など
- 音サク 「削減」など
- 音ケイ 「繋累」は「自分が世話をすべき家族」
- 音チョ 「佇立」など
- 「惹起」は「事件や問題を引き起こすこと」
- 「徒になる」は「むだになる」「死ぬ」
- 音カ 「苛酷」など
- 音—
- 「訝しむ」は一般に「いぶかしむ」と読む
- 「粉微塵になる」は「こなごなになる」

197 2800問 2043問

4章 読む③

読む④

※常用漢字表にない読みを含むものには、▼を付けています。

□ 1　驚愕すべき事実が明らかになる。
　非常に驚くこと

👑 2　屹立する山を仰ぐ。
　高くそびえ立つこと

□ 3　新人ながら公演の主役に抜擢された。
　多くの中から引き抜いて使うこと

□ 4　静謐な世の中になることを祈念する。
　世の中が穏やかに治まっていること

□ 5　ふとしたことで猜疑心に駆られる。
　そねみねたむ心

□ 6　美しい自然には心を慰藉する力がある。
　なぐさめいたわること

□ 7　父は浮世絵の蒐集をしている。
　集めること

□ 8　母は、塩梅が悪くて伏せっている。
　物事や身体の具合

□ 9　熾烈なトップ争いを演じる。
　勢いが盛んで激しいさま

□ 10　狐は狡猾な生き物として描かれやすい。
　きつね　ずるがしこいこと

□ 11　何事も▼目論見どおりにはいかないものだ。
　計画

□ 12　理想の実現に向けて邁進する。
　勇敢につきすすむこと

□ 13　憤懣やるかたない思いをする。
　発散できずに心中にわだかまる怒り

□ 14　祭壇の前にひざまずき、敬虔な祈りを捧げた。
　ささ　神仏につつしんで仕えるさま

きょうがく
[類]「愕然(ガクゼン)」

きつりつ

ばってき
「擢」には「ぬきんでる」という意味もある

せいひつ
「謐」には「しずか」という意味がある

さいぎしん
「猜」には「自分より優れたものを恨めしく思う」という意味がある

いしゃ
「藉」には「やわらげる」という意味がある

しゅうしゅう
「蒐」には「集める」という意味がある

あんばい
「按配」とも書く

しれつ
「熾」には「火の勢いが強いさま」という意味がある

こうかつ
「狡」「猾」ともに「ずるい」という意味がある

もくろみ
「目論む」は「計画する」「企てる」

まいしん
「邁進」は「勇往邁進(ユウオウマイシン)」という形でも用いられる

ふんまん
「忿懣」とも書く

けいけん
「虔」には「つつしむ」という意味がある

4章 読む④

- [ ] 15 咄嗟の機転が利く人は珍しい。
- [ ] 16 子猿を亡くした母猿の姿に憐憫の情を抱く。
- [ ] 17 清盛の死後、平家は凋落の一途を辿った。
- [ ] 18 弱者を揶揄した投書が批判を浴びる。
- [ ] 19 異文化を躊躇することなく受けいれる。
- [ ] 20 一日中、読書に耽る。
- [ ] 21 良心の咎めに苛まれる。
- [ ] 22 囁くように歌うジャズシンガー。
- [ ] 23 美には抗うことのできない力がある。
- [ ] 24 師をはるかに凌ぐ腕前を持つ。
- [ ] 25 病気に罹った光源氏は北山を訪れた。
- [ ] 26 遠く離れた故国を思い、涙に咽ぶ。
- [ ] 27 頻りに降る雪を眺める。
- [ ] 28 夥しい人が祭りに参加した。
- [ ] 29 辺りを憚るようにひそひそと話す。
- [ ] 30 計画は悉く失敗した。

#	読み	注
15	とっさ	落語の「小咄」は「こばなし」と読む
16	れんびん	「憐」「憫」ともに「あわれむ」という意味がある
17	ちょうらく	「凋」には「しぼむ」という意味がある
18	やゆ	「揶」「揄」ともに「からかう」という意味がある
19	ちゅうちょ	類 逡巡
20	ふけ	没頭する 音タン 「耽美」は「美に浸り楽しむこと」
21	とが	「咎め立て」は「必要以上に強く咎めること」
22	ささや	声をひそめて話す 「辞任が囁かれる」は「辞任がうわさされる」
23	あらが	さからう 音コウ 「抵抗」など
24	しの	超えてそれ以上になる 「急場を凌ぐ」は「急場を乗り切る」
25	かか	病気になる 音リ 「罹病」ここでは「罹病」という意味
26	むせ	涙でのどを詰まらせる 音イン 「咽」には「のど」という意味がある
27	しき	ひっきりなしに 音ヒン 「頻繁」など
28	おびただ	甚だ多い 「暑いこと夥しい」は「ひどく暑い」
29	はばか	遠慮する 「憎まれっ子世に憚る」は「憎まれるような者が世間で幅を利かすこと」
30	ことごと	すべて 音シツ 「悉皆」など

199　2800問 2073問

4

分かる① 🔒

[分かる] では、例文中に熟語の意味を入れています。また、常用漢字表にない読みを含むものには、▼を付けています。

□ 1 人々に知識を与えて教え導くことを啓蒙という。

　　[けいもう]
　　「啓」は「ひらく」、「蒙」は「暗い」という意味

□ 2 高い所から見下ろすことを俯瞰という。

　　[ふかん]
　　類「鳥瞰(チョウカン)」

□ 3 形のないもの、精神的なものを形而上という。

　　[けいじじょう]
　　対「形而下(ケイジカ)」「形而上学(ケイジジョウガク)」は哲学の領域の一部

□ 4 ある方向へと動く勢いを趨勢という。

　　[すうせい]
　　「時代の趨勢」などと用いる

□ 5 普遍的な前提から個別の結論を導き出すことを演繹という。

　　[えんえき]
　　対「帰納(キノウ)」

□ 6 意味を押し広げて説明することを敷衍という。

　　[ふえん]
　　「衍」には「のばしひろげる」という意味がある

□ 7 ぐずぐずとためらうことを逡巡という。

　　[しゅんじゅん]
　　「遅疑逡巡(チギシュンジュン)」とは「疑い迷って、ぐずぐずする」という意味

□ 8 主義や主張などを公然と掲げあらわすことを標榜という。

　　[ひょうぼう]
　　「善行を賞揚し広く示す」という意味もある

□ 9 無用の心配をすることを杞憂という。

　　[きゆう]
　　杞の国の人が天が崩れ落ちることを憂えたという故事による

□ 10 心が広く小さなことにこだわらないさまを闊達という。

　　[かったつ]
　　「自由闊達(ジユウカッタツ)な気風」などと用いる

□ 11 特別にかわいがられる子どもや世間でもてはやされている人を寵児という。

　　[ちょうじ]
　　「時代の寵児」などと用いる

□ 12 自分の身分や立場を越えてでしゃばることを僭越という。

　　[せんえつ]
　　「僭」には「思い上がる」という意味がある

□ 13 遠回しに表現することを婉曲という。
［えんきょく］
対『露骨(ロコツ)』

□ 14 ありありと思い浮かぶさまを彷彿という。
［ほうふつ］
「往事を彷彿させる」などと用いる

□ 15 気ままでだらしないことを放埒という。
［ほうらつ］
ある物事の範囲の外を「埒(ラチ)外」という

□ 16 他をしのいでその上に出ることを凌駕という。
［りょうが］
「凌」には「しのぐ」「こえる」という意味がある

□ 17 とがめ責めることを呵責という。
▼
［かしゃく］
「良心の呵責」などと用いる

□ 18 学問や技芸の深い知識を蘊蓄という。
［うんちく］
「蘊蓄を傾ける」などと用いる

□ 19 一時しのぎにごまかすことを糊塗という。
［こと］
「失態を糊塗する」などと用いる

□ 20 ちらっと見ることを一瞥という。
［いちべつ］
「瞥見(ベッケン)」も「ちらっと見る」という意味

□ 21 心を奪われてうっとりすることを恍惚という。
［こうこつ］
「恍」も「惚」も「うっとりする」という意味

□ ♛ 22 食い違いを齟齬という。
［そご］
「齟齬をきたす」などと用いる

□ 23 あふれるほど盛んなことを横溢という。
［おういつ］
「溢」には「あふれる」という意味がある

□ 24 繰り返し思い考えることを反芻という。
［はんすう］
「一度飲み込んだ食物を口中に戻し、再び咀嚼(ソシャク)する」という意味もある

4

分かる② 🔒

□ 1 本を出版することを上梓という。

[じょうし]
「梓」を版木に用いたことから

□ 2 出来事の一部始終を顛末という。

[てんまつ]
「事の顛末を話す」などと用いる

□ 3 厳格にくべつすることを峻別という。

[しゅんべつ]
「公私を峻別する」などと用いる

□ 4 経験が豊かで悪賢いことを老獪という。

[ろうかい]
「海千山千」と同じような意味

□ 5 勢いに押され、どうしようもなく困ることを辟易という。

[へきえき]
類「閉口」

□ 6 わずかにつながっているさまを一縷という。

[いちる]
「一縷の望み」などと用いる

□ 7 恥じ入るさまを忸怩という。

[じくじ]
「忸怩たる思い」などと用いる

□ 8 ありふれたさまを常套という。

[じょうとう]
「常套句」は「決まり文句」という意味

□ 9 こじつけの議論を詭弁という。

[きべん]
「詭弁を弄する」などと用いる

□ 10 他人の手先になって働く者を走狗という。

[そうく]
「権力の走狗」などと、軽蔑の意味を込めて用いる

□ 11 物事の始まりや起こりを嚆矢という。

[こうし]
「嚆矢」は、「開戦のしるしに射た鳴り響く矢のこと」という意味

□ 12 他人の気持ちを推し測ることを忖度という。

[そんたく]
「忖」も「度」も「はかる」という意味がある

202

□ 13 さっぱりとして、あかぬけていることを洒脱という。

しゃだつ〔「洒落」は「しゃれ」と読む〕

□ 14 結局ということを畢竟という。

ひっきょう〔「畢」も「竟」も終わるという意味がある〕

□ 15 ある状態が固定して動かないことを膠着という。

こうちゃく〔「膠」は接着剤などに使われる「にかわ」のこと〕

□ 16 遠慮することを忌憚という。

きたん〔「忌憚のない意見」などと用いる〕

□ 17 事態が差し迫ることを逼迫という。

ひっぱく〔特に生活が困窮することを表す〕

□ 18 広く知れわたることを膾炙という。

かいしゃ〔「人口に膾炙する」などと用いる〕

□ 19 道徳的に乱れ不健全なことを頽廃という。

たいはい〔「退廃」とも書く〕

□ 20 他から受けた非難や攻撃に対し、逆に論じ返すことを反駁という。

はんばく〔「反駁を加える」などと用いる〕

□ 21 力量に差がなく、互いに張り合うことを拮抗という。

きっこう〔「拮抗する勢力」などと用いる〕

□ 22 奥深く底知れないことを深淵という。

しんえん〔「淵」には「水の深くたまったところ」という意味がある〕

□ 23 二つのものを結びつける働きをなすものを紐帯という。

ちゅうたい〔血縁や利害の共有などを「社会的紐帯」という〕

□ 24 のこりかすを残滓という。

ざんし〔「旧制度の残滓」などと用いる〕

4 分かる③ 🔒

※常用漢字表にない読みを含むものには、▼を付けています。

1. かみくだくことを咀嚼という。
   【そしゃく】「文章などの意味をよく考え味わう」という意味でも多く用いる

2. しなやかで強いことを強靱という。
   【きょうじん】「強靱な精神」などと用いる

3. 神聖なものを冒しけがすことを▼冒瀆という。
   【ぼうとく】「冒涜」とも書く

4. 夜明けや物事のはじまりを黎明という。
   【れいめい】対「薄暮」 「薄暮」は「薄明かりの残る夕暮れ」

5. 落とし穴や人を陥れる計略を陥穽という。
   【かんせい】「陥穽にはまる」などと用いる。「穽」は「落とし穴」という意味

6. へりくだって丁寧なさまを慇懃という。
   【いんぎん】「慇懃無礼」は「丁寧すぎてかえって無礼であるさま」

7. 仲たがいすることを▼軋轢という。
   【あつれき】類「不和」

8. 役に立たない物事を▼反古という。
   【ほご】「反故」とも書く。「反古にする」は「破棄する」

9. 知り尽くすことを知悉という。
   【ちしつ】「悉」には「細かなところまですべて」という意味がある

10. 踏みにじること、特に他人の権利や国土を力で侵害することを▼蹂躙という。
    【じゅうりん】「人権蹂躙」などと用いる

11. 考えを巡らすことを▼料簡という。
    【りょうけん】「了見」「了簡」なども書く 「料簡が狭い」などと用いる

12. まな板の上を俎上という。
    【そじょう】「俎上に載せる」は「批評などの対象としてとりあげる」という意味

□ 13 自分の才能や地位を隠すことを**韜晦**という。

とうかい [「韜」は「つつむ」、「晦」は「く らます」という意味

□ 14 背くことや反対になることを**背馳**という。

はいち [背を向けて走り去ることか ら

□ 15 あっさりしていて物事に執着しないさまを**恬淡**という。

てんたん [「恬澹」とも書く。「恬淡と した態度」などと用いる

□ 16 度を超えたぜいたくを**奢侈**という。

しゃし [「豪奢」は「非常に贅沢で派 手なこと」

□ 17 あたりをにらみつけて勢いを示すことを**睥睨**という。

へいげい [「天下を睥睨する」などと用 いる

□ 18 厳しく自由を束縛するものを**桎梏**という。

しっこく [「桎」は「足かせ」、「梏」は「手 かせ」

□ 19 情が深く離れにくいさまを**纏綿**という。

てんめん [「情緒纏綿」などと用いる

□ 20 囲い巡らすことを**囲繞**という。

いにょう （いじょう） [「青年を囲繞する時代の空 気」などと用いる

□ 21 言いふらすことを**吹聴**という。

ふいちょう [「自慢話を吹聴する」などと 用いる

□ 22 推測することを**端倪**という。

たんげい [「端倪すべからず」は「容易 にはかり知ることができな い」という意味

□ 23 ゆったりと落ち着いていることを**鷹揚**という。

おうよう [「鷹が悠然と空を飛ぶさま か ら

□ 24 多くの人をなびき従わせることを**風靡**という。

ふうび [「一世を風靡する」などと用 いる

2800問 2145問

傍線部の漢字をひらがなにせよ。

● 「源氏物語」ほど人口に膾炙した物語は他になく、作品に関する蘊蓄を語る人も少なくない。しかし「源氏物語」は、その内容を頽廃的だと見なされたり、王権を冒瀆するものだと決めつけられたこともあったのだ。今日私たちが「源氏物語」の世界に耽溺しその内容を反芻したり、誰はばかることなく議論の俎上に載せたりすることができるのは幸せなことだと言えるかもしれない。

● 日本において直接的な表現は好まれない。したがって口調だけ慇懃であっても、忌憚のない意見を言う人は、周囲からは人の気持ちを忖度しない人、もしくは放埒な人だと言われたりする。言い換えれば、日本では、婉曲な表現や鷹揚な人が好まれるのである。こうした風潮に忸怩たる思いを抱いたり辟易したりしている人も少なくないかもしれないが、これは狭い世間で軋轢が生じることを避けるための知恵のようなものなのだろう。しかし、周囲に気を配るだけの生き方はやはりつまらない。信念を持ちつつ闊達に生きるということを忘れたくないものだ。

● 理性を重視する啓蒙思想は、一世を風靡したが、功だけでなく罪もある。その一つが植民地主義を正当化したということである。西洋は、自らと非西洋とを峻別し、非西洋は形而上的な思考や演繹的思考などが存在せず、物事を俯瞰的に見たり、

[解答]

1 かいしゃ
2 うんちく
3 たいはい
4 ぼうとく
5 はんすう
6 そじょう

7 いんぎん
8 きたん
9 そんたく
10 ほうらつ
11 えんきょく
12 おうよう
13 じくじ
14 へきえき
15 あつれき
16 かったつ

17 けいもう
18 ふうび

206

敷衍[23]して考えることもできない未開の状態にあると吹聴[24]し、自分だけが文明だと標榜[25]したのだ。しかしそうした見方は畢竟[26]、西洋の側からの狭い見方でしかない。非西洋から反駁[27]されるのは当然だったのである。しかし、それでも良心の呵責[28][29]に苦しむ西洋の思想家は当時においては少なく、彼らの多くは自らの誤りを糊塗し、詭弁[30]を弄することに終始した。

●人間は自らの未来を知ることができず、あらゆることを知悉[31]しているわけでもない。後から杞憂[32]だったとわかることでも、ことの顛末[33]がはっきりするまでは恬淡[34]としてはいられないのだ。これがオカルティズムの陥穽[35]にはまる人が後を絶たない所以（ゆえん）である。人間は合理性だけでは生きていけない存在なのだ。

●
35　かんせい
34　てんたん
33　てんまつ
32　きゆう
31　ちしつ
30　きべん
29　こと
28　かしゃく
27　はんばく
26　ひっきょう
25　ひょうぼう
24　ふいちょう
23　ふえん
22　ふかん
21　えんえき
20　けいじじょう
19　しゅんべつ

くりかえし
※190～205ページから出題しています。

1 広くてとりとめのないさま ぼうばく [　]
2 きざし ほうが [　]
3 けがれのないさま むく [　]
4 広く世間に知らせる は[　]せる
5 遠く隔たるさま はる[　]か
6 そそのかす あお[　]る
7 あやまり 誤謬
8 しつこいさま 執拗
9 そむき離れること 乖離
10 筋道がはっきりとおっているさま 明晰

11 尊び敬う 崇[　]める
12 事柄を意図的にゆがめ曲げること 歪曲
13 すぐさま 俄
14 もろくてよわいさま 脆弱
15 ある方向に進むこと 辿[　]る
16 あわてふためくこと 狼狽
17 利益 儲[　]け
18 からだ全体 渾身
19 向き合って立つこと 対峙
20 からかうこと 揶揄

21 広く伝わること 伝播
22 勢いが盛んで激しいさま 熾烈
23 意識が確かでないさま 朦朧
24 生き生きしているさま 溌剌
25 多くの中から引き抜いて使うこと 抜擢
26 ずるがしこいこと 狡猾
27 大急ぎで 急遽
28 おしゃべりなこと 饒舌
29 超えてそれ以上になる 凌[　]ぐ
30 なぐさめいたわること 慰藉

208

31 意味を押し広げて説明すること 〔敷衍〕
32 無用の心配をすること 〔杞憂〕
33 厳格にくべつすること 〔峻別〕
34 心を奪われてうっとりすること 〔恍惚〕
35 遠慮すること 〔忌憚〕
36 知り尽くすこと 〔知悉〕
37 繰り返し思い考えること 〔反芻〕
38 他人の気持ちを推し測ること 〔忖度〕
39 しなやかで強いこと 〔強靱〕
40 食い違い 〔齟齬〕

41 他をしのいでその上に出ること 〔凌駕〕
42 仲たがいすること 〔軋轢〕
43 事態が差し迫ること 〔逼迫〕
44 へりくだって丁寧なさま 〔慇懃〕
45 高い所から見下ろすこと 〔俯瞰〕
46 かみくだくこと 〔咀嚼〕
47 物事の始まりや起こり 〔嚆矢〕
48 恥じ入るさま 〔忸怩〕
49 ゆったりと落ち着いていること 〔鷹揚〕
50 推測すること 〔端倪〕

4章 意味から考えるテスト⑧

[解答]
1 茫漠
2 萌芽
3 無垢
4 馳
5 遥
6 煽
7 ごびゅう
8 しつよう
9 かいり
10 めいせき
11 あが
12 わいきょく
13 にわか
14 ぜいじゃく
15 ただ
16 ろうばい
17 もう
18 こんしん
19 たいじ
20 やゆ
21 でんぱ
22 しれつ
23 もうろう
24 はつらつ
25 ばってき
26 こうかつ
27 きゅうきょ
28 じょうぜつ
29 しの
30 いしゃ
31 ふえん
32 きゆう
33 しゅんべつ
34 こうこつ
35 きたん
36 ちしつ
37 はんすう
38 そんたく
39 きょうじん
40 そご
41 りょうが
42 あつれき
43 ひっぱく
44 いんぎん
45 ふかん
46 そしゃく
47 こうし
48 じくじ
49 おうよう
50 たんげい

傍線部の漢字の読みとして最もふさわしいものを一つ選べ。

□相手チームのプレーは**狡猾だ**〔　　〕

① こうかつ　② こんかつ　③ こうこう

④ こんかう　⑤ きょうこう

明治大

傍線部の「**ヒンして**」を漢字にする場合に最適なものを①
〜⑤から選べ。

□財政状況が危機に**ヒンして**いるにもかかわらず、……③

〔　　〕

① 賓して　② 頻して　③ 瀬して

④ 稟して　⑤ 貧して

青山学院大

傍線部のカタカナの部分を漢字で書いたとき、傍線部に同
一の漢字を使うものを一つ選べ。

□二男が**チョウ**兵から帰ったら、養子にもらって…

〔　　〕

イ　嵐の前**チョウ**。

ロ　**チョウ**瞰図を広げる。

ハ　追**チョウ**税を課す。

ニ　勧善**チョウ**悪。

ホ　**チョウ**発的な態度。

ハ・懲　徴　鳥　兆　徴　挑　懲

関西学院大

4章で学習した漢字を、実際の入試問題で確認します。

傍線のカタカナの漢字と同じ漢字を含むものを一つ選べ。

□祖父は**ケイ**虔なクリスチャンだった〔　　〕

① 要人の**ケイ**護をする

② 事件の**ケイ**緯を説明する

③ 街の**ケイ**観を守る

④ 目上の人を尊**ケイ**する

⑤ 彼の意見は**ケイ**聴に値する

明治大

④・傾　敬　景　経　警　敬

傍線部の読みを、平仮名で記せ。

□私たちは「自由である」ことによって、いやおう
なく他者の視線に**晒される**ことになるのです。

〔　　　　〕

立教大

さら（される）

傍線部の読み方として正しいものを選べ。

□われわれが恐れているのは自己の**終焉**である。

〔　　〕

イ　しゅうだん　ロ　しゅうわん　ハ　しゅうしん　ホ

ニ　しゅうせん　ホ　しゅうえん

関西学院大

4 入試問題② 私立大

くりかえし
4章で学習した漢字を、実際の入試問題で確認します。

□傍線部のカタカナを漢字で書いたとき、傍線部に同一の漢字を使うものを一つ選べ。 　関西学院大

　では、なぜそのような厄**カイ**なものを築くのであろうか。それは人間が生物学的生命そのものを生きることができなくなったからである。

イ　首脳**カイ**談
ロ　一知半**カイ**
ハ　**カイ**奇現象
ニ　**カイ**護福祉
ホ　銀座**カイ**隈

［二・介］
界 介 怪 解 会 介

□傍線部の読み方をひらがなで記せ。 　法政大
　この鏡に映った実在の像は奇天烈に**歪曲**されているのだ。［ わいきょく ］

□傍線部の読み方をひらがなで書け。 　立命館大
　大量に発話され大河のような流れをなす言葉の断片を情報の「資源」ととらえるなら、これは従来の流れに逆行する新たな情報源の誕生を意味する。
［ おびただ（しい） ］

□傍線部の読み方をひらがなで記せ。 　明治大
　わたしから数メートルと離れていないところに立っているそのひとは、気配を消した**静謐**さで、周囲の喧騒をよそに超然としていた。
［ せいひつ ］

□傍線部の読み方をひらがなで書け。 　立命館大
　そぶりは**微塵**も見せなかった。
［ みじん ］

□傍線のカタカナの漢字と同じ漢字を含むものを一つ選べ。 　明治大
　未完の試行**サク**誤のうちにしか果せぬ探索というものがある。［ C・錯 ］

A　寡**サク**な作家
B　作文を添**サク**する
C　情報が**サク**綜する
D　無為無**サク**

策 錯 削 作

□傍線部の読み方を平仮名で記せ。 　立教大
　物質的快楽に**耽溺**したり、実務に没頭するひまはあっても、…
［ たんでき ］

211

□傍線部にあたる漢字を含むものを選べ。
□今までのところ、そういう主題が一番発**キ**された
のが「青森県立美術館」だ。[　]　早稲田大

イ　**キ**然
ロ　**キ**概
ハ　禁**キ**
ニ　分**キ**点
ホ　**キ**発油

ホ・揮
毅　気　忌　岐　揮

□傍線部の読みを、平仮名で記せ。
□都市漂民はこの盛り場で、家庭や職場では求めら
れない**慰藉**と快楽の匂いをかぐ。　立教大
[　]　いしゃ

□傍線部と同じ読みをする漢字が含まれている単語を選べ。　関西学院大
□固定的な「方法」の機械的な適用に**邁進**する。
（まいしん・まいぼつ）
[　]
イ　寓意　　ロ　埋没　　ハ　幕府
ニ　漏洩　　ホ　冥土

↩

4章で学習した漢字を、実際の入試問題で確認します。

□傍線部「モウネン」を漢字で記したものとして最適なもの
を次の①〜⑤から選べ。　青山学院大
□いまだ至らずとして、**モウネン**を払うように祈り
たい。[　]　③
①　猛念　　②　望燃　　③　妄念
④　盲念　　⑤　呆然

□傍線部のカタカナにあてはまる漢字と同じ漢字をカタカナ
の部分に用いる語はどれか選べ。　早稲田大
□社会における人間と人間との関係において、なん
らか安定したバランスが**クズ**れるならば…　イ・崩
イ　**ホウ**御
ロ　**ホウ**酸
ハ　**ホウ**芽
ニ　**ホウ**友
朋　萌　硼　崩　崩

□傍線部の読み方をひらがなで書け。　立命館大
□小学校におけるこどもたちの「自由作文」や「**綴**
り方教室運動」が多大な貢献をした。
[　]　つづ（り）

5章

さまざまな視点から学ぶ漢字

5章では「似た形の漢字」や「間違いやすい漢字」、「特定の言葉に結びつきやすい漢字」など、さまざまな観点から漢字を学習していきます。注意すべきポイントを絞ることで、効果的な学習が可能です。表現する際にも役立ち、語彙を増やすことができる漢字を集めています。

㊀同音	㊁同訓	㊂同音	㊃同音	㊄同音	㊅同音
エイイ	ウつ	イヨウ	イショウ	イコウ	イギ

12	11	10	9	8	7	6	5	4	3	2	1
□	□	□	□	□	□	□	□	□	□	□	□

1 相手の言うことに**イギ**を唱える。
　他人と違ったいけん

2 オリンピックは参加することに**イギ**がある。
　価値

3 **イギ**を正して卒業式に臨む。
作法にかなった重々しい態度

4 先方の**イコウ**に添うようにする。
　思惑、考え

5 親の**イコウ**を笠に着る。
　人を従わせる力　かさ

6 花嫁**イショウ**を身にまとう。
工夫

7 **イショウ**を凝らした美しい本。
着物

8 会場は**イヨウ**な熱気に包まれていた。
普通と違っているさま

9 雪を頂いた富士の**イヨウ**に心を打たれる。
　いかめしい姿

10 赤穂浪士が吉良上野介を**ウ**ち果たした。
あこうろうし　きらこうずけのすけ　　　敵を倒す

11 猟師が鳥を目がけて鉄砲を**ウ**つ。
　　　　　　弾丸を発射する

12 人間の**エイイ**の積み重ねが文明である。
　いとなみ

営為	撃	討	異様	威容	衣装	意匠	威光	意向	威儀	意義	異議

同音	同訓	同訓	同音
カイコ	**オサ**める	**オカ**す	**オウシュウ**

□ □ □　□ □ □　□ □ □　□ □ □
25 24 23　22 21 20 19　18 17 16　15 14 13

13　**エイイ**努力することを誓う。
一生懸命に

14　野次の**オウシュウ**が続く。
やりとりすること

15　証拠の書類を**オウシュウ**する。
差しおさえること

16　他国の領土を一方的に**オカ**す。
無断で入り込む

17　危険を**オカ**すことも辞さない。
無理をしてやりきろうとする

18　**オカ**した罪の重さにおののく。
法や道徳などにそむく

19　名君が**オサ**める豊かな国。
支配する

20　短編を**オサ**めた文庫本。
中に入れる

21　杉田玄白は蘭学を**オサ**めた。
すぎた げんぱく　らんがく
学んで自分のものにする

22　税金を**オサ**める。
受け取り手のもとに入れる

23　幸せだった幼い頃を**カイコ**する。
過去の事を思い返すこと

24　**カイコ**趣味が高じて道具屋を開いた。
昔の事をなつかしく思うこと

25　不況のあおりを受け、社員を**カイコ**する。
やとっていた者をやめさせること

解雇　回顧　懐古　納　修　収　治　犯　冒　侵　押収　応酬　鋭意

5 同音・同訓漢字②

同音 ガイトウ	同音 カイホウ	同訓 カエリみる	同音 カクシン	同訓 カける	

ガイトウ（同音）

1 候補者の**ガイトウ**演説に耳を傾ける。
　路上

2 条件に**ガイトウ**する者はいなかった。
　条件などにあてはまること

カイホウ（同音）

3 寝たきりの病人を**カイホウ**する。
　病人やけが人の世話をすること

4 人質の一刻も早い**カイホウ**を目指す。
　束縛をといて自由にすること

5 病が**カイホウ**に向かう。
　病気やけががよくなっていくこと

6 市民に校庭を**カイホウ**する。
　出入りの自由を許すこと

カエリみる（同訓）

7 これまでの人生の歩みを**カエリ**みる。
　過去を振り返る

8 我が身を**カエリ**み、深く悔い改める。
　自分の行いを振り返り考える

カクシン（同音）

9 事件の**カクシン**を突く証言。
　物事のちゅうしんとなる大切なところ

10 容疑者が無罪であることを**カクシン**する。
　固くしんじて疑わないこと

カける（同訓）

11 一人も**カ**けることなく完走する。
　あるべきものがなくなる

12 壁に新しい絵を**カ**ける。
　支えとめる

掛	欠	確信	核心	省	顧	開放	快方	介抱	解放	該当	街頭

216

25　24　23　　22　21　20　　19　18　　17　16　　15　14　　13

カンゲンに乗せられ、ひどい目に遭った。
相手の心をひきつけるためのうまいことば

子どもでもわかる表現に**カンゲン**する。
いいかえること

利益を消費者に**カンゲン**する。
もとに戻すこと

優勝の瞬間、**カンキ**の輪が広がった。
とてもよろこぶこと

暖房を使う冬は部屋の**カンキ**が必要だ。
くうきを入れかえること

注意を**カンキ**する。
よびおこすこと

カンカすることのできない事態になる。
見逃すこと

友人に**カンカ**されやすい性格だ。
影響を与えて心を変えさせること

結果に至る**カテイ**を重んじる。
物事が進行していく途中の道筋

博士**カテイ**を終えて、留学する。
ある期間に割りあてる学習などの範囲

小品ながら**カサク**として知られる名画。
優れた作品

カサクで知られる作家の十年ぶりの新作。
さくひんを少しずつつくらないこと

ゴールを目指して懸命に**カ**ける。
速く走る

甘言　換言　還元　歓喜　換気　喚起　看過　感化　過程　課程　寡作　佳作　駆

同訓	同音	同音	同音	同音
キく	キカン	カンヨウ	カンタン	カンショウ

12	11	10	9	8	7	6	5	4	3	2	1

1 親が子に**カンショウ**しすぎるのも問題だ。
　しいてかかわり、自分の考えに従わせようとすること

2 中立国が大国間の**カンショウ**材となりうる。
　対立するものの間の不和を和らげること

3 秋は人を**カンショウ**的な気持ちにさせる。
　物事に心を動かされやすいこと

4 静かな美術館で名画を**カンショウ**する。
　芸術作品を理解し、味わうこと

5 壮麗な寺院に**カンタン**の声を上げる。
　感心してほめたたえること

6 二人は**カンタン**相照らす仲だった。
　心の底

7 仏教は**カンヨウ**であることを説いた。
　心が広く人の考えをよく受け入れること

8 成功するには忍耐強さが**カンヨウ**だ。
　非常に大切であるさま

9 遠征を終えて無事に故郷へ**キカン**する。
　かえってくること

10 消化**キカン**の病気の疑いがある。
　生物体を構成する一部分

11 紡績工業は国の**キカン**産業だった。
　物事の大もととなるもの

12 この薬はのどの痛みによく**キく**。
　ききめがある

効　基幹　帰還　器官　肝要　寛容　肝胆　感嘆　鑑賞　緩衝　感傷　干渉

同音	同音	同音	同音	同音	同音
キョウコウ	キョウイ	キハク	キチ	キセキ	キセイ

□ □　□ □　□ □　□ □　□ □　□ □　□
25 24　23 22　21 20　19 18　17 16　15 14　13

13　気の**キ**いたプレゼントを探す。
　　有効に働く

15　人は**キセイ**概念にとらわれやすい。
　　すでに出来上がっていること

14　大統領の来日で交通**キセイ**が敷かれている。
　　決まりを立ててせいげんすること

17　偉人の人生の**キセキ**をたどる。
　　行いのあと

16　キリストの起こしたさまざまな**キセキ**。
　　不思議な出来事

19　少子化の進行は**キチ**の事実だ。
　　すでにしっていること

18　**キチ**に富んだ会話を楽しむ。
　　その場その場での鋭い頭の働き

21　選手たちの**キハク**に満ちたプレー。
　　何事にも屈しない精神力

20　都会は人情が**キハク**だと言う人が多い。
　　弱く少ないさま

23　現代社会は核の**キョウイ**にさらされている。
　　おびやかされてかんじる恐ろしさ

22　**キョウイ**的な世界記録が生まれる。
　　普通では考えられないことに対するおどろき

25　自説を**キョウコウ**に主張する。
　　自分の考えなどを曲げないさま

24　世界的な**キョウコウ**による経済の破綻。
　　最悪の経済状態

恐慌　強硬　驚異　脅威　気迫　希薄　機知　既知　奇跡　軌跡　規制　既成　利

同音 コウギ	同音 ケントウ	同音 ケンジ	同音 ケイチョウ	同音 ケイタイ	同音 ケイショウ

12 ‖ 11 10 ‖ 9 8 ‖ 7 6 ‖ 5 4 ‖ 3 2 1

1 伝統的な文化を**ケイショウ**する。
　受けつぐこと

2 物の**ケイショウ**をなぞって文字を作る。
　視覚的なかたち

3 環境破壊が進む社会に**ケイショウ**を鳴らす。
　けいこく

4 パスポートを**ケイタイ**する。
　身につけてもつこと

5 政治**ケイタイ**の歴史的な推移をたどる。
　ありさま

6 鼎の**ケイチョウ**を問う。
　かなえ／かるいこととおもいこと

7 **ケイチョウ**に値する意見。
　耳をかたむけて熱心にきくこと

8 自己**ケンジ**欲の強い実業家。
　はっきりとしめすこと

9 当初の方針を**ケンジ**すべきだ。
　かたく守って譲らないこと

10 互いの**ケントウ**をたたえ合う。
　よくがんばってたたかうこと

11 新居の購入を**ケントウ**する。
　よいかどうか考えること

12 大学で経済学の**コウギ**を受ける。
　大学の授業

継承　形象　警鐘　形態　携帯　傾聴　軽重　堅持　顕示　健闘　検討　講義

同音 コショウ	同音 コジ	同音 コウミョウ	同音 コウテイ	同音 コウショウ	
□ 25 □ 24	□ 23 □ 22 □ 21	□ 20 □ 19	□ 18 □ 17	□ 16 □ 15 □ 14	□ 13

13 不当な解雇に対して強く**コウギ**する。
反対の意見を申し立てること

14 二国間の**コウショウ**が決裂する。
取り決めのための話し合い

15 文字によらない**コウショウ**文芸を研究する。
くちづたえに語りつぐこと

16 **コウショウ**な趣味をもつ。
上品なさま

17 自己を**コウテイ**することも必要だ。
価値があると認めること

18 列車での旅の**コウテイ**を楽しむ。
道のり

19 秀吉は戦のたびに**コウミョウ**を立てた。
手柄を立ててめいよを手に入れること

20 犯人の**コウミョウ**なトリック。
優れてたくみなさま

21 どんなに批判されても自説を**コジ**する。
かたくもち続けること

22 どれほど勧められても役員の職を**コジ**する。
かたく断ること

23 美しさを**コジ**するような孔雀の羽。
自慢してしめすこと

24 機能に異常をきたすこと **コショウ**したミシンを修理する。

25 正式な**コショウ**ではなくあだなでよぶ。
よびな

呼称	故障	誇示	固辞	固持	巧妙	功名	行程	肯定	高尚	口承	交渉	抗議

同音 シュコウ	同音 シュウチ	同音 シュウセイ	同音 シジ	同訓 サワる
12 11	10 9	8 7 6	5 4 3	2 1

1 花びらを乱暴に**サワ**ってはいけない。
ふれる

2 もったいぶった言い方が癪に**サワ**る。
しゃく　　　　　　　　　悪く作用する

3 ただ上司の**シジ**を仰ぐだけではいけない。
さしずすること

4 長年にわたり、一つの政党を**シジ**する。
他人の意見などに賛同して援助すること

5 世界的に有名な芸術家に**シジ**する。
先生として仕え、教えをうけること

6 軌道を**シュウセイ**する。
不適切な点を直すこと

7 **シュウセイ**変わらぬ愛を誓う。
命がおわるまでの間

8 猫は小動物を捕獲する**シュウセイ**をもつ。
決まった行動の型

9 **シュウチ**を集めて解決を図る。
多人数のちえ

10 二人が仲違いしたことは**シュウチ**の事実だ。
なかたがい　　　　　　　　　　　広くしれ渡っていること

11 **シュコウ**を凝らしたパーティーを開く。
おもしろみを出すための工夫

12 君の考えには**シュコウ**しがたい。
しょうすること

首肯	趣向	周知	衆知	習性	終生(世)	修正	師事	支持	指示	障	触

同音 セイコウ	同音 シンコウ	同音 シンギ	同音 ショウガイ	同音 ジュヨウ	同音 シュサイ
□25 □24	□23 □22	□21 □20	□19 □18 □17	□16 □15	□14 □13

13 教育委員会**シュサイ**の講演会に出席する。
中心になってある事をもよおすこと

14 俳句雑誌を**シュサイ**する。
人々の中心になって物事を行うこと

15 日本は西洋文明を**ジュヨウ**してきた。
うけいれて取り込むこと

16 小型車の**ジュヨウ**が増える。
商品に対する購買意欲

17 恋愛には**ショウガイ**がつきものだ。
邪魔になるもの

18 酔客どうしによる**ショウガイ**事件。
人にきずを負わせること

19 **ショウガイ**をかけて打ち込む仕事を持つ。
この世にいきている間

20 夜を徹して**シンギ**を重ねる。
詳しく調べ検討して可否を話し合うこと

21 **シンギ**のほどは定かではない。
本当かうそか

22 神への**シンコウ**を心のよりどころとする。
神や仏を敬いしんじること

23 **シンコウ**勢力が台頭する。
あたらしく起こること

24 初心者ゆえの**セイコウ**で読みにくい訳文。
こなれずぎこちないさま

25 **セイコウ**な作りの工芸品に見とれる。
細かくたくみなさま

精巧　生硬　新興　信仰　審議　真偽　生涯　傷害　障害　需要　受容　主宰　主催

5章 同音・同訓漢字⑤

同音・同訓漢字⑥

	同音 チュウショウ	同訓 タつ	同訓 ソナえる	同音 ソガイ	同音 ソウジ	同音 ソウサ
番号	12	11 10 9	8 7	6 5	4 3	2 1

12 具体の反対が**チュウショウ**である。
事物から同様の性質を抜き出すこと

11 敵の退路を**タ**つ。
さえぎる

10 巷にはびこる悪の根を**タ**つ。
ちまた
ほろぼす

9 浴衣をつくるために布地を**タ**つ。
布地を切る

8 災害に**ソナ**える。
前もって用意する

7 墓前に花を**ソナ**える。
神仏にものをさしあげる

6 過度なダイエットは健康を**ソガイ**する。
さまたげること

5 周囲から**ソガイ**された友人を励ます。
のけものにすること

4 毎日部屋を**ソウジ**する。
ごみやほこりをとりのぞききれいにすること

3 **ソウジ**した構造の二つの建築物。
形や性質などがよくにていること

2 事件の**ソウサ**が難航する。
犯罪に関する証拠を発見・収集すること

1 高齢者にも**ソウサ**しやすい機器。
あやつって動かすこと

抽象	断	絶	裁	備	供	阻害	疎外	掃除	相似	捜査	操作

Top row labels (right to left): 同音 チョウコク, 同音 ツイキュウ, 同訓 ツく, 同訓 ツむ, 同音 テンカ

13: 候補者を**チュウショウ**するビラがまかれる。 根拠のないことを言いふらして人をきずつけること

14: ロダンの力強い**チョウコク**を鑑賞する。 木や石をほりきざんで作った像

15: 近代に固有の問題を**チョウコク**する。 のりこえて打ち勝つこと

16: 理想を**ツイキュウ**する。 どこまでもおいかけもとめること

17: 真理を**ツイキュウ**する。 どこまでも調べて明らかにしようとすること

18: 責任を**ツイキュウ**する。 問いただしおいつめること

19: 船が岸に**ツ**く。 目的の場所に達する

20: ようやく眠りに**ツ**く。 ある状況などに身を置く

21: 老人が杖を**ツ**く。 立てて支えとする

22: 山のような荷物を**ツ**む馬車。 乗せる

23: 新茶を**ツ**む。 つまみ切る

24: 上司が部下に責任を**テンカ**する。 他人に責任や罪をなすりつけること

25: **テンカ**物のない食品を選ぶ。 つけくわえること

中傷 彫刻 超克 追及 追究 追求 着 就 突 積 摘 転嫁 添加

Chapter marker: 5章 同音・同訓漢字⑥

225 2800問 2295問

同音	同訓	同訓	同音	同音
テンカ	ツむ	ツく	ツイキュウ	チョウコク

25 24 ／ 23 22 ／ 21 20 19 ／ 18 17 16 ／ 15 14 ／ 13

13　候補者を**チュウショウ**するビラがまかれる。
　　根拠のないことを言いふらして人をきずつけること

14　ロダンの力強い**チョウコク**を鑑賞する。
　　木や石をほりきざんで作った像

15　近代に固有の問題を**チョウコク**する。
　　のりこえて打ち勝つこと

16　理想を**ツイキュウ**する。
　　どこまでもおいかけもとめること

17　真理を**ツイキュウ**する。
　　どこまでも調べて明らかにしようとすること

18　責任を**ツイキュウ**する。
　　問いただしおいつめること

19　船が岸に**ツ**く。
　　目的の場所に達する

20　ようやく眠りに**ツ**く。
　　ある状況などに身を置く

21　老人が杖を**ツ**く。
　　立てて支えとする

22　山のような荷物を**ツ**む馬車。
　　乗せる

23　新茶を**ツ**む。
　　つまみ切る

24　上司が部下に責任を**テンカ**する。
　　他人に責任や罪をなすりつけること

25　**テンカ**物のない食品を選ぶ。
　　つけくわえること

添加　転嫁　摘　積　突　就　着　追求　追究　追及　超克　彫刻　中傷

同音 フシン	同音 フキュウ	同訓 ハく	同訓 ノばす	同訓 トく

□ 12	□ 11	♔ 10	□ 9	□ 8	□ 7	□ 6	□ 5	□ 4	□ 3	□ 2	□ 1

1 片栗粉を水で**ト**く。
かたくりこ
ある物質を液体にまぜて均一な液状にする

2 師が弟子に人の道を**ト**く。
道理を言いさとす

3 交通規制を**ト**く。
禁止・制限を取りのぞく

4 出発を明後日に**ノ**ばす。
期日を遅らせる

5 走り幅跳びの高校記録を**ノ**ばす。
発展させる

6 竹箒で庭を**ハ**く。
たけぼうき
ごみをはらう

7 酔って本音を**ハ**く。
口に出して言う

8 浴衣に合わせてげたを**ハ**く。
足につける

9 映画史に残る**フキュウ**の名作。
いつまでも残ること

10 活字の**フキュウ**によって識字率が上昇した。
広くゆきわたること

11 新しい家を**フシン**する。
建築や土木の工事

12 挙動**フシン**な人物を見かける。
うたがわしいさま

不審	普請	普及	不朽	履	吐	掃	伸	延	解	説	溶

同音	同音	同音	同音	同音
ヨチ	ホショウ	ホカン	ヘンザイ	ヘイコウ

25 24 ｜ 23 22 21 ｜ 20 19 ｜ 18 17 ｜ 16 15 ｜ 14 13

13 家業の立て直しに**フシン**する。
こころを悩ますこと

14 成績**フシン**で長い間悩む。
勢いがふるわないこと

15 強引な勧誘に**ヘイコウ**する。
困りきること

16 体操選手には優れた**ヘイコウ**感覚がある。
つりあいがとれていること

17 特定の階層に富が**ヘンザイ**する。
ある場所にだけかたよってあること

18 全国に**ヘンザイ**する昔話を取材する。
広くゆきわたってあること

19 重要な書類を厳重に**ホカン**する。
大切にしまうこと

20 機械は人間の機能を**ホカン**するものだった。
おぎなってかんぜんにすること

21 台風による被害を**ホショウ**する保険に入る。
損害などをつぐなうこと

22 老後の生活が**ホショウ**された社会を目指す。
ある状態が損なわれないように守ること

23 身元を**ホショウ**してくれる人が必要だ。
確かだとうけあうこと

24 言い訳の**ヨチ**もない。
何かができるゆとり

25 災害を**ヨチ**することは困難だ。
前もってしること

予知　余地　保証　保障　補償　補完　保管　遍在　偏在　平衡　閉口　不振　腐心

5 似た形の漢字①

1 古い建物を**コワ**す。
ものをくだくなどしてだめにする

2 **ナツ**かしい故郷の風景。
思い出されて慕わしい

3 当初の方針を**テッテイ**させる。
軍隊などが陣地などをとり払ってしりぞくこと

4 不意をつかれ、**テッタイ**を余儀なくされた。
つらぬきとおすこと

5 **サイバン**を傍聴する。
法に基づいてさばくこと

6 ベランダで野菜を**サイバイ**する。
植物を育てること

7 書類に**リレキ**を書き込む。
現在までに経験した学業や職業などの次第

8 **フクメン**で顔を隠す。
布などで顔をおおいつつむこと、またその布

9 幼い頃の**キオク**がよみがえる。
覚えていることがら

10 **オクビョウ**な人間ほど勇ましいことを言う。
ちょっとしたことにも恐れること

11 **ズノウ**明晰な社会学者に教えを請う。
あたまの働き

12 かなわぬ恋に**クノウ**する。
なやみくるしむこと

懐 壊	撤 徹	裁 判	栽 培	履 歴	覆 面	記 憶	臆 病	頭 脳	苦 悩

注意 ○					
壊→懐	撤→徹	→裁→栽	履→覆	憶→臆	脳→悩

228

13 かろうじて**キンコウ**が保たれている状況だ。
つり合いがとれていること

14 出会いがしらに**ショウトツ**する。
ぶつかること

15 **ビンボウ**だからといって不幸とは限らない。
まずしいこと

16 **ドンヨク**に知識を吸収する。
非常によくふかいさま

17 交通事故を**ボウシ**する。
ふせぎとめること

18 議事の進行を**ボウガイ**する。
邪魔をすること

19 破格の**タイグウ**で迎えられる。
職場などでの地位や給与などの取り扱い

20 かつての恋人と**グウゼン**再会する。
予期しない出来事

21 **イゾク**にお悔やみを述べる。
ある人の死後に残されたかぞく

22 援軍を**ハケン**する。
送りつかわすこと

23 **ドウヨウ**していることを敵に見抜かれる。
落ち着きを失うこと

24 各地に伝わる**ミンヨウ**を聞き比べる。
人々の間で歌いつがれてきた歌

25 娘の結婚を控え、**カンガイ**深いものがある。
身にしみてかんじること

26 幼児には抽象的な**ガイネン**の理解は難しい。
物事の共通した特徴や性質をまとめた考え

	注意
均衡	衡—衡
衝突	
貧乏	貧—貪
貪欲	
防止	防—妨
妨害	
待遇	遇—偶
偶然	
遺族	遺—遣
派遣	
動揺	揺—謡
民謡	
感慨	慨—概
概念	

似た形の漢字②

1 **カヘイ**そのものに価値はない。
商品交換の仲立ちとなるもの

2 飲酒の**ヘイガイ**を訴える。
悪いこと

3 **ダラク**した生活から立ち直る。
不健全になること

4 ヘリコプターが**ツイラク**する。
高いところからおちること

5 横から口を**ハサむ**。
物と物との間にさしいれる

6 **セマ**いながらも楽しい我が家。
面積が小さい

7 **カンペキ**とは傷のない玉を意味した。
まったく欠点がないさま

8 ラスコー洞窟の**ヘキガ**。
かべや天井に描いた絵

9 日本の湖沼で外来種が**ゾウショク**している。
生物の個体や細胞がふえること

10 火事で焼けた山に**ショクリン**する。
山野に苗木をうえること

11 **レキシ**は繰り返す。
人類社会のうつりかわり

12 試験に合格し、**カンリ**に登用される。
役人

貨幣

弊害

堕落

墜落

挟

狭

完璧

壁画

増殖

植林

歴史

官吏

注意	幣 → 弊
注意	堕 → 墜
注意	挟 → 狭
注意	壁 → 璧
注意	殖 → 植
注意	史 → 吏

13 資本主義の**スイタイ**を予言した経済学者。
おとろえくずれること

14 **アイシュウ**を帯びたギターの音色。
もの悲しい感じ

15 **イセイシャ**は人民のために尽くすべきだ。
せいじを行うもの

16 **シンギ**の程は定かではない。
本当かうそか

17 犯した罪に対する**カイコン**の念に駆られる。
くやむこと

18 他国に対する**ブジョク**は許されないことだ。
あなどりはずかしめること

19 現代文明の終焉を**シサ**する書物。
それとなく教えしめすこと

20 老人の**シュンビン**な動作に驚く。
頭がよく、行動がすばやいさま

21 突然の告白に**コンワク**を隠せない。
どうしていいかわからないこと

22 食事と病気の**インガ**関係をつきとめる。
げんいんとけっか

23 未来に対する**ヘイソク**感が広がっている。
とざされふさがること

24 首位の座を**ダッカイ**する。
とりかえすこと

25 **ゴッカン**の地にも春は訪れる。
きわめてさむいこと

26 まだ**コウフン**がおさまらない。
感情が高ぶること

番号	解答	注意
13	衰退	衰→哀
14	哀愁	
15	為政者	為→偽
16	真偽	
17	悔恨	悔→悔
18	侮辱	
19	示唆	唆→俊
20	俊敏	
21	困惑	困→因
22	因果	
23	閉塞	塞→寒
24	極寒	
25	奪回	奪→奮
26	興奮	

1 国際情勢を**ブンセキ**する。
物事の成り立ちを明らかにすること

2 転んで**コッセツ**する。
ほねがおれること

3 声優の声には**トクチョウ**がある。
目立つしるし

4 印象派の**ビミョウ**な色彩に心引かれる。
複雑で言い表しようのないさま

5 これまでに集めた資料を**シュシャ**する。
選びとること

6 落とし物を**シュウトク**した財布を交番に届ける。
落とし物をひろうこと

7 石炭を**サイクツ**する。
鉱物などをほりだすこと

8 城の**ホリ**に沿って歩く。
ほって水をためたところ

9 詩には**ギジン**法がよく使われる。
ひとではないものをひとに見立てること

10 理由なく相手を**ギョウシ**するのは失礼だ。
じっと見ること

11 運動方針の**ヨウコウ**を示す。
大切なことをまとめたもの

12 目がカメラなら**モウマク**はフィルムだ。
視神経の分布しているまく

		注意	
分析		析↓折	
骨折			
特徴		徴↓微	
微妙			
拾得		拾↓捨	
取捨			
採掘		掘↓堀	
堀			
擬人		擬↓凝	
凝視			
要綱		綱↓網	
網膜		網↓	

232

13 公共の**シセツ**を利用する。
建物などをつくること、またつくった建物など

14 ヘリコプターが上空を**センカイ**する。
円を描いてまわること

15 駐車規制の対象から**ジョガイ**される車両。
とりのけること

16 通学路では車は**ジョコウ**すべきだ。
ゆっくりと進むこと

17 **チカク**変動について調査する。
ちきゅうの表層部

18 飢饉に備え、**コクモツ**を貯蔵する。
主食となる米や麦など

19 国家の**アンタイ**を祈念する。
やすらかなこと

20 ピアノを**エンソウ**する。
音楽をかなでること

21 **コウフク**な一生を送る。
心が満ち足りているさま

22 喜びではなく、**シンク**が人を成長させる。
つらくくるしいこと

23 敵を一撃のもとに**フンサイ**する。
徹底的に打ち破ること

24 人は**ジュンスイ**であるほど傷つきやすい。
まじりけがないさま

25 残金を次年度に**クリコ**した。
順に次に送る

26 雨が降ったので、屋内で**タイソウ**をした。
健康増進などのために行う一定の規則正しい運動

施設	注意○	施←旋	
旋回	注意○		
除外	注意○	除→徐	
徐行			
地殻	注意○	殻→穀	
穀物		←穀	
安泰	注意○	泰↔奏	
演奏		→奏	
幸福	注意○	幸↓辛	
辛苦		辛↑	
粉砕	注意○	砕→粋	
純粋		→粋	
繰・越	注意○	繰→操	
体操		→操	

5章

似た形の漢字③

233　2800問 2398問

似た形の漢字④

1 **チシキ**をひけらかすのは下品だ。
ある物事についてしっていること

2 美しい**オリモノ**を壁にかける。
糸をおって作った布

3 どうしても**カンニン**ならないことがある。
怒りをこらえて許すこと

4 生態系に**ジンダイ**な影響を及ぼす。
程度が極めておおきいさま

5 **シンチョウ**に計画を進める。
注意深くおもおもしいさま

6 **チンジュ**の森を散歩する。
その土地をまもる神

7 政界を退き、**イントン**生活を送る。
俗世間を逃れてかくれ住むこと

8 過激派と**オンケン**派の対立。
おだやかでしっかりしているさま

9 **ギョウテン**して腰を抜かす。
ひどく驚くこと

10 本能を理性によって**ヨクセイ**する。
おさえとどめること

11 **ゲンミツ**に言えば、それは誤りだ。
すみずみまできびしく行うさま

12 思うところを**カンゼン**として主張する。
思い切ってするさま

	注意	
知識	○	
織物		識—織
堪忍	注意	
甚大	○	堪—甚
慎重	注意	
鎮守	○	慎—鎮
隠遁	注意	
穏健	○	隠—穏
仰天	注意	
抑制	○	仰↓抑
厳密	注意	
敢然	○	厳→敢

| | 26 | 25 | 24 | 23 | 22 | 21 | 20 | 19 | 18 | 17 | 16 | 15 | 14 | 13 |

13 教卓に**シュッセキボ**を置く。
しゅっけつを記入する帳面

14 友人から**ハクジョウ**な仕打ちを受ける。
思いやりのないさま

15 **グドン**なふりをして敵を欺く。
のろま

16 幼い頃の**ジュンシン**な気持ちを失う。
けがれのないさま

17 潤沢にあったはずの資金が**コカツ**する。
尽きはててなくなること

18 やる気のない生徒を**イッカツ**する。
大声でしかりつけること

19 親しき仲にも**レイギ**あり。
社会の慣習による敬意の表し方

20 我が身を**ギセイ**にして子どもを助ける。
ある目的のためにそんしつをかえりみないこと

21 美しい高山植物の**グンシュウ**が見られる。
むらがりあつまること

22 祖父母は県境近くの**グンブ**に住んでいる。
ぐんに属する地域

23 十分な**ケントウ**を加える必要がある。
よいかどうか考えること

24 **ボウケン**するだけの価値は十分にある。
きけんをおかすこと

25 治療の**コウカ**があらわれる。

26 都市と**コウガイ**を結ぶ電車を利用する。
市街地に隣接した地域 まちはずれ

5章

似た形の漢字④

| 出席簿 | 薄情 | 愚鈍 | 純真 | 枯渇 | 一喝 | 礼儀 | 犠牲 | 群集 | 郡部 | 検討 | 冒険 | 効果 | 郊外 |

注意
簿 ← → 薄

注意
鈍 ← → 純

注意
渇 ← → 喝

注意
犠 ← → 儀

注意
群 ← → 郡

注意
検 ← → 険

注意
効 ← → 郊

12	11	10	9	8	7	6	5	4	3	2	1
□	□	□	□	□	□	□	□	□	□	□	👑

1 何の**コンセキ**も残さずに消えた文明。
あとかた

2 試合に勝って**イコン**を晴らす。
忘れがたいうらみ

3 都会で一人暮らす**コドク**をかみしめる。
ひとりぼっち

4 文章中のキーワードを**カッコ**でくくる。
文字などを囲む符号

5 あざやかな**シキサイ**に目を奪われる。
いろどり

6 決議案を**サイタク**する。
選びとること

7 川が氾濫し、床下まで**シンスイ**した。
水がはいりこむこと

8 **シンリャク**のない平和な世界を実現する。
他国に攻め入って領土や財物を奪い取ること

9 **シュウセキ**した荷物を配達する。
あつめてつむこと

10 営業**セイセキ**の不振が続く。
できばえ

11 労働者どうしが**レンタイ**する必要がある。
人々が結びつき事に当たること

12 高速道路の**ジュウタイ**に巻き込まれる。
物事がとどこおって進まないこと

痕跡	遺恨	孤独	括弧	色彩	採択	浸水	侵略	集積	成績	連帯	渋滞

注意 痕—恨	注意 孤—弧	注意 彩—採	注意 浸—侵	注意 積—績	注意 帯—滞

236

13	**カチク**を介して伝染病が広がる。 人間が利用するために飼育する動物	家畜	
14	老後に備えて**チョチク**にはげむ。 金銭などをたくわえること	貯蓄	 注意 畜—蓄
15	体内から弾丸を**テキシュツ**する。 ぬきだすこと	摘出	
16	一人で住むには**テキトウ**な広さだ。 ほどよくあてはまること	適当	 注意 摘↔適
17	ヤシの実が太平洋を**ヒョウリュウ**する。 ただよいながれること	漂流	
18	**ヒョウテキ**を射止める。 ねらいとする相手や物	標的	 注意 漂↔標
19	一人で住むには桜島が**フンエン**を上げる。 火山からふきだすけむり	噴煙	
20	差別がはびこっている現状に**フンガイ**する。 ひどく怒ること	憤慨	 注意 噴↔憤
21	合格者が**チクジ**発表される。 順を追って	逐次	
22	与えられた役割を**スイコウ**する。 なしとげること	遂行	 注意 逐↔遂
23	愚にもつかないことを**ジマン**する。 じぶんのことを誇ること	自慢	
24	縁側に座って**マンゼン**と庭を眺める。 ぼんやりしているさま	漫然	 注意 慢↔漫
25	**ザンジ**の猶予を願う。 しばらく	暫時	
26	**ザンシン**なアイデア。 際立ってあたらしいこと	斬新	 注意 暫↔斬

間違いやすい漢字

□ 14	□ 13	□ 12	□ 11	□ 10	□ 9	□ 8	□ 7	□ 6	□ 5	□ 4	□ 3	□ 2	□ 1

1. 複合的な視点を欠いた**タンラク**的な思考。
   手順を踏まえずに物事を簡単に結びつけること

2. 発想が**チンプ**だと批判される。
   ありふれて古くさいさま

3. 退職後、かつての同僚とも**ソエン**になった。
   とおざかって関係がうすれるさま

4. **キゲン**を直せと言われても急には無理だ。
   気分

5. 事の**ゼヒ**を問う。
   よいこと悪いこと

6. 会社の方針に**イワカン**を覚える。
   ちぐはぐなかんじ

7. 朝日が昇る前に**シュッタツ**する。
   旅だち

8. 伝統的な共同体は**ハイタ**的な傾向が強い。
   仲間以外を受け入れないこと

9. 明治の知識人は国家の発展に**ケンシン**した。
   いっしんに尽くすこと

10. 自分の夢を我が子に**トウエイ**する。
    物の見え方や解釈の仕方に心の内面が表現されること

11. 鉄塔が**リンリツ**する。
    多くのものが並びたつこと

12. 少数者への**ギャクタイ**など言語道断だ。
    むごい扱いをすること

13. 新薬は**ゲキテキ**な効果をあらわした。
    緊張し感激させられるさま、ドラマチックなこと

14. 植物に**ギタイ**することで身を守る昆虫。
    他のものに似た形や色をもつこと

短絡	間違い 単絡
陳腐	間違い 珍腐
疎遠	間違い 疎縁
機嫌	間違い 気嫌
是非	間違い 是否
違和感	間違い 異和感
出立	間違い 出達
排他	間違い 廃他
献身	間違い 献心
投影	間違い 投映
林立	間違い 隣立
虐待	間違い 虐対
劇的	間違い 激的
擬態	間違い 擬体

15 両国間に**カイザイ**する難しい問題。
両者の間にはさまってあること

16 自分に**フカ**をかけることで成長できる。
ふたんとなること

17 現下の制度には**カンカ**しがたい欠陥がある。
見逃すこと

18 一気に変えることを主張する**キュウシン**派。
理想などをいそいで実現しようとすること

19 募金において金額の**タカ**は問わないものだ。
おおいことと少ないこと

20 地に足のついた**ケンジツ**な生活を送る。
てがたいこと

21 主君に対しては絶対**フクジュウ**だった。
したがうこと

22 大学を**ユウチ**することで町の活性化を図る。
招き寄せること

23 **ゴカク**の勝負を繰り広げる。
たがいの力量に優劣のないこと

24 封建社会では職業を**ニンイ**に選べなかった。
当人の自由な判断にまかせること

25 災害時には火の**シマツ**を忘れてはならない。
しめくくりをつけること

26 **セキベツ**の情をしたためた手紙を送る。
わかれをおしむこと

27 美術館に**ヘイセツ**されたカフェを利用する。
あわせてせっちすること

28 二人で苦労して得た報酬を**セッパン**する。
二等分すること

29 大いに**フンキ**して一番を目指す。
ふるいたつこと

	間違い
介在	界在
負荷	伏荷
看過	観過
急進	急新
多寡	多加
非情	悲情
堅実	健実
服従	状従
誘致	誘知
互角	互格
任意	忍意
始末	状末
惜別	寂別
併設	並設
折半	切半
奮起	憤起

5 特定の言葉に結びつきやすい漢字①

※赤字は傍線部の意味を示しています。

□ 1 徳川家康(とくがわいえやす)は天下を取るまでにさまざまな**シンサン**をなめた。
つらい苦しみを経験する
［ 辛酸 ］

□ 2 目指していた大学に**シュビ**よく合格する。
うまいぐあいに
［ 首尾 ］

□ 3 惨敗続きの中で、せめて**イッシ**を報いることを誓う。
わずかであっても反撃を加える
［ 一矢 ］

□ 4 大器晩成の人もいれば、若くして**トウカク**を現す人もいる。
学識や才能が人よりめだって優れる
［ 頭角 ］

□ 5 消費税の増税が節約志向に**ハクシャ**をかける可能性もある。
物事の進行を一段と進める
［ 拍車 ］

□ 6 合戦においては**キセン**を制することが何よりも重要だ。
相手よりさきに事を行い気勢をくじく
［ 機先 ］

□ 7 企業のトップの無責任な発言が**ブツギ**を醸している。
世間の人々のぎろんを引き起こす
［ 物議 ］

□ 8 借りた金は倍にして返すという**ゲンチ**を取る。
後日の証拠となることばを引き出す
［ 言質 ］

□ 9 地動説は同時代人からは**ジョウキ**を逸したものだと思われた。
普通と違ったじょうしきはずれの言動をとる
［ 常軌 ］

□ 10 モーツァルトの曲は聴く人の**キンセン**に触れる音楽だ。
心の奥の感じやすい心情を刺激して感動や共鳴を与える
［ 琴線 ］

□ 11 長い間の努力がたった一度の過ちで**スイホウ**に帰してしまう。
努力したことがむだに終わる
［ 水泡 ］

□ 12 自分に自信がない者ほど**トトウ**を組みたがる。
ある事をたくらんで仲間が団結する
［ 徒党 ］

240

☐ 13　読書家で知られる師の知識は驚くほど**タキ**にわたっている。
ものごとが複数の異なる話題や分野に及んでいる
→ 多岐

☐ 14　遊び過ぎて仕事に**シショウ**をきたすとは言語道断だ。
さしさわりのある状態をもたらす
→ 支障

♛ 15　進路に迷い**トホウ**に暮れる弟子には適切な助言が必要だ。
どうしてよいかわからず困りきる
→ 途方

☐ 16　子どもの行動は時として大人の**イヒョウ**を突く。
思いもつかないことをして驚かす
→ 意表

☐ 17　川端康成は古美術について**ゾウケイ**が深いことで知られる。
かわばたやすなり
学問や芸術に対し広い知識や深い理解があること
→ 造詣

☐ 18　手遅れにならないように**フセキ**を打つことが大切だ。
将来に備えて準備する
→ 布石

☐ 19　両国の間で**シユウ**を決する戦いが今始まろうとしている。
戦って勝敗を決める
→ 雌雄

☐ 20　人は追いこまれた時に**ホンリョウ**を発揮する。
持ち前の優れた性質を存分に出す
→ 本領

☐ 21　**メイジョウ**しがたい惨事を目撃する。
ひょうげんすることができない
→ 名状

☐ 22　**リュウセイ**を極めた王国も次第に衰退していった。
これ以上ないほど勢いがあり栄える
→ 隆盛

☐ 23　**オクメン**もなく多額の借金を申し込む友にあきれるばかりだ。
遠慮することなくずうずうしく
→ 臆面

☐ 24　自分に甘い人は**オウオウ**にして他人には厳しい。
そうすることがしばしばあるさま
→ 往往

☐ 25　卒業公演を**ユウシュウ**の美で飾る。
最後までやり通し成果を上げること
→ 有終

5

特定の言葉に結びつきやすい漢字②

※赤字は傍線部の意味を示しています。

1　科学の進歩とは錯誤の歴史だといっても**カゴン**ではない。
いいすぎではない

2　離職を**ヨギ**なくされた労働者のための支援を行う。
やむをえず

3　政局はますます混迷の**ヨウソウ**を呈してきた。
ありさまを示す

4　受賞が決まり**カンルイ**にむせぶ新人作家。
かんげきして息をつまらせて泣く

5　運命の**キロ**に立つ若者に助言を与える。
分かれ道に身を置く

6　恩師の子女だからといって**ベンギ**を図ることはできない。
特別な取りはからいをする

7　子どもたちの**クッタク**のない、笑顔が好きだ。
くよくよする事がなくさっぱりしている

8　手術は終わったが、いまだに**ヨダン**を許さない状態だ。
前もってはんだんできない

9　**フグウ**をかこつ親友を心から慰める。
才能にふさわしい地位を得ていないことに不平を言う

10　信念を持つ者は他人の評価など**シガ**にもかけないものだ。
まったく問題にしない

11　科学が我々にもたらした恩恵は**マイキョ**にいとまがない。
ひとつひとつ数え上げられないほど多い

12　子どもの教育に対しては**カッコ**たる信念を持っている。
たしかで揺るぐことのない

[過言]
[余儀]
[様相]
[感涙]
[岐路]
[便宜]
[屈託]
[予断]
[不遇]
[歯牙]
[枚挙]
[確固]

13 □ 物質的な豊かさが幸福をもたらすとは**イチガイ**には言えない。
いちようには いえない
→ 一概

14 □ 法隆寺は**ヒルイ**ない建築物である。
ほうりゅうじ
くらべるものがないほどすばらしい
→ 比類

15 □ 何の**ヘンテツ**もない言葉が胸に響くことがある。
ありふれていてとくに取り立てて言うこともない
→ 変哲

16 □ そろそろ受験勉強に**ホンゴシ**を入れる時期だ。
ほんかく的に物事に取り組む
→ 本腰

17 □ 戦争中の**ヒッゼツ**に尽くしがたい苦労をしのぶ。
文章や言葉では十分に表現できない
→ 筆舌

18 □ 小説を読み、慎しく暮らす庶民の人情の**キビ**に触れる。
つつま
表面に表れないびみょうな事情や趣を実感する
→ 機微

19 □ 改心したジャン・ヴァルジャンは良心の**呵責**に苦しんだ。
悪いことをしてしまった自分をとがめ責めること
→ かしゃく

20 □ 師は三十年にわたって**教鞭**を執ってきた。
生徒に学業を授ける
→ きょうべん

21 □ いくら**詭弁**を弄しても聴衆の心を動かすことはできない。
間違っていることをいろいろと理屈をつけて正しいことであるかのように主張する
→ きべん

22 □ 気鋭の音楽家の作品を**俎上**に載せる。
批評などの対象としてとりあげる
→ そじょう

23 ♛ これまでの発言に**齟齬**をきたすようなことを言う。
食い違いを生じる
→ そご

24 □ 君の忌憚のない意見が聞きたいのだ。
遠慮のない
→ きたん

25 □ 理不尽な仕打ちに対して憤懣やるかたない思いをする。
心中にわだかまる怒りを晴らす方法がない
→ ふんまん

5章 特定の言葉に結びつきやすい漢字②

243　2800問　2530問

対義語

※下段には、主な対義語を一つだけ示しています。

1 **ジュヨウ**が増えると値が上がる。
商品に対する購買意欲

2 学業に打ち込む**キンベン**な学生。
まじめに努力するさま

3 **マンセイ**的な疾患に苦しむ。
望ましくない状態が長引くこと

4 計画を**シンチョウ**に進める。
注意深くおもおもしいさま

5 事業の成功は**グウゼン**の産物にすぎない。
予期しない出来事

6 **コウショウ**な話題についていけなかった。
上品なさま

7 他人の苦しみに**ドンカン**な人もいる。
にぶいさま

8 第一次産業の**スイビ**が問題となる。
おとろえてかすかになること

9 **カソ**の町で町おこしに取り組む。
人口が少なすぎること

10 **シロウト**のわりには上手だとほめられる。
専門でない人

11 科学者は**キチ**の事実に安住してはならない。
すでにしっていること

12 ユングは**シンソウ**の心理の確立を目指す。
奥ふかく隠されたぶぶん

13 科学は**フヘン**的な法則の確立を目指す。
すべてに広く当てはまること

14 幸福とは**ソウタイテキ**なものでしかない。
物事が他との比較において成り立つさま

需要	対義語 供給
勤勉	対義語 怠惰
慢性	対義語 急性
慎重	対義語 軽率
偶然	対義語 必然
高尚	対義語 低俗
鈍感	対義語 敏感
衰微	対義語 繁栄
過疎	対義語 過密
素人	対義語 玄人
既知	対義語 未知
深層	対義語 表層
普遍	対義語 特殊
相対的	対義語 絶対的

15 集めた情報を**ブンセキ**する。
物事の成り立ちを明らかにすること

16 セザンヌは日常の**グショウ**を描いた。
姿や形を持っていること

17 **キョウギ**の芸術に建築が該当するかを問う。
範囲をせばめて考えた意味

18 保守の**セイトウ**を自認する政治家。
同じもとから分かれたものの中で一番中心となるもの

19 **センザイ**する脅威を取り除く。
外にはっきり現れず、内面にひそんでいること

20 **セツレツ**な文章を添削してもらう。
へたなさま

21 万物を**ソウゾウ**した存在を神と名づけた。
新たにつくること

22 高山では空気が**キハク**だ。
弱く少ないさま

23 **エンエキ**の代表例として三段論法がある。
ふへん的な前提から個別の結論を導き出すこと

24 メディアが**キョギ**を報道してはならない。
うそいつわり

25 条約締結に対して**キョウコウ**に反対する。
自分の考えなどを曲げないさま

26 **アイマイ**な態度は誤解を招きやすい。
はっきりしないこと

27 詐欺の**ヒガイ**を未然にくい止める。
そんがいをうけること

28 **コヨウ**の機会は均等であるべきだ。
やとうこと

29 **エイテン**のお祝いを述べる。
いままでよりもよい地位にうつること

30 温泉の湯が白く**ニゴ**る。
不透明になる

5章 対義語

分析	対義語	総合
具象	対義語	抽象
狭義	対義語	広義
正統	対義語	異端
潜在	対義語	顕在
拙劣	対義語	巧妙
創造	対義語	模倣
希薄	対義語	濃厚
演繹	対義語	帰納
虚偽	対義語	真実
強硬	対義語	軟弱
曖昧	対義語	明瞭
被害	対義語	加害
雇用	対義語	解雇
栄転	対義語	左遷
濁	対義語	澄む

245

2800問 2560問

類義語

※下段には、主な類義語を一つだけ示しています。

□ 1　社史は会社の**エンカク**をまとめたものだ。
物事の移り変わり
沿革　〈類義語〉変遷

□ 2　「現在、**エイイ**検討中です」と答える。
一生懸命に
鋭意　〈類義語〉専心

□ 3　事業の発展に日夜**フシン**する。
こころを悩ますこと
腐心　〈類義語〉苦心

□ 4　ヘラクレスに**ヒケン**しうる英雄はいない。
同等で優劣のないこと
比肩　〈類義語〉匹敵

♛ 5　勝利に**コウケン**することができて満足だ。
力を尽くし役立つこと
貢献　〈類義語〉寄与

□ 6　容疑者に**ハンゼン**たる証拠を突きつける。
はっきりよくわかるさま
判然　〈類義語〉歴然

□ 7　隕石(いんせき)の落下が**ミゾウ**の惨事を引き起こした。
いまだかつて起こったことがないこと
未曽有　〈類義語〉空前

□ 8　武術の**ゴクイ**を授かる。
武芸や学問の深い境地
極意　〈類義語〉奥義

□ 9　**ユイショ**ある雛(ひな)人形を受け継ぐ。
物事の経過してきた次第、いわれ
由緒　〈類義語〉来歴

□ 10　**セイライ**のなまけ者が一念発起する。
生まれつき
生来　〈類義語〉天性

□ 11　**キコツ**のある若者を頼もしく思う。
信念を通し、屈しない性質
気骨　〈類義語〉気概

□ 12　カーブの投げ方を**エトク**する。
意味を理解し自分のものにすること
会得　〈類義語〉体得

□ 13　役者の大げさな**ショサ**に興ざめする。
振る舞い、身のこなし
所作　〈類義語〉動作

□ 14　弁慶(べんけい)は壮絶な**サイゴ**を遂げた。
死に際
最期　〈類義語〉臨終

15　アプリオリとは**センケンテキ**という意味だ。

16　信念のない人は**テイサイ**ばかりを気にする。
　　外見やせけんてい

17　幼かった頃の日々を**ツイオク**する。
　　過ぎ去ったことを思い出すこと

18　おじけづいた兵士を**コブ**する。
　　励まし勢いづけること

19　今回の処分には**トクシン**がいかない。
　　十分に承知すること

20　流行歌には**キンジ**した曲調のものが多い。
　　よくにていること

21　未払いの給料を支払うように**トクソク**する。
　　せきたてること

22　取材を通じて新しい**チケン**を得る。
　　みてしること

23　主力選手の**キョシュウ**に注目が集まる。
　　どう身を処するかという態度

24　**リジュン**の追求だけが企業の目的ではない。
　　もうけ

25　犯した罪は**永劫**に消えることはない。
　　無限に長い年月

26　**渾身**の力を込める。
　　からだ全体

27　避暑地に**逗留**し、新作を書き上げる。
　　旅先でしばらく宿泊すること

28　**瑣末**なことをうるさく言う。
　　取るに足りないこと

29　**饒舌**ではあっても説得力に乏しい。
　　おしゃべりなこと

30　展望台から**俯瞰**する。
　　高い所から見下ろすこと

5章　類義語

解答	類義語
先験的	先天的
体裁	体面
追憶	追想
鼓舞	鼓吹
得心	納得
近似	類似
去就	進退
知見	見識
督促	催促
利潤	利益
えいごう	永遠
こんしん	全身
とうりゅう	滞在
さまつ	些細
じょうぜつ	多弁
ふかん	鳥瞰

四字熟語①

- □ 1 曖昧モ糊とした話。
- □ 2 悪セン苦闘の末、勝利する。
- □ 3 悪ロゾウ言の数々。
- □ 4 阿ビ叫喚の様相を呈す。
- □ 5 改善案を暗中模サクする。
- □ 6 意キ揚揚と行進する。
- □ 7 一日千シュウの思いで待つ。
- □ 8 悪の組織を一網打ジンにする。
- □ 9 一ヨウ来復を願う。
- □ 10 一蓮托ショウの間柄。
- □ 11 一騎トウ千の活躍。
- □ 12 一触ソク発の二国間の関係。
- □ 13 一進一タイを繰り返す。
- □ 14 一石二チョウの名案。

鳥　退　即　当　生　陽　尽　秋　気　索　鼻　雑　戦　模

読み	意味
あいまいもこ	ぼんやりとしてはっきりしないさま
あくせんくとう	困難な状況の中で必死に努力すること
あっこうぞうごん	さまざまに悪口を言うこと
あびきょうかん	ひどい苦しみのために泣き叫ぶこと
あんちゅうもさく	手がかりのないものを探し求めること
いきようよう	得意になって誇らしげなさま
いちじつせんしゅう（にち）	待ち遠しくて一日が長く感じられること
いちもうだじん	一度に全部をつかまえること
いちようらいふく	悪いことが続いた後によいことがくること
いちれんたくしょう	他の人と行動や運命をともにすること
いっきとうせん	一人で千人の敵と戦えるほど強いこと
いっしょくそくはつ	ちょっとしたことで爆発しそうな危険な状態
いっしんいったい	進んだり後戻りしたりすること
いっせきにちょう	一つの行為で二つの利益を得ること

□ 15	一**ハン**解の知識をひけらかす。
□ 16	学力は**一チョウ**一夕には身につかない。
□ 17	どれも**一長一タン**があって選べない。
□ 18	有為転**ペン**の世の中。
□ 19	予想外の出来事に右往**サ**往する。
□ 20	**ウ**顧左眄して決断が遅れる。
□ 21	有象**ム**象の集まり。
□ 22	紆余曲**セツ**を経て出来上がる。
□ 23	**エ**者定離は浮世のならい。
□ 24	温**コ**知新を心がけて学ぶ。
□ 25	鎧袖一**ショク**の大活躍。
□ 26	外**ジュウ**内剛の手ごわい交渉相手。
□ 27	快**トウ**乱麻を断つ。
□ 28	臥薪嘗**タン**の日々。
□ 29	**カッ**靴掻痒の感がある。
□ 30	**ガ**竜点睛を欠く。

画	がりょうてんせい	物事を完成させるための最後の仕上げ
隔	かっかそうよう	物事が徹底せず核心に触れないこと
胆	がしんしょうたん	目的達成のため長い間苦労に耐えること
刀	かいとうらんま	混乱した事態を手際よく処理すること
柔	がいじゅうないごう	見かけは優しいが、芯は強いこと
触	がいしゅういっしょく	簡単に相手を打ち負かすこと
故	おんこちしん	古いことを学び新しい考えを得ること
会	えしゃじょうり	であったものは必ず別れる運命にあるということ
折	うよきょくせつ	事情が込み入って、いろいろ変化すること
無	うぞうむぞう	たくさん集まったつまらない人や物
右	うこさおう	周りを気にして決断をためらうこと
左	ういてんぺん	世の中は移りかわって同じ状態にはないこと
変	いっちょういったん	長所もあるが、短所もあること
短	いっちょういっせき	ほんの少しの間
朝	いっちはんかい	少し知っているだけで十分に理解していないこと
半		

5章

四字熟語①

249　**2800問**　**2620問**

□1 換コツ奪胎して作った作品。

□2 カン善懲悪の舞台劇。

□3 危機一パツのところで難を免れる。

□4 危急ソン亡の秋(とき)。

□5 起死カイ生の逆転劇。

□6 旗幟セン明にせよと迫られる。

□7 喜色マン面の笑顔。

□8 奇想テン外なアイデア。

□9 喜ド哀楽をはっきりと表す。

□10 旧タイ依然とした社内規定。

□11 キュウ転直下の解決をみた。

□12 行ジュウ坐臥の基本を教えられる。

□13 驚天ドウ地の大事件。

□14 虚虚ジツ実のやりとり。

実　動　住　急　態　怒　天　満　鮮　回　存　髪　勧　骨

読み	意味
かんこつだったい	古人の作品に創意を加えて表現すること
かんぜんちょうあく	善行をすすめて悪を懲らしめること
ききいっぱつ	非常に危険な状態
ききゅうそんぼう	生きのびるか滅びるかの危機が迫っていること
きしかいせい	絶望的な状態にあるものを立て直すこと
きしせんめい	立場や主張が明確なさま
きしょくまんめん	喜びを顔全体に表すこと
きそうてんがい	思いも寄らない突飛なさま
きどあいらく	喜び・いかり・悲しみ・楽しみなど感情のすべて
きゅうたいいぜん	もとのままで変化や進歩がないさま
きゅうてんちょっか	事態がきゅうに変わって解決に向かうこと
ぎょうじゅうざが	日常の起居動作
きょうてんどうち	世間をひどく驚かすこと
きょきょじつじつ	互いに計略を巡らし相手のすきをついて戦うこと

□ 15 毀ヨ褒貶を気にせず活動する。
□ 16 空ゼン絶後の大発見。
□ 17 グン雄割拠の戦国時代。
□ 18 軽キョ妄動を慎む。
□ 19 牽強フ会の説を通す。
□ 20 乾坤イッ擲の勝負に挑む。
□ 21 捲ド重来を期する。
□ 22 堅忍不バツの志を持つ。
□ 23 コウ顔無恥にもほどがある。
□ 24 荒トウ無稽な話。
□ 25 豪ホウ磊落な性格。
□ 26 呉エツ同舟で作業を進める。
□ 27 委員長の座を虎シ眈眈と狙う。
□ 28 古ショク蒼然とした神社。
□ 29 刻ク勉励の末に大事業を成し遂げた。
□ 30 五里ム中で解決の糸口が見えない。

付（附）

漢字	読み	意味
誉	きよほうへん	けなすこととほめること
前	くうぜんぜつご	これまでもこれからも例がないような珍しいこと
群	ぐんゆうかっきょ	多くの英雄が乱立して勢力を争うこと
挙	けいきょもうどう	軽はずみな行動をすること
一	けんきょうふかい	都合のいいように理屈をこじつけること
土	けんこんいってき	運命をかけて大勝負をすること
抜	けんどちょうらい（じゅう）	一度敗れたものが再び勢力を盛り返して来ること
厚	けんにんふばつ	耐える力が強く、動揺しないこと
唐	こうがんむち	恥知らずでずうずうしいさま
放	こうとうむけい	でたらめなこと
越	ごうほうらいらく	快活で度量が広いさま
視	ごえつどうしゅう	仲の悪い者が同じ場所に居合わせること
色	こしたんたん	油断なく機会を狙っているさま
苦	こしょくそうぜん	古めかしいさま
霧	こっくべんれい	心身を痛めるほどくろうして励むこと
	ごりむちゅう	見通しが立たずどうしたらいいかわからないこと

1 渾ゼン一体となる。
2 三カン四温の日々。
3 山紫スイ明の絶景の地。
4 言い訳に四苦ハッ苦する。
5 自ゴウ自得だと諦める。
6 獅子フン迅の働きをする。
7 時代サク誤な考え方。
8 七転ハトウの苦しみを味わう。
9 質実剛ケンの校風を持つ高校。
10 疾プウ迅雷の快進撃。
11 自暴自キにならずに精進する。
12 四メン楚歌の状況で苦闘する。
13 突然のことにシュウ章狼狽する。
14 衆人カン視にさらされる。

漢字	読み	意味
然	こんぜんいったい	すべてのものが混じり合い一つになっていること
寒	さんかんしおん	三日さむい日が続き、四日暖かい日が続くような気候
水	さんしすいめい	山や川の景色がすばらしいこと
八	しくはっく	非常に苦しむこと
業	じごうじとく	自分の行為が原因で報いを受けること
奮	ししふんじん	激しい勢いで物事に当たること
錯	じだいさくご	考え方などが時代の傾向に合っていないこと
倒	しちてんばっとう(しっ)	苦痛で転げ回ること
健	しつじつごうけん	飾り気がなくまじめで強くたくましいこと
風	しっぷうじんらい	行動がすばやく激しいこと
棄	じぼうじき	投げやりになること
面	しめんそか	まわりが敵ばかりで孤立すること
周	しゅうしょうろうばい	慌てふためくこと
環	しゅうじんかんし	多くの人がまわりで見ていること

15 秋ソウ烈日の判決が下る。

16 ジュン真無垢な子どもの寝顔。

17 生者必メツはこの世のならい。

18 ショ行無常の響きあり。

19 心キ一転がんばることを表明する。

20 信ショウ必罰を強化する。

21 新進気エイのデザイナー。

22 シン謀遠慮の末の一大決心。

23 セイ廉潔白な政治家。

24 友人と切磋琢マして合格を目指す。

25 裏切りを知り切シ扼腕する。

26 千ザイ一遇のチャンスを逃さない。

27 師たる者、ソツ先垂範であるべきだ。

28 周囲から大器バン成と言われる。

29 泰然自ジャクとして構える。

30 ダン衣飽食の生活を感謝する。

5章 四字熟語③

暖	若	晩	率	載	歯	磨	清	深	鋭	賞	機	諸	滅	純	霜
だんいほうしょく	たいぜんじじゃく	たいきばんせい	そっせんすいはん	せんざいいちぐう	せっしやくわん	せっさたくま	せいれんけっぱく	しんぼうえんりょ	しんしんきえい	しんしょうひつばつ	しんきいってん	しょぎょうむじょう	しょうじゃひつめつ	じゅんしんむく	しゅうそうれつじつ
衣食の満ち足りた生活	落ち着いていて動じないさま	大人物は後年になって大成するということ	人に先立って手本を示すこと	めったにない絶好の機会	非常にくやしがったり怒ったりすること	同じ志を持つ仲間が競い合って向上しようとすること	心がきれいで私欲のないさま	将来のことまで見通してふかく考えること	その分野に新たに現れ出て勢いが盛んなこと	手柄があれば必ず褒め、罪があれば必ず罰すること	あるきっかけで気持ちを切り替えること	すべての物事は移り変わっていくということ	生命あるものは必ず死ぬということ	心に汚れや曇りのないさま	刑罰や権威が厳しくおごそかであること

四字熟語④

□1　悪人が**チョウ**梁跋扈する。
□2　直**ジョウ**径行な性格。
□3　適**ザイ**適所の配置を心がける。
□4　徹**トウ**徹尾反対意見を貫く。
□5　天**イ**無縫に振る舞う。
□6　**デン**光石火の早業。
□7　両者は同工異**キョク**だ。
□8　内憂外**カン**に憂う政治家。
□9　難**コウ**不落の城を築く。
□10　何を言っても馬**ジ**東風と聞き流す。
□11　波瀾**バン**丈の人生。
□12　美**ジ**麗句を並べ立てた挨拶。
□13　過酷な運命に悲**フン**慷慨する。
□14　百戦**レン**磨の強者。

錬　憤　辞　万　耳　攻　患　曲　電　衣　頭　材　情　跳

- 跳　ちょうりょうばっこ　悪者などが好き勝手に振る舞うこと
- 情　ちょくじょうけいこう　心のまま思ったとおりに行動すること
- 材　てきざいてきしょ　それぞれの才能や素質にふさわしい役目を与えること
- 頭　てっとうてつび　始めから終わりまで同じ考えを貫くさま
- 衣　てんいむほう　人柄や言動が自然で自由なこと
- 電　でんこうせっか　動作などがきわめてすばやいこと
- 曲　どうこういきょく　表面的には違っているようでも中身は同じこと
- 患　ないゆうがいかん　国内外の心配事
- 攻　なんこうふらく　せめにくく、容易に陥落しないこと
- 耳　ばじとうふう　人の意見や忠告を心に留めず聞き流すこと
- 万　はらんばんじょう　変化や起伏が非常に激しいこと
- 辞　びじれいく　うわべを美しく飾り立てた言葉
- 憤　ひふんこうがい　世の中や自分の運命に悲しみいきどおり嘆くこと
- 錬　ひゃくせんれんま　多くの経験を積んで鍛えられていること

□30 和洋折**チュウ**の建築物。

□29 理**ロ**整然とした話し方を心がける。

□28 政治改革も竜頭**ダ**尾に終わった。

□27 理**ヒ**曲直をはっきりさせる。

□26 利害**トク**失をはなれた関係。

□25 羊頭狗**ニク**とは看板倒れのこと。

□24 面従腹**ハイ**の部下を警戒する。

□23 明**キョウ**止水の心境。

□22 **ホウ**腹絶倒の映画。

□21 友の急死に茫然自**シツ**となる。

□20 判**ガン**贔屓で弱いチームを応援する。

□19 成功のため**フン**骨砕身努力する。

□18 不偏不**トウ**の立場で報道する。

□17 不撓不**クツ**の精神で挑む。

□16 不即不**リ**の関係。

□15 不俱戴**テン**の敵。

衷　路　蛇　非　得　肉　背　鏡　抱　失　官　粉　党　屈　離　天

漢字	読み	意味
天	ふぐたいてん	恨みや憎しみの深いこと
離	ふそくふり	つかずはなれずの関係であること
屈	ふとうふくつ	どんな困難にもくじけないこと
党	ふへんふとう	公平な立場に立つこと
粉	ふんこつさいしん	骨身を削って努力すること
官	ほうがんびいき（はん）	弱い者に同情して肩を持つこと
失	ぼうぜんじしつ	あっけにとられて我を忘れてしまうこと
抱	ほうふくぜっとう	腹をかかえて転げ回るほど大笑いすること
鏡	めいきょうしすい	邪念がなく澄みきって静かな心の状態
背	めんじゅうふくはい	表面は従うように見せて内心では従わないこと
肉	ようとうくにく	見かけと実質がそぐわないこと
得	りがいとくしつ	利益と損失
非	りひきょくちょく	道理に合った正しいことと間違ったこと
蛇	りゅうとうだび（りょう）	始めは勢いが盛んだが終わりは振るわないさま
路	りろせいぜん	意見や議論の筋が整っているさま
衷	わようせっちゅう	日本と西洋のいいところをうまく取り合わせること

□14	□13	□12	□11	□10	□9	□8	□7	□6	□5	□4	□3	□2	□1

長年の疑問が**ウンサン**霧消する。

隠忍**ジチョウ**の日々を過ごす。

慇懃ブレイな態度。

因果**オウホウ**を思い知る。

意味**シンチョウ**な言葉。

班の全員が**一心ドウタイ**となる。

試合の途中経過に**イッキ**一憂する。

合格を目指して**イチロ**邁進する。

グラフで表せば**イチモク**瞭然だ。

一期**イチエ**の心でもてなす。

以心**デンシン**の間柄。

イク同音に賞賛する。

イキ軒昂たる試合前のチーム。

イイ諾諾として従う。

雲散	自重	無礼	応報	深長	同体	一喜	一路	一目	一会	伝心	異口	意気	唯唯
うんさんむしょう	じちょう	ぶれい	おうほう	しんちょう	どうたい	いっき	いちろ	いちもく	いちごいちえ	でんしん	いく	いき	ゆいゆい

うんさんむしょう	いんにんじちょう	いんぎんぶれい	いんがおうほう	いみしんちょう	いっしんどうたい	いっきいちゆう	いちろまいしん	いちもくりょうぜん	いちごいちえ	いしんでんしん	いくどうおん	いきけんこう	いいだくだく

あとかたもなく消え去ること

我慢して軽はずみな行動をしないこと

表面は丁寧でも内面では見下してしまうこと

善悪のむくいは必ずやってくるということ

意味がふかく、言外に多くの意を含んでいること

二人以上の人が結びついて力を合わせること

状況の変化に応じてよろこんだり心配したりすること

目的達成のためひたすらひと筋に進むこと

ひとめではっきりわかるさま

であいは一生に一度のものだということ

言葉を必要とせず考えていることが互いにわかること

多くの人がくちをそろえて同じ事を言うこと

げんきがありいき込みが盛んなさま

自分の考えを持たず人の言うことに従うさま

256

□ 30	□ 29	□ 28	□ 27	□ 26	□ 25	□ 24	□ 23	□ 22	□ 21	□ 20	□ 19	□ 18	□ 17	□ 16	□ 15

15 **エイコ**盛衰は世のならい。

16 **オンコウ**篤実な人柄。

17 我田**インスイ**に陥る。

18 完全**ムケツ**な人などいない。

19 裏切りにあい**ギシン**暗鬼になる。

20 成り行きを**キョウミ**津々に見守る。

21 **ギョクセキ**混淆の応募作品。

22 虚心**タンカイ**に話し合う。

23 有言実行を**キンカ**玉条とする。

24 謹厳**ジッチョク**な人柄。

25 軽佻**フハク**にならないよう戒める。

26 権謀**ジュッスウ**を巡らす。

27 **コウヘイ**無私の態度を貫く。

28 敵に囲まれ**コグン**奮闘する。

29 孤立**ムエン**の状態に陥る。

30 人を傷つけるなど**ゴンゴ**道断だ。

栄枯	えいこせいすい	盛んになったり衰えたりすること
温厚	おんこうとくじつ	穏やかで情があつくまじめなこと
引水	がでんいんすい	自分の利益になるように言ったりしたりすること
無欠	かんぜんむけつ	少しも不足するところがなく完全なこと
疑心	ぎしんあんき	疑いだすとすべてが信じられなくなること
興味	きょうみしんしん	きょうみがわいてつきないさま
玉石	ぎょくせきこんこう	よいものとつまらないものが混在していること
坦懐	きんげんじっちょく	わだかまりがなくさっぱりしているさま
金科	きんかぎょくじょう	絶対のよりどころとなるものとして守っている教訓
実直	きんげんじっちょく	まじめでつつしみ深いさま
浮薄	けいちょうふはく	軽々しくあさはかなこと
術数	けんぼうじゅっすう	人を巧みに欺くためのはかりごと
公平	こうへいむし	私的な感情や利益を交えず偏りがないこと
孤軍	こぐんふんとう	えんぐんもなくたった一人で敵と戦うこと
無援	こりつむえん	周りから離れ、助けがまったくないさま
言語	ごんごどうだん	ことばで表現できないほどもってのほかであること

5章

四字熟語⑤

257　2800問／2740問

□14	シリ減裂な主張を退ける。	支離	しりめつれつ	ばらばらでまとまりのないさま
□13	枝葉マッセツにこだわらずに進める。	末節	まっせつ	本筋から外れた取るに足りない事柄
□12	ショセツ紛紛として埒（らち）があかない。	諸説	しょせつふんぷん	いろいろなせつが入り乱れていること
□11	正真ショウメイのお人好（ひとよ）しだ。	正銘	しょうしんしょうめい	疑いなく本物であるさま
□10	ショウシ千万な話。	笑止	しょうしせんばん	非常にばかげていておかしいさま
□9	ジュンプウ満帆な人生を送る。	順風	じゅんぷうまんぱん	物事がじゅんちょうに運ぶさま
□8	シュビ一貫した論調。	首尾	しゅびいっかん	始めから終わりまで筋が通っていること
□7	情報を取捨センタクする。	選択	しゅしゃせんたく	よいものを取り悪いものを捨てること
□6	ジュウオウ無尽に飛び回る。	縦横	じゅうおうむじん	自由自在に振る舞うさま
□5	シコウ錯誤の末、完成させる。	試行	しこうさくご	失敗を重ねつつ解決法を見つけていくこと
□4	ジキュウ自足の生活を送る。	自給	じきゅうじそく	必要なものをじぶんでつくりまかなうこと
□3	実施するには時期ショウソウだ。	尚早	じしょうそう	ある事を行うにはまだはやいこと
□2	ジカ撞着に陥る。	自家	じかどうちゃく	じぶんの言動や文章が前後でくい違うこと
□1	作品の仕上がりを自画ジサンする。	自賛	じがじさん	じぶんでじぶんをほめること

当意ソクミョウに回答する。

テンペン地異に襲われる。

天下ムソウの剣士。

しばらくの間チンシ黙考する。

朝令ボカイに振り回される。

タントウ直入に質問する。

ダイドウ小異の主張が続く。

勝利すると大言ソウゴする。

大義メイブンを掲げて行動する。

千変バンカする車窓からの景色。

前代ミモンの大事件が起こる。

センサ万別の解釈がある。

絶体ゼツメイの危機に陥る。

セイコウ雨読が理想の生活だ。

森羅バンショウを解き明かす。

シンショウ棒大に書き立てる。

即妙	とういそくみょう	機転を利かせること
天変	てんぺんちい	その場に応じてすばやく
無双	てんかむそう	自然界に起こる異常な現象
沈思	ちんしもっこう	並ぶものがないほど優れていること
暮改	ちょうれいぼかい	言葉を発することなくじっと考えること
単刀	たんとうちょくにゅう	方針などが頻繁に変わって定まらないこと
大同	だいどうしょうい	いきなり話の本題に入ること
壮語	たいげんそうご	細かい部分は異なるがだいたいおなじであること
名分	たいぎめいぶん	できもしないおおきなことを言うこと
万化	せんぺんばんか	行動のよりどころとなる道理
未聞	ぜんだいみもん	さまざまに変わること
千差	せんさばんべつ（まん）	きいたこともないような珍しいこと
絶命	ぜったいぜつめい	いろいろなものがそれぞれ違っていること
晴耕	せいこうどく	逃れようのない差し迫った状態
万象	しんらばんしょう	自由な境遇でのんびり気ままに生活すること
針小	しんしょうぼうだい	この世のあらゆる物事

針小 ── ちいさなことをおおげさに話すこと

四字熟語⑦

- □ 1　取材のために東奔**セイソウ**する。
- □ 2　日進**ゲッポ**の遺伝子研究。
- □ 3　二律**ハイハン**に苦しむ。
- □ 4　成績が上がり**ハガン**一笑する。
- □ 5　**ハクラン**強記の人に憧れる。
- □ 6　万古**フエキ**の真理。
- □ 7　**ハンシン**半疑で話を聞く。
- □ 8　眉目**シュウレイ**で知られた武将。
- □ 9　官民が**ヒョウリ**一体となる。
- □ 10　**フウコウ**明媚な土地を訪れる。
- □ 11　**フワ**雷同の輩（やから）。
- □ 12　平身**テイトウ**して謝罪する。
- □ 13　**ヘンゲン**隻語も聞き逃さない。
- □ 14　傍若**ブジン**な振る舞いに憤る。

語	読み	意味
西走	とうほんせいそう	あちこち忙しく駆け回ること
月歩	にっしんげっぽ	日ごと月ごとに絶え間なくしんぽすること
背反	にりつはいはん	矛盾する二つの命題が理論上はともに正しいこと
破顔	はがんいっしょう	かおをほころばせてにっこり笑うこと
博覧	はくらんきょうき	広く本を読みいろいろなことを覚えていること
不易	ばんこふえき	いつまでも変わらないこと
半信	はんしんはんぎ	なかばしんじ、なかば疑うこと
秀麗	びもくしゅうれい	顔立ちが整って美しいさま
表裏	ひょうりいったい	二つのものが密接で切り離せないこと
風光	ふうこうめいび	自然の景色が美しいさま
付(附)和	ふわらいどう	自分の意見がなく他人の意見にすぐ同調すること
低頭	へいしんていとう	体をかがめあたまを下げること
片言	へんげんせきご	ちょっとしたことば
無人	ぼうじゃくぶじん	ひとへの配慮をせず勝手気ままに振る舞うさま

□ 30
□ 29
□ 28
□ 27
□ 26
□ 25
□ 24
□ 23
□ 22
□ 21
□ 20
□ 19
□ 18
□ 17
□ 16
□ 15

15 君の考えは本末テントウだ。
16 ムイ自然を理想とする。
17 試験前は無我ムチュウで勉強した。
18 ムチ蒙昧（けいもう）な人々を啓蒙する。
19 無病ソクサイを願う。
20 物見ユサンの旅に出かける。
21 メンボク躍如たる圧巻の演技。
22 無味カンソウなスピーチ。
23 ユウジュウ不断な性格。
24 ユウメイ無実の会長の座。
25 勇猛カカンに難関に挑む。
26 用意シュウトウに事を進める。
27 リゴウ集散を繰り返す。
28 リンキ応変に対処する。
29 輪廻テンショウを信じる。
30 ロウニャク男女の別なく募集する。

5章

四字熟語⑦

熟語	読み	意味
転倒	ほんまつてんとう	大事なこととささいなことを取り違えること
無為	むいしぜん	人の手を加えず自然のままであること
夢中	むがむちゅう	ある事に心を奪われ、我を忘れること
無知	むちもうまい	ちしきがなく道理をしらないさま
息災	むびょうそくさい	病気をせず健康で無事なさま
遊山	ものみゆさん	見物してあそびまわること
面目	めんぼくやくじょ（もく）	その人本来の姿が生き生きと表れていること
乾燥	むみかんそう	内容に少しもおもしろみや味わいがないこと
優柔	ゆうじゅうふだん	ぐずぐずしてなかなか決断ができないさま
有名	ゆうめいむじつ	なばかりで実質が伴っていないこと
果敢	ゆうもうかかん	何事も恐れず立ち向かうさま
周到	よういしゅうとう	用意が十分に整い手抜かりのないこと
離合	りごうしゅうさん	はなれたり集まったりすること
臨機	りんきおうへん	時と場合に応じて適切な方法をとるさま
転生	りんねてんしょう	せいと死を繰り返すこと
老若	ろうにゃくなんにょ	年齢や性別に関係なくすべての人

2800問　2800問

1 物事が進行していく途中の道筋	[かてい]
2 かたく守って譲らないこと	[けんじ]
3 いかめしい姿	[いよう]
4 条件などにあてはまること	[がいとう]
5 物事に心を動かされやすいこと	[かんしょう]
6 優れてたくみなさま	[こうみょう]
7 差しおさえること	[おうしゅう]
8 他人と違ったいけん	[いぎ]
9 決まった行動の型	[しゅうせい]
10 支えとめる	[か___ける]

11 優れたさくひん	[かさく]
12 かんしんしてほめたたえること	[かんたん]
13 よびおこすこと	[かんき]
14 耳をかたむけて熱心にきくこと	[けいちょう]
15 無断で入り込むさま	[おか___す]
16 非常に大切であるさま	[かんよう]
17 過去の事を思い返すこと	[かいこ]
18 けいこく	[けいしょう]
19 工夫	[いしょう]
20 最悪の経済状態	[きょうこう]

21 もとに戻すこと	[かんげん]
22 おびやかされてかんじる恐ろしさ	[きょうい]
23 受け取り手のもとに入れる	[おさ___める]
24 多人数のちえ	[しゅうち]
25 機能に異常をきたすこと	[こしょう]
26 病気やけががよくなっていくこと	[かいほう]
27 つけくわえること	[てんか]
28 乗せる	[つ___む]
29 さまたげること	[そがい]
30 道理を言いさとす	[と___く]

31 のりこえて打ち
勝つこと

〔 ちょうこく 〕
〔 く 〕

32 ききめがある

〔 き 〕

33 さしずすること

〔 しじ 〕

34 かたく断ること

〔 こじ 〕

35 こなれずぎこち
ないさま

〔 せいこう 〕

36 うたがわしいさ
ま

〔 ふしん 〕

37 前もって用意す
る

〔 そな える 〕

38 布地を切る

〔 た つ 〕

39 いつまでも残る
こと

〔 ふきゅう 〕

40 問いただしおい
つめること

〔 ついきゅう 〕

41 ある状況などに
身を置く

〔 つ く 〕

42 行いのあと

〔 きせき 〕

43 うけいれて取り
込むこと

〔 じゅよう 〕

44 あたらしく起こ
ること

〔 しんこう 〕

45 つりあいがとれ
ていること

〔 へいこう 〕

46 何かができるゆ
とり

〔 よち 〕

47 ある場所にだけか
たよってあること

〔 へんざい 〕

48 大切にしまうこ
と

〔 ほかん 〕

49 人にきずを負わ
せること

〔 しょうがい 〕

50 しょうちすること

〔 しゅこう 〕

5章 意味から考えるテスト⑨

〔解答〕

1	2	3	4	5	6	7	8	9	10	11	12	13	14	15	16
過程	堅持	威容	該当	感傷	巧妙	押収	異議	習性	掛	佳作	感嘆	喚起	傾聴	侵	肝要

17	18	19	20	21	22	23	24	25	26	27	28	29	30	31	32	33
回顧	警鐘	意匠	恐慌	還元	脅威	納	衆知	故障	快方	添加	積	阻害	説	超克	効	指示

34	35	36	37	38	39	40	41	42	43	44	45	46	47	48	49	50
固辞	生硬	不審	備	不朽	追及	不	就	軌跡	受容	新興	平衡	余地	偏在	保管	傷害	首肯

263

5 意味から考えるテスト⑩

1 身にしみてかんじること　［　かんがい　］

2 つらぬきとおすこと　［　てってい　］

3 植物を育てること　［　さいばい　］

4 目立つしるし　［　とくちょう　］

5 ゆっくりと進むこと　［　じょこう　］

6 まじりけがないさま　［　じゅんすい　］

7 落ち着きを失うこと　［　どうよう　］

8 ききめ　［　こうか　］

9 やすらかなこと　［　あんたい　］

10 送りつかわすこと　［　はけん　］

11 邪魔をすること　［　ぼうがい　］

12 役人　［　かんり　］

13 もの悲しい感じ　［　あいしゅう　］

14 くやむこと　［　かいこん　］

15 それとなく教えしめすこと　［　しさ　］

16 ひどく驚くこと　［　ぎょうてん　］

17 うばいかえすこと　［　だっかい　］

18 不健全になること　［　だらく　］

19 怒りをこらえて許すこと　［　かんにん　］

20 悪いこと　［　へいがい　］

21 円を描いてまわること　［　せんかい　］

22 つり合いがとれていること　［　きんこう　］

23 物事の移り変わり　［　えんかく　］

24 範囲をせばめて考えた意味　［　きょうぎ　］

25 ふたんとなること　［　ふか　］

26 思い切ってするさま　［　かんぜん　］

27 旅だち　［　しゅったつ　］

28 まったく欠点がないさま　［　かんぺき　］

29 十分に承知すること　［　とくしん　］

30 過ぎ去ったことを思い出すこと　［　ついおく　］

くりかえし
※228〜247ページから出題しています。

264

No.	意味	読み
31	非常によくぶかいさま	どんよく
32	ぬきだすこと	てきしゅつ
33	なしとげること	すいこう
34	じぶんのことを誇ること	じまん
35	忘れがたいうらみ	いこん
36	おとろえてかすかになること	すいび
37	いっしんに尽くすこと	けんしん
38	多くのものが並びたつこと	りんりつ
39	思いやりのないさま	はくじょう
40	もうけ	りじゅん
41	じっと見ること	ぎょうし
42	順を追って	ちくじ
43	同等で優劣のないこと	ひけん
44	尽きはててなくなること	こかつ
45	せきたてること	とくそく
46	へたなさま	せつれつ
47	しばらく	ざんじ
48	人口が少なすぎること	かそ
49	励まし勢いづけること	こぶ
50	うそいつわり	きょぎ

[解答]

1	2	3	4	5	6	7	8	9	10	11	12	13	14	15	16
感慨	徹底	栽培	特徴	徐行	純粋	動揺	効果	安泰	派遣	妨害	官吏	哀愁	悔恨	示唆	仰天

17	18	19	20	21	22	23	24	25	26	27	28	29	30	31	32	33
奪回	堕落	堪忍	弊害	旋回	均衡	沿革	狭義	負荷	敢然	出立	完璧	得心	追憶	貪欲	摘出	遂行

34	35	36	37	38	39	40	41	42	43	44	45	46	47	48	49	50
自慢	遺恨	衰微	献身	林立	薄情	利潤	凝視	逐次	比肩	枯渇	督促	拙劣	暫時	過疎	鼓舞	虚偽

5章 意味から考えるテスト⑩

265

くりかえし
5章で学習した漢字を、実際の入試問題で確認します。

傍線部の漢字と同じ漢字を含むものを、次の各群の①～④もしくは①～⑤のうちから、それぞれ一つずつ選べ。

□ ヴォリュームと色彩を**コジ**するように

③・誇示
①　回顧
②　凝固
③　誇張
④　孤高

□ 一貫した文脈へとそれらを**シュウソク**させていこう

⑤・収束
①　反則
②　促進
③　閉塞
④　束縛
⑤　一触即発

□ 偉人の**カイコ**録
□ 液体の**ギョウコ**
□ **コチョウ**した表現
□ **ココウ**の詩人

□ 度重なる**ハンソク**による退場
□ 健康を**ソクシン**する環境整備
□ **ヘイソク**した空気の打破
□ 両者**イッショクソクハツ**の状態
□ **ソクバク**から逃れる手段

□ 神社は**シンカン**としていた
①　証人を**カンモン**する
②　規則を**カンワ**する
③　**ユウカン**な行為をたたえる
④　勝利に**カンキ**する
⑤　広場は**カンサン**としている

⑤・森閑
①　喚問
②　緩和
③　勇敢
④　歓喜
⑤　閑散

傍線部のカタカナを漢字に改めよ。

□ 時代を先取りしているような**ザンシン**なスタイル。[　]　香川大　斬新

□ インターネットを通して他者と共有するという私的な表現文化がいま**リュウセイ**している。[　]　一橋大　隆盛

□ **ジュンスイ**な偶然という側面のみ焦点化されるケースは多い。[　]　岡山大　純粋

□ 最初は友人同士の軽口の**オウシュウ**という感じで俳句のやりとりをしていた。[　]　佐賀大　応酬

傍線部の漢字をひらがなに改めよ。

□ 法というものを厳密に突き詰めれば、本来は有罪か無罪か、違法か合法かの択一しかなく、近代以前、それを選択するときに**介在**したのは「信用」という秤だけだったのかもしれない。[　]　埼玉大　かいざい

266

くりかえし
5章で学習した漢字を、実際の入試問題で確認します。

傍線部のカタカナを漢字で表現したとき、同じ漢字をカタカナの部分に用いるものを一つ選べ。
□労働者に対する保険の支払を、労働者から雇用者に転**力**した。[　]
イ　**ヒ**がついて燃える
ロ　料理に塩を**クワ**える
ハ　幽霊に**バ**けて出る
ニ　花**ヨメ**を祝福する
ホ　木の**シタ**に逃げる

早稲田大

二・嫁

火　化　加　嫁　下

傍線部にあてはまる漢字を一つ選べ。
□油ゼミのあの大きな鳴き声は、彼女にとってよばど**イヨウ**だったらしい。[　]
① 容　② 妖　③ 様
④ 用　⑤ 揺　⑥ 要
⑦ 庸

法政大

③・異様

傍線部のカタカナ部分を漢字で書いたとき、傍線部に同一の漢字を使うものを一つ選べ。
□巡査に不心得を悟されると、この男は**カイ心**をして働くと言った。[　]

関西学院大

ハ・改

傍線部のカタカナと同じ漢字を用いる語を選択肢から一つ選べ。
□言説の**キセキ**をたどっていくなら、それらを主導したのはもっぱら知識人であり、…[　]
イ　病人を**カイ**抱する
ロ　金**カイ**を掘り当てる
ハ　朝令暮**カイ**
ニ　**カイ**目見当がつかない
ホ　**カイ**挙を成し遂げる

関西大

介　塊　改　皆　快

a　雑誌に**キコウ**する。
b　人生の**キロ**に立つ。
c　車の通行を**キセイ**する。
d　複雑**カイキ**な物語。
e　**ジョウキ**を逸した言動。

寄稿　岐路　規制　怪奇　常軌

e・軌跡

傍線部のカタカナを漢字にあらためよ。
□スポーツ選手がフォームの**シュウセイ**をはかるのに静止画を参照するのも同じ理由で、…[　]

立命館大

修正

5章　入試問題

付録 ｜ 論理的文章に使われやすい漢字50語

「論理的文章に使われやすい漢字50語」では、評論文やエッセイなどの文章内で問題になりやすいものを掲載しています。50語は〈思想〉〈社会〉〈言語・表現〉〈芸術・文学〉〈文化〉のジャンルに分けてまとめています。

〈思想〉

① 演繹（えんえき）
普遍的な前提から個別の結論を導き出すこと

② 帰納（きのう）
個々の具体的事例から原理・法則などを導き出すこと

③ 逆説（ぎゃくせつ）
いっけん真理に反するようで実は真理をいい得ている言葉

④ 形而上（けいじじょう）
形のないもの、精神的なもの

⑤ 恣意（しい）
気ままな心、自分勝手な考え

⑥ 思弁（しべん）
実践や経験によらず、理性だけに訴えて考えること

⑦ 止揚（しよう）
二つの矛盾した概念を、それらより一段と高い概念に調和統一すること

⑧ 抽象（ちゅうしょう）
事物から同様の性質を抜き出すこと

⑨ 表象（ひょうしょう）
イメージ

⑩ 普遍（ふへん）
全てに広く当てはまること

〈社会〉

⑪ 干渉（かんしょう）
強いて関わり、自分の考えに従わせようとすること

⑫ 共生（きょうせい）
一緒に同じ場所で生活すること

⑬ 巷間（こうかん）
ちまた、町のなか

⑭ 市井（しせい）
人が多く集まるところ、まち

⑮ 自律（じりつ）
他からの支配・制約などを受けずに、自分で自分を規制すること

⑯ 秩序（ちつじょ）
正しい筋道

⑰ 排他（はいた）
仲間以外を受け入れないこと

⑱ 封建（ほうけん）
君主が諸侯に土地を分け与えて治めさせること

⑲ 報道（ほうどう）
出来事を広く知らせること

⑳ 抑圧（よくあつ）
おさえつけること

268

〈言語・表現〉

㉑ 隠喩（いんゆ）
「…のようだ」などの形を用いずにたとえだけを言う修辞法

㉒ 婉曲（えんきょく）
遠回しに表現すること

㉓ 諧謔（かいぎゃく）
おどけた話や言葉、冗談やしゃれ

㉔ 概念（がいねん）
物事の共通した特徴や性質をまとめた考え

㉕ 寓意（ぐうい）
ある意味を直接には表さず、他の物事に託して分けること

㉖ 警句（けいく）
短く巧みな表現で、真理を鋭くついた語句

㉗ 修辞（しゅうじ）
言葉を美しく巧みに用い効果的に表現すること

㉘ 俗語（ぞくご）
日常的に用いる言葉、あらたまった場面では使用されないような卑俗な言葉

㉙ 風刺（ふうし）
遠回しに批判すること

㉚ 分節（ぶんせつ）
まとまりのある全体をいくつかの区切りに分けること

〈芸術・文学〉

㉛ 韻文（いんぶん）
一定の韻律をもち形式の整った文章

㉜ 解釈（かいしゃく）
文章や物事を理解し、説明すること

㉝ 虚構（きょこう）
実際に存在しないことを存在するかのように見せかけること

㉞ 情緒（じょうちょ）
味わいのある雰囲気や気分

㉟ 叙情（じょじょう）
自分の感情を述べあらわすこと

㊱ 赤裸裸（せきらら）
包み隠しがないさま

㊲ 前衛（ぜんえい）
伝統的な手法を打破し、先駆的な・実験的な表現を試みること

㊳ 描写（びょうしゃ）
情景や状態を描き出すこと

㊴ 不条理（ふじょうり）
筋道が通らないこと

㊵ 模倣（もほう）
まねること

〈文化〉

㊶ 粋（いき）
態度や身なりなどがあかぬけていて色気があること

㊷ 禁忌（きんき）
触れたり口に出したりしてはならないとされる事柄

㊸ 寂（さび）
古びて味わい・趣のあること

㊹ 周縁（しゅうえん）
中央から離れた辺境

㊺ 伝承（でんしょう）
伝え受け継ぐこと

㊻ 悲願（ひがん）
ぜひとも成し遂げたいと思う願い

㊼ 民俗（みんぞく）
古くから民間に伝承されてきた生活文化

㊽ 無常（むじょう）
この世のものはすべて生滅・流転し、永遠に変わらないものはないということ

㊾ 野暮（やぼ）
洗練されていないこと

㊿ 侘（わび）
簡素な中に存在する閑寂な趣

付録

論理的文章に使われやすい漢字50語

文学的文章に使われやすい漢字50語

「文学的文章に使われやすい漢字50語」では、文学的文章をより深く読み解くために覚えておきたい50語を〈言動・態度〉〈心情〉〈身体的表現〉〈人物・性格〉〈故事成語〉の5つのジャンルに分けてまとめています。

〈言動・態度〉

① 横着（おうちゃく）
ずるくなまけること

② 画策（かくさく）
はかりごとをめぐらすこと

③ 寡聞（かぶん）
見聞の狭いこと

④ 醸す（かもす）
ある状態や雰囲気を作り出す

⑤ 気後れ（きおくれ）
おじけづいて気持ちがひるむこと

⑥ 自虐（じぎゃく）
必要以上に自分で自分を痛めつけること

⑦ 邪険（じゃけん）
思いやりがなく、意地悪くむごい扱いをすること

⑧ 殊勝（しゅしょう）
ことに優れていることや感心なこと

⑨ 節操（せっそう）
自分の信じる主義・主張などをかたく守って変えないこと

⑩ 拍子抜け（ひょうしぬけ）
緊張する必要が急になくなり、張り合いがなくなること

〈心情〉

⑪ 安堵（あんど）
安心すること

⑫ 寛大（かんだい）
心が広く思いやりがあるさま

⑬ 興醒め（きょうざめ）
あることがきっかけとなり、それまでの楽しい気分や興味が薄れること

⑭ 矜持（きょうじ）
自分の能力を信じ、優れたものとして誇る気持ち

⑮ 気圧される（けおされ）
相手の勢いにおされる

⑯ 虐げる（しいたげる）
むごく扱い苦しめる

⑰ 逡巡（しゅんじゅん）
ぐずぐずとためらうこと

⑱ 垂涎（すいぜん）
非常に強くある物を欲しがること

⑲ 当惑（とうわく）
とまどうこと

⑳ 腐心（ふしん）
心を悩ますこと

〈身体的表現〉

㉑ 一目置く（いちもく お）
自分より優れた人に
敬意を払い、一歩譲る

㉒ 面映ゆい（おも は）
照れくさい、はずかしい

㉓ 踵を返す（きびす かえ）
後戻りする、引き返す

㉔ 胸襟を開く（きょうきん ひら）
思うことを隠すことなく、
心の中を打ち明ける

㉕ 腰を折る（こし お）
仕事や話などを中途で
妨げる、腰を曲げる

㉖ 腰を据える（こし す）
どっしり構える

㉗ 饒舌（じょうぜつ）
おしゃべりなこと

㉘ 袖にする（そで）
冷淡にあしらう、
親しかった人を
ないがしろにする

㉙ 瞠目（どうもく）
目を見はること

㉚ 閉口（へいこう）
困りきること

〈人物・性格〉

㉛ 頑固（がんこ）
かたくなで
いじっぱりなさま

㉜ 気骨（きこつ）
信念を通し、
屈しない性質

㉝ 几帳面（きちょうめん）
物事を細かいところまで、
きちんと行うさま

㉞ 好戦的（こうせんてき）
争いごとを好むこと

㉟ 従順（じゅうじゅん）
おとなしく、人の言う
ことに逆らわないこと

㊱ 高飛車（たかびしゃ）
相手の言い分を聞かず
頭から威圧するような
態度をするさま

㊲ 内向的（ないこうてき）
興味や関心が自分の
内部にばかり向かうこと

㊳ 潑剌（はつらつ）
生き生きしているさま

㊴ 朴訥（ぼくとつ）
かざりけがなく
無口なさま

㊵ 無鉄砲（むてっぽう）
前後のみさかいもなく
むやみに行動すること

〈故事成語〉

㊶ 一朝一夕（いっちょういっせき）
ほんの少しの間

㊷ 雲泥の差（うんでい さ）
天と地ほどの非常に
大きな差があること

㊸ 間髪を容れず（かんはつ い）
間をおかずに、すぐに

㊹ 完璧（かんぺき）
まったく欠点がないさま

㊺ 杞憂（きゆう）
無用の心配をすること

㊻ 食指が動く（しょくし うご）
物事を求める心が
起こること

㊼ 破天荒（はてんこう）
今まで誰もしなかった
ことをすること

㊽ 辟易（へきえき）
勢いに押され、
どうしようもなく困ること

㊾ 傍若無人（ぼうじゃくぶじん）
人への配慮をせず勝手
気ままに振る舞うさま

㊿ 矛盾（むじゅん）
つじつまが合わないこと

付録

文学的文章に使われやすい漢字50語

271

実用文に使われやすい漢字50語

「実用文に使われやすい漢字50語」では、実用的な文章を読み解く際に覚えておきたい50語を〈規約〉〈法令〉〈行政〉〈裁判〉〈手紙・案内文〉のジャンルに分けてまとめています。入試で狙われやすいものばかりですので、意味と一緒に確認しておきましょう。

〈規約〉

①概要（がいよう）
物事の大まかな内容

②甲（こう）／乙（おつ）／丙（へい）
優劣をあらわす（※規約では甲乙丙の順で個人名などの略称として用いる）

③債務（さいむ）
特定人が他の特定人に対し金銭や物品などを給付する義務

④承諾（しょうだく）
聞き入れること

⑤申請（しんせい）
国や公共の機関などに対し認可・許可などを願い出ること

⑥是認（ぜにん）
良いと認めること

⑦貸借（たいしゃく）
貸すことと借りること

⑧仲裁（ちゅうさい）
第三者が争いの間に入り、仲直りさせること

⑨定款（ていかん）
社団法人の業務などに関する根本規則

⑩撤回（てっかい）
一度提出・公示などしたものを取り下げること

〈法令〉

⑪鑑みる（かんがみる）
手本や過去の例などに照らして考える

⑫訓戒（くんかい）
諭し戒めること

⑬戸籍抄本（こせきしょうほん）
戸籍原本のうち請求者の指定した部分だけを抜き写したもの

⑭振興（しんこう）
物事を盛んにすること

⑮大綱（たいこう）
事柄の根本となるもの

⑯懲役（ちょうえき）
自由刑の一つで刑務所に入れて一定の労役に服させる刑罰

⑰締結（ていけつ）
契約や条約を取り結ぶこと

⑱督促（とくそく）
せきたてること

⑲賠償（ばいしょう）
損害を償うこと

⑳批准（ひじゅん）
条約を主権者が最終的に確認する手続き

〈行政〉

㉑ 委嘱（いしょく）
仕事などを外部の人間に任せ頼むこと

㉒ 管轄（かんかつ）
権限による支配の及ぶ範囲

㉓ 控除（こうじょ）
差し引くこと

㉔ 交付（こうふ）
国や役所が一般の人々に金銭を供与したり書類などを発行したりすること

㉕ 告示（こくじ）
公的な機関が公式に広く一般に知らせること

㉖ 参画（さんかく）
計画に加わること

㉗ 所得（しょとく）
一定期間に得た収入や利益

㉘ 滞納（たいのう）
定められた期限までに金銭や物品を納めないこと

㉙ 答申（とうしん）
上級官庁の問いに答えて意見を申し述べること

㉚ 入札（にゅうさつ）
品物の売買・工事の請負などに際して公正な業者選定をするための制度

〈裁判〉

㉛ 喚問（かんもん）
呼び出して問いただすこと

㉜ 供述（きょうじゅつ）
被告人・被疑者・証人などが自らの知る事実を述べること

㉝ 尋問（じんもん）
取り調べのため口頭で質問すること

㉞ 訴訟（そしょう）
裁判を請求すること

㉟ 弾劾（だんがい）
罪をあばき責任を追及すること

㊱ 調停（ちょうてい）
対立する双方の間に入り争いをやめさせること

㊲ 陳述（ちんじゅつ）
口頭で意見や考えを述べること

㊳ 動機（どうき）
きっかけ

㊴ 陪審（ばいしん）
一般人が判決に加わる制度

㊵ 立証（りっしょう）
証拠をあげてその事が事実であると証明すること

〈手紙・案内文〉

㊶ ご愛顧（あいこ）
目をかけて引き立てること

㊷ ご自愛（じあい）
自分の体を大切にすること

㊸ ご清祥（せいしょう）
手紙文で相手が健康で幸せに暮らしていることを喜ぶ挨拶の語

㊹ ご無沙汰（ぶさた）
長い間訪問や文通をしないこと

㊺ 貴社（きしゃ）
相手の会社の敬称

㊻ 時候（じこう）
四季の気候や陽気

㊼ 善処（ぜんしょ）
適切に処理すること

㊽ 謹んで（つつしんで）
敬意を表してうやうやしくかしこまること

㊾ 拝啓／敬具（はいけい／けいぐ）
手紙のはじめに書く敬意を表す語／手紙の末尾に用いる語

㊿ 弊社（へいしゃ）
自分の所属する会社をへりくだっていう語

付録　実用文に使われやすい漢字50語

273

索引

上・掲載ページ ―― 136 ―― 2 ―― 下・問題番号

- 1章「入試最頻出」の125語を示しています。
- 各章の「分かる」に挙げた語には意味を付しています。

索引

索引

283

索引

索引

295

営業所のご案内

採用品のお問い合わせは下記営業所へお願いいたします。

札幌営業所
(03) 5302-7010

仙台営業所
(022) 358-3671

東京営業所
(03) 5302-7010

名古屋営業所
(06) 6368-8025

大阪営業所
(06) 6368-8025

広島営業所
(082) 567-2345

福岡営業所
(092) 923-2424

新版完全征服

頻出 入試漢字コア 2800　改訂版

2014 年 9 月 10 日　初　版第 1 刷発行
2021 年 5 月 10 日　初　版第20刷発行
2021 年 9 月 10 日　改訂版第 1 刷発行

編　者	桐原書店編集部
発行人	門間　正哉
発行所	株式会社 桐原書店
	〒 160-0023　東京都新宿区西新宿 4-15-3
	住友不動産西新宿ビル 3 号館
	TEL：03-5302-7010（販売）
	www.kirihara.co.jp
装丁＋本文レイアウト	塙 浩孝(ハナワアンドサンズ)
写真提供	ゲッティイメージズ
印刷＋製本	図書印刷株式会社

ISBN978-4-342-35362-8
Printed in Japan

Ⓚ 桐原書店 のアプリ